EDUCAÇÃO FÍSICA E ESPORTES ADAPTADOS

Mey de Abreu van Munster
COORDENADORA

EDUCAÇÃO FÍSICA E ESPORTES ADAPTADOS

PROGRAMAS DE ENSINO E SUBSÍDIOS PARA A INCLUSÃO

manole
editora

Editora: Cristiana Gonzaga S. Corrêa
Projeto gráfico: Departamento Editorial da Editora Manole
Diagramação: Elisabeth Miyuki Fucuda
Ilustrações: Eduardo Borges
Capa: Luiz Carlos Anelli Junior
Foto da capa: Thomaz Felipe de Abreu van Munster

CIP-BRASIL. CATALOGAÇÃO NA PUBLICAÇÃO
SINDICATO NACIONAL DOS EDITORES DE LIVROS, RJ

M989e
Munster, Mey de Abreu van
Educação física e esportes adaptados : programas de ensino e subsídios para a inclusão / Mey de Abreu van Munster ; colaboração Aline Basso Braz ... [et al.]. - 1. ed. - Santana de Parnaíba [SP] : Manole, 2023.

Inclui bibliografia
ISBN 9786555769197

1. Educação física. 2. Educação física para pessoas deficientes. 3. Educação inclusiva I. Braz, Aline Basso. II. Título.

23-82010 CDD: 613.7087
CDU: 613.71-056.26/.29

Meri Gleice Rodrigues de Souza - Bibliotecária - CRB-7/6439

Edição – 2023

Editora Manole Ltda.
Alameda América, 876
Tamboré – Santana de Parnaíba – SP – Brasil
CEP: 06543-315
Fone: (11) 4196-6000
www.manole.com.br | https://atendimento.manole.com.br/

Impresso no Brasil
Printed in Brazil

À minha querida mãe, Maura de Abreu,
por seu exemplo de amor e infinita generosidade

Ao meu filho, Thales van Munster Anelli,
sentido da minha existência.

Ao meu marido, Luiz Carlos Anelli Junior,
por todo o apoio e parceria de vida.

Agradecimentos

Esta obra é fruto de uma trajetória de muito estudo e dedicação ao campo da Atividade Física Adaptada. Sua construção só foi possível com a ajuda de pessoas muito queridas – profissionais, pesquisadores e instituições altamente comprometidas com a produção contínua do saber. Não poderia deixar de expressar minha gratidão às muitas mãos que colaboraram direta e indiretamente para essa realização.

O percurso não teria sido possível sem a orientação segura e amiga do Prof. Dr. José Júlio Gavião de Almeida, parceiro e grande incentivador nessa jornada. Que privilégio ter convivido e aprendido com você ao longo de mais de trinta anos de parceria.

Aos meus determinados e incansáveis orientandos do programa de Pós-Graduação em Educação Especial (PPGEEs) da Universidade Federal de São Carlos (UFSCar), especialmente àqueles que gentilmente se dispuseram a compartilhar suas valiosas contribuições na forma de capítulos.

Ao PPGEEs, por valorizar e incentivar nossas ações e investigações. É um grande orgulho fazer parte de um coletivo interdisciplinar tão qualificado e altruísta.

Aos integrantes do Núcleo de Estudos em Atividade Física Adaptada (NEAFA), pelos momentos de troca, diálogo e amizade.

Aos participantes, familiares, estagiários e voluntários do Projeto Atividades Físicas, Esportivas e de Lazer Adaptadas a Pessoas com Deficiências (PROAFA/UFSCar), que nos motivam a acreditar e a lutar por um mundo mais digno, humano e inclusivo.

Aos estudantes do curso de Educação Física da UFSCar, por me inspirarem nessa constante busca pelo conhecimento.

Aos colegas do Departamento de Educação Física e Motricidade Humana (DEFMH) da UFSCar, pelas oportunidades de aprimoramento e aperfeiçoamento profissional.

Às colegas Profa. Dra. Lauren Lieberman, pela calorosa acolhida e suporte durante o estágio de pós-doutoramento na Universidade Estadual de New York, e Profa. Dra. Michelle Grenier, pelo companheirismo e supervisão durante o estágio como professora visitante na Universidade de New Hampshire.

Às minhas queridas amigas Jô e Malu, por estarem sempre ao meu lado, segurando todas as barras e dando muitas risadas.

Às agências de fomento à pesquisa CAPES e CNPq, pelo apoio e investimento nas pesquisas que culminaram neste livro.

À Editora Manole, que sempre admirei pela qualidade e consistência do acervo bibliográfico, por acreditar neste projeto e transformá-lo em realidade.

Aos editores, técnicos e revisores que investiram seu tempo e cuidado nessa publicação.

Sobre a coordenadora

Mey de Abreu van Munster

Pós-doutora pelo Kinesiology, Sports Studies and Physical Education Department da Universidade Estadual de Nova York – College at Brockport, EUA. Doutora, Mestre e Especialista em Atividade Física e Adaptação pela Universidade Estadual de Campinas (Unicamp). Professora Titular do Departamento de Educação Física e Motricidade Humana (DEFMH) e credenciada no Programa de Pós-Graduação em Educação Especial (PPGEEs) da Universidade Federal de São Carlos (UFSCar). Professora Visitante no Department of Kinesiology da Universidade de New Hampshire (UNH), EUA. Professora convidada no Programa Erasmus Mundus Master in Adapted Physical Activity (EMMAPA) da Universidade Católica de Leuven, Bélgica. Coordenadora do Núcleo de Estudos em Atividade Física Adaptada (NEAFA) e do projeto de extensão Atividades Físicas, Esportivas e de Lazer Adaptadas (PROAFA) da UFSCar. Membro da Associação Brasileira de Atividade Motora Adaptada (SoBAMA). Representante da International Federation of Adapted Physical Activity (IFAPA) na América do Sul. Fundadora e Vice-Presidente da Federación Sudamericana de Actividad Física Adaptada (FeSAFA).

Sobre os colaboradores

Aline Basso Braz

Doutoranda e Mestre em Educação Especial pelo Programa de Pós-Graduação em Educação Especial (PPGEEs) da Universidade Federal de São Carlos (UFSCar). Docente do Curso de Educação Física na Universidade de Araraquara (Uniara). Professora de Educação Física da Secretaria Municipal de Educação de Araraquara. Colaboradora no Projeto Atividades Físicas, Esportivas e de Lazer Adaptadas (PROAFA) da UFSCar. Membro do Núcleo de Estudos em Atividade Física Adaptada (NEAFA). Membro da Associação Brasileira de Atividade Motora Adaptada (SoBAMA).

Ana Carolina Santana de Oliveira

Pós-Doutora em Educação pela Universidade Federal de Pernambuco (UFPE). Doutora e Mestre em Educação Especial pelo Programa de Pós-Graduação em Educação Especial (PPGEEs) da Universidade Federal de São Carlos (UFSCar). Coordenadora dos cursos de Bacharelado e Licenciatura em Educação Física nas modalidades presencial e EaD do Centro Universitário do Rio São Francisco (UniRios). Líder do Grupo de Estudos em Inclusão e Atividade Física Adaptada (GEIAFA). Ex-professora de Educação Física Adaptada no Projeto Clarear da Secretaria de Esportes e Lazer da Prefeitura do Município de Piracicaba. Membro do Núcleo de Estudos em Atividade Física

Adaptada (NEAFA) e do Grupo de Pesquisa Educação Especial (GPEE). Membro da Associação Brasileira de Atividade Motora Adaptada (SoBAMA).

Camila de Moura Costa

Mestre em Educação Especial pelo Programa de Pós-Graduação em Educação Especial (PPGEEs) da Universidade Federal de São Carlos (UFSCar). Professora Substituta de Atendimento Educacional Especializado no Instituto Federal Baiano (IFBA). Professora da Universidade Aberta do Brasil (UAB), vinculada à Universidade Estadual de Feira de Santana (UEFS). Ex-professora do Curso de Educação Física da União Metropolitana de Educação e Cultura (UNIME). Ex-pesquisadora no Núcleo de Estudos em Atividade Física Adaptada (NEAFA) e no Projeto Atividades Físicas, Esportivas e de Lazer Adaptadas (PROAFA) da UFSCar. Participou do Programa de Iniciação à Docência (PIBID) e do Programa de Pós-Graduação em Formação Pedagógica para a Educação Inclusiva da UESC. Membro da Associação Brasileira de Atividade Motora Adaptada (SoBAMA) e do Grupo de Pesquisa em Educação Especial na Perspectiva da Inclusão Escolar (GPEEP).

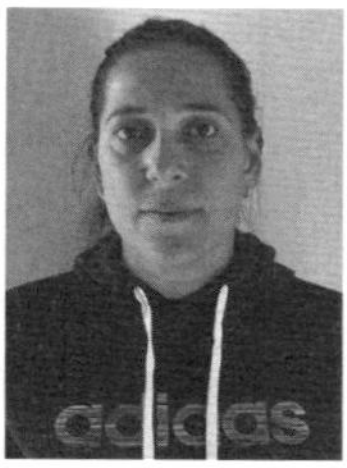

Elizabeth de Cássia Biancone

Mestre em Educação Especial pelo Programa de Pós-Graduação em Educação Especial (PPGEEs) da Universidade Federal de São Carlos (UFSCar). Especialista em Fisiologia do Exercício pela UFSCar. Ex-professora de Educação Física para crianças e jovens com deficiência intelectual e múltipla na Escola Paralelo. Professora de Educação Física na Pro Ace Beach Sports. Membro do Núcleo de Estudos em Atividade Física Adaptada (NEAFA).

Elizângela Fernandes Ferreira Santos Diniz

Doutora em Educação Física pela Universidade Federal de Viçosa (UFV). Mestre em Educação Especial pelo Programa de Pós-Graduação em Educação Especial (PPGEEs) da Universidade Federal de São Carlos (UFSCar). Ex-colaboradora no Projeto Atividades Físicas, Esportivas e de Lazer Adaptadas (PROAFA) da UFSCar. Membro do Núcleo de Estudos em Atividade Física Adaptada (NEAFA), do The Council GPEF e da Associação Brasileira de Atividade Motora Adaptada (SoBAMA).

Fernanda Gabriela Quidim

Mestre em Educação Especial pela Universidade Federal de São Carlos (UFSCar). Pesquisadora do Núcleo de Estudos em Atividade Física Adaptada (NEAFA). Ex-técnica na Universidade de São Paulo e da Secretaria Municipal de Esportes e Lazer (SMEL) no Município de São Carlos, SP, desenvolvendo as modalidades Tênis de Campo e Handebol em Cadeira de Rodas, junto ao Projeto Atividades Físicas, Esportivas e de Lazer Adaptadas (PROAFA) da UFSCar.

Flávio Anderson Pedrosa de Melo

Doutor e Mestre em Educação Especial pelo Programa de Pós-Graduação em Educação Especial (PPGEEs) da Universidade Federal de São Carlos (UFSCar). Professor no Instituto Federal de Educação, Ciência e Tecnologia de Alagoas (Ifal), *Campus* Palmeira dos Índios. Coordenador do Núcleo de Atendimento às Pessoas com Necessidades Específicas (Napne/Ifal). Ex-Vice-Presidente da Associação Brasileira de Atividade Motora Adaptada (SoBAMA). Membro do Núcleo de Estudos em Atividade Física Adaptada (NEAFA). Membro do Wheelchair Handball Working Group da International Handball Federation (IHF). Presidente da Comisión de Handball en Silla de Ruedas da Confederación de Sur y Centro America de Balonmano (Coscabal). Coordenador Adjunto do Comitê de Handebol em Cadeira de Rodas da Confederação Brasileira de Handebol (CBHb).

Gardenia de Oliveira Barbosa
Pós-Doutora pelo Healthy and Rehabilitation Science – Physical Therapy Department – College of Medicine da Universidade Estadual de Ohio (The Ohio State University, OSU), EUA. Doutora e Mestre em Educação Especial pelo Programa de Pós-Graduação em Educação Especial (PPGEEs) da Universidade Federal de São Carlos (UFSCar). Especialista em Neuropediatria pela UFSCar. Ex-pesquisadora no Núcleo de Estudos em Atividade Física Adaptada (NEAFA) da UFSCar e no Pediatric and Rehabilitation Laboratory (Pearl Lab) da OSU, EUA. Membro da American Academy for Cerebral Palsy and Developmental Medicine (AACPDM). Embaixadora e Membro do Conselho de Governadores do Brasil Gateway. Fundadora e Membro do The Council GPEF.

Maria da Piedade Resende da Costa
Doutora em Psicologia pela Universidade de São Paulo (USP) e Mestre em Educação Especial pela Universidade Federal de São Carlos (UFSCar). Ex-docente nos Departamentos de Psicologia e de Metodologia do Ensino da Universidade Federal da Paraíba (UFPB) e no Departamento de Psicologia da UFSCar. Professora Sênior do Departamento de Psicologia e Permanente do Programa de Pós-Graduação em Educação Especial (PPGEEs) da UFSCar. Fundadora do Núcleo de Educação Especial (Nesdesp/UFPB) e da Associação Brasileira de Pesquisadores da Educação Especial (ABPEE). Coordenadora do Laboratório de Educação Especial. Líder do Grupo de Pesquisa Educação Especial.

Melina Radaelli Gatti
Doutoranda e Mestre em Educação Especial pelo Programa de Pós-Graduação em Educação Especial (PPGEEs) da Universidade Federal de São Carlos (UFSCar). Especialista em Educação Física Escolar pela UFSCar. Docente do Curso de Educação Física da Universidade Paulista (Unip). Colaboradora no Projeto Atividades Físicas, Esportivas e de Lazer Adaptadas (PROAFA) da UFSCar. Membro do Núcleo de Estudos em Atividade Física Adaptada (NEAFA) e da Associação Brasileira de Atividade Motora Adaptada (SoBAMA).

Mey de Abreu van Munster

Pós-doutora pelo Kinesiology, Sports Studies and Physical Education Department da Universidade Estadual de Nova York – College at Brockport, EUA. Doutora, Mestre e Especialista em Atividade Física e Adaptação pela Universidade Estadual de Campinas (Unicamp). Professora Titular do Departamento de Educação Física e Motricidade Humana (DEFMH) e credenciada no Programa de Pós-Graduação em Educação Especial (PPGEEs) da Universidade Federal de São Carlos (UFSCar). Professora Visitante no Department of Kinesiology da Universidade de New Hampshire (UNH), EUA. Professora convidada no Programa Erasmus Mundus Master in Adapted Physical Activity (EMMAPA) da Universidade Católica de Leuven, Bélgica. Coordenadora do Núcleo de Estudos em Atividade Física Adaptada (NEAFA) e do projeto de extensão Atividades Físicas, Esportivas e de Lazer Adaptadas (PROAFA) da UFSCar. Membro da Associação Brasileira de Atividade Motora Adaptada (SoBAMA). Representante da International Federation of Adapted Physical Activity (IFAPA) na América do Sul. Fundadora e Vice-Presidente da Federación Sudamericana de Actividad Física Adaptada (FeSAFA).

Patrícia D'Azeredo Orlando Bacciotti

Doutoranda e Mestre em Educação Especial pelo Programa de Pós-Graduação em Educação Especial (PPGEEs) da Universidade Federal de São Carlos (UFSCar). Pós-Graduada em Psicopedagogia pela Faculdade de Tecnologia, Ciência e Educação (Fatece). 1º Tenente R2 do Quadro de Magistério do Desporto do Ensino Superior (MDS) do Quadro de Oficiais Convocados da Força Aérea Brasileira. Professora de Educação Especial da Secretaria Municipal de Educação de Leme. Membro do Núcleo de Estudos em Atividade Física Adaptada (NEAFA).

Patrícia Rossi-Andrion

Doutoranda e Mestre em Educação Especial pelo Programa de Pós-Graduação em Educação Especial (PPGEEs) da Universidade Federal de São Carlos (UFSCar). Membro do Núcleo de Estudos em Atividade Física Adaptada (NEAFA). Colaboradora no Projeto Atividades Físicas, Esportivas e de Lazer Adaptadas (PROAFA) da UFSCar. Bailarina Clássica e Contemporânea.

Patricia Santos de Oliveira
Pós-doutoranda no Departamento de Educação Física e Motricidade Humana (DEFMH) da Universidade Federal de São Carlos (UFSCar). Doutora e Mestre em Educação Especial pelo Programa de Pós-Graduação em Educação Especial (PPGEEs) da UFSCar. Especialista em Prescrição de Exercícios Físicos para Grupos Especiais pela Universidade Estadual de Campinas (Unicamp). Professora Adjunta no Curso de Educação Física da Universidade Federal de Mato Grosso do Sul (UFMS), *Campus* Pantanal (CPAN). Ex-Professora Substituta na Faculdade de Educação da Universidade Federal da Grande Dourados (Faed/UFGD). Membro da Associação Brasileira de Atividade Motora Adaptada (SoBAMA) e integrante dos seguintes grupos de pesquisa: Núcleo de Estudos em Atividade Física Adaptada (NEAFA); Grupo de Estudo e Pesquisa em Linguagem Corporal e Diversidade (GEPL); e Grupo de Pesquisa em Educação Especial na Perspectiva da Inclusão Escolar (GPEEP).

Tarcísio Bitencourt dos Santos
Mestre em Educação Especial pelo Programa de Pós-Graduação em Educação Especial (PPGEEs) da Universidade Federal de São Carlos (UFSCar). Colaborador no Projeto Atividades Físicas, Esportivas e de Lazer Adaptadas (PROAFA) da UFSCar. Membro do Núcleo de Estudos em Atividade Física Adaptada (NEAFA).

Taylor Brian Lavinscky Pereira
Doutorando e Mestre em Educação Especial pelo Programa de Pós-Graduação em Educação Especial (PPGEEs) da Universidade Federal de São Carlos (UFSCar). Treinador de Para Ski Cross Country da Confederação Brasileira de Desportos na Neve (CBDN). Colaborador no Projeto Atividades Físicas, Esportivas e de Lazer Adaptadas (PROAFA) da UFSCar. Membro do Núcleo de Estudos em Atividade Física Adaptada (NEAFA) e da Associação Brasileira de Atividade Motora Adaptada (SoBAMA).

Sumário

Para ter acesso ao conteúdo complementar, entre em https://conteudo-manole.com.br/cadastro/educacao-fisica-esportes-adaptados e utilize a senha **educadapt**.

O prazo para acesso a esse material limita-se à vigência desta edição.

Prefácio

Trabalhar com um grupo bom é muito mais fácil, saboroso e produtivo.

Difícil é encontrar grupos de trabalho como aqueles que fazem "as coisas" acontecerem. Difícil é organizar e participar de um "bom grupo", formado pela união de diferentes experiências e conhecimentos voltados para um propósito comum, ou seja, unir talentos para transformar uma obra literária, rica em diversos conteúdos e que se completam. Esse é certamente um propósito difícil de atingir e, ao mesmo tempo, desejado por leitores que buscam aprender.

Pesquisadores do Núcleo de Estudos em Atividade Física Adaptada (NEAFA/UFSCar), na obra *Educação Física e esportes adaptados: programas de ensino e subsídios para a inclusão*, de autoria da Profa. Dra. Mey de Abreu van Munster, nos trazem em 14 capítulos, divididos em dois eixos (Educação Física escolar e Programas de ensino em atividades físicas, expressivas e esportes adaptados), informações que transcendem as literaturas que serviram de apoio e que deram base ao trabalho científico aqui registrado.

A experiência na área em questão, desenvolvida pela autora e pelos demais colaboradores, foi fundamental para que todos os capítulos tivessem identidade própria e se tornassem "obras de arte", pinceladas por mãos de profissionais capazes de trazer à tona dados atualizados e reflexões próprias daqueles que amam estudar, trabalhar e que se dedicam à Educação Física e aos esportes adaptados.

Assim, escrever e comentar sobre os detalhes técnicos e dos conteúdos da obra, neste Prefácio, não se faz necessário por dois motivos. O primeiro é que a obra está metodológica e didaticamente muito organizada e carregada de propostas claras e atraentes diante do desejo de "seguir em frente" com a leitura, a cada capítulo.

O segundo motivo que dispensa ratificar a coragem e a bagagem daqueles que trabalharam nos conteúdos com a propriedade observada nesta obra reflete a seguinte ideia: fazer análises críticas sobre uma obra de arte em sua totalidade é sempre inalcançável; assim como comentar sobre belas poesias torna-se imensurável.

Em resumo, esta é uma mistura de obra de arte e trabalho científico.

Resta-me, desta feita, destacar, enaltecer e agradecer os esforços dos pesquisadores Aline Basso Braz; Ana Carolina Santana de Oliveira; Camila de Moura Costa; Elizabeth de Cássia Biancone; Elizângela Fernandes Ferreira Santos Diniz; Fernanda Gabriela Quidim; Flávio Anderson Pedrosa de Melo; Gardenia de Oliveira Barbosa; Maria Piedade Resende da Costa; Melina Radaelli Gatti; Patricia d'Azeredo Orlando Bacciotti; Patrícia Rossi-Andrion; Patricia Santos de Oliveira; Tarcísio Bitencourt dos Santos; e Taylor Brian Lavinscky Pereira.

Sem dúvidas, muito além dos capítulos, que cada pesquisador debruçou-se para estudar e escrever, existem curiosas histórias e conquistas dentro do mundo acadêmico e científico.

Por fim, sublinhar os esforços da pesquisadora e organizadora desta obra, a Profa. Dra. Mey de Abreu van Munster, é visualizar o produtivo e possível início que está por vir, fruto do trabalho de muitos, vinculados pela liderança daquela que transforma as diferenças em uma paixão e, na sequência, em ações.

As efetivas contribuições de todos os pesquisadores envolvidos diretamente e agentes influenciados e influenciadores da temática desta obra certamente se alimentaram da inspiração pessoal e profissional da Profa. Dra. Mey.

Desejo a todos os leitores muitas reflexões e construções a partir deste encontro suave e, simultaneamente, intenso, destinado a proporcionar mais equilíbrio em nossas práticas profissionais.

José Júlio Gavião de Almeida
Professor Doutor Aposentado da Faculdade de Educação Física
da Universidade Estadual de Campinas (FEF-Unicamp)

Apresentação

Esta obra é o resultado da construção coletiva dos pesquisadores do Núcleo de Estudos em Atividade Física Adaptada (NEAFA),* implantado em 2007 na Universidade Federal de São Carlos (UFSCar) e vinculado ao Diretório dos Grupos de Pesquisa do CNPq.

O NEAFA foi concebido como um fórum de discussão para apoio e inter-relação entre as atividades de ensino, pesquisa e extensão voltadas à Atividade Física Adaptada para pessoas com transtornos globais do desenvolvimento e deficiências, desenvolvidas na UFSCar. Ao longo de seus quinze anos, o NEAFA acolheu estudantes de graduação provenientes do curso de Bacharelado e Licenciatura em Educação Física e do Programa de Pós-Graduação em Educação Especial (PPGEEs), ambos pertencentes à UFSCar, entre muitos outros participantes e colaboradores de diversas instituições de ensino do país e do exterior. Dentre estes se destaca a parceria com pesquisadores da Faculdade de Educação Física (FEF) da Universidade Estadual de Campinas (Unicamp), da Universidade Estadual de Nova York (SUNY Brockport) e da Universidade de New Hampshire, ambas nos Estados Unidos, da Faculdade de Ciências do Desporto e Educação Física (FCDEF) da Universidade de Coimbra, em Portugal, e da Universidad del Bío-Bío, no Chile.

O engajamento com entidades representativas da área, como a Associação Brasileira de Atividade Motora Adaptada (SoBAMA), a International Federa-

* Endereço para acessar o espelho do NEAFA: dgp.cnpq.br/dgp/espelhogrupo/ 0414470398775634.

tion of Adapted Physical Activity (IFAPA) e, mais recentemente, da Federación Sudamericana de Actividad Física Adaptada (FeSAFA), engrandeceu e fortaleceu a sistematização de estudos e investigações nesse campo.

Os estudos do NEAFA são articulados em duas linhas de pesquisa. A primeira e mais antiga, denominada Atividade Física e Esportes Adaptados, abrange as possibilidades de intervenção e investigação no âmbito da atividade física e esportes adaptados a pessoas com deficiências e transtornos globais de desenvolvimento, nos contextos da educação, reabilitação, recreação e alto rendimento. A segunda e mais recente, designada Educação Física e Inclusão Escolar, abarca estudos, estratégias e ações no âmbito da Educação Física Escolar voltada à inclusão de estudantes com deficiências e transtornos globais do desenvolvimento, sobretudo por meio de pesquisas colaborativas.

Com exceção do primeiro capítulo do livro, de autoria da coordenadora, todos os demais são derivados de pesquisas desenvolvidas em nível de mestrado e de doutorado junto ao PPGEEs da UFSCar.

Acompanhando os dois eixos principais das pesquisas desenvolvidas no NEAFA, este livro também está organizado em duas partes.

A primeira parte do livro engloba seis estudos envolvendo a inclusão de estudantes com deficiências no contexto da Educação Física Escolar. O capítulo 1 parte de reflexões sobre as abordagens de ensino e práticas inclusivas em Educação Física, discorrendo sobre os princípios da instrução normalizada, da instrução diferenciada e da instrução universalmente desenhada. O segundo capítulo aborda a implementação do plano de ensino individualizado aplicado à Educação Física (PEI-EF) como indicador para o direcionamento de ações pedagógicas nos programas de Educação Física, às necessidades dos estudantes pertencentes ao público-alvo da Educação Especial. Os três capítulos seguintes enfatizam aspectos relacionados ao trabalho colaborativo e ao incentivo à cultura colaborativa no ambiente escolar. O capítulo 3 traz sugestões e estratégias para a implementação da consultoria colaborativa entre o professor especialista (consultor) e o professor de Educação Física (consultante). O capítulo 4 abrange os conceitos e as diferentes possibilidades de aplicação do ensino colaborativo nas aulas de Educação Física. O capítulo 5 introduz a tutoria por pares nas aulas de Educação Física e apresenta a sistematização de um programa de preparação de colegas tutores, como ferramenta para a inclusão de estudantes com deficiências e transtornos globais do desenvolvimento nesse contexto. O capítulo 6 disserta sobre o emprego de adaptações curriculares no âmbito da Educação Física, trazendo sugestões e possibilidades voltadas ao ensino de estudantes com deficiência visual.

A segunda parte do livro abarca oito estudos envolvendo programação de ensino em diferentes temáticas concernentes a Atividades Físicas, Expressivas e Esportes Adaptados. São descritas a finalidade, a estrutura, materiais, estratégias de aplicação e formas de avaliação específicas a cada tipo de intervenção. Os programas de ensino são voltados a populações variadas (pessoas com deficiência intelectual, visual e física, entre outras necessidades especiais), em diferentes fases do desenvolvimento humano (bebês, crianças, jovens e adultos), em contextos educacionais diversificados (escola comum, instituições especializadas, academias e programas de extensão universitária), e com abordagens teóricas distintas. Os dois primeiros capítulos da segunda parte têm a psicomotricidade como arcabouço teórico. O capítulo 7 introduz a natação para bebês com deficiências, por meio de estímulos aquáticos e atividades lúdicas. O capítulo 8 apresenta um programa de psicomotricidade voltado a jovens e adultos com deficiência intelectual. Esse mesmo público é contemplado no capítulo 9, porém a discussão se concentra na Educação Física sob a perspectiva da cultura corporal, com ênfase nas habilidades sociais. Com base nos fundamentos de Laban, o capítulo 10 desenvolve um programa de dança educativa para pessoas com deficiência. Os três capítulos seguintes dedicam-se a esportes adaptados a pessoas com deficiências físicas. O capítulo 11 detalha os pormenores de um programa de iniciação esportiva em cadeira de rodas para crianças com deficiência física. O capítulo 12 aborda estratégias de ensino para iniciação esportiva do tênis em cadeira de rodas, enquanto o capítulo 13 trata da modalidade handebol em cadeira de rodas, ambos voltados a pessoas com deficiências físicas. Por fim, o capítulo 14 discorre sobre o papel da equoterapia no desenvolvimento psicomotor de crianças com necessidades especiais.

Construída a muitas mãos, esta obra reúne temáticas pouco convencionais e retrata algumas experiências inéditas no campo da Atividade Física Adaptada, que têm em comum o alicerce científico característico das dissertações e teses defendidas no PPGEEs/UFSCar.

Espera-se que seja uma valiosa ferramenta de trabalho, não apenas aos professores de Educação Física, mas também a diversos profissionais que atuam em equipes interdisciplinares, atuando em prol da inclusão e acessibilidade de pessoas com deficiências e transtornos globais do desenvolvimento em programas educacionais.

PARTE I

Educação física escolar

CAPÍTULO **1**

Abordagens de ensino e práticas inclusivas em Educação Física

Mey de Abreu van Munster

Você verá neste capítulo...

Ao buscar estratégias de ensino que possibilitem a participação do estudante com deficiência em suas aulas, os professores de Educação Física têm recorrido a diferentes enfoques pedagógicos e tipos de instrução.

Este capítulo descreve as abordagens distintas que os professores de Educação Física têm utilizado para acomodar as necessidades especiais desses estudantes no contexto da educação inclusiva.

São identificadas três principais formas de instrução:

- Instrução normalizada: currículo tradicional sem diferenciação no programa.
- Instrução diferenciada: adaptações feitas sob medida para as necessidades de cada estudante com deficiência.
- Instrução universalmente desenhada: baseada nos princípios do desenho universal para aprendizagem, pressupondo acessibilidade para todos os alunos.

A instrução diferenciada, que envolve modificações no programa e acomodações pedagógicas, tem sido a abordagem prevalente nas últimas três décadas. No entanto, recentemente têm sido percebidos indícios de uma instrução baseada nos princípios do desenho universal para aprendizagem.

Ambas as abordagens, instrução diferenciada e desenho universal, separada ou associadamente, constituem recursos significativos para acomodar as necessidades do estudante com deficiência em aulas de Educação Física.

INTRODUÇÃO

A inclusão de estudantes com deficiência (ECD) no contexto da Educação Física tem sido amplamente discutida internacionalmente e abordada em vários estudos.[1-5]

Segundo Munster e Alves,[6] a educação inclusiva consiste em um

> [...] processo de reorganização do sistema educacional e dos ambientes de ensino e aprendizagem, abrangendo de forma colaborativa todos os agentes envolvidos na comunidade escolar, visando efetivar a equiparação de oportunidades educacionais orientadas pelos princípios de respeito à diversidade, aceitação e reconhecimento político das diferenças (p.172).

A inclusão pode ser entendida como um esforço abrangente que encoraja os professores a manterem altas expectativas para todos os estudantes, assegurando agrupamentos flexíveis no desenvolvimento de currículos apropriados.[7] A inclusão baseia-se em pressupostos filosóficos que apoiam a diversidade por meio da participação ativa de todos os envolvidos no processo, visando fortalecer a cultura escolar.[8,9]

Com base no princípio segundo o qual estudantes com diferentes níveis de habilidades podem ser acomodados em uma mesma turma de Educação Física, um estudo precursor de Block e Vogler[2] chamou a atenção para as limitadas evidências que apoiam os modelos de inclusão de ECD na Educação Física. Desde então, diversos estudos têm sido realizados na área, demonstrando a importância de um amplo entendimento sobre o que é necessário para incluir os ECD na Educação Física. Block e Obrusnikova[1] reforçaram a importância de examinar várias acomodações no processo de inclusão de ECD em ambientes de Educação Física. Coates e Vickerman[10] revisaram uma série de estratégias que diferenciam a Educação Física para ECD e recomendaram, entre outras sugestões, adaptação curricular e modificações instrucionais. No mesmo sentido, Qi e Ha[3] encorajam mais pesquisas relacionadas a adaptações curriculares e instrucionais que possam atender efetivamente as necessidades de ECD em aulas de Educação Física inclusivas. Examinando a perspectiva dos ECD em relação às experiências em Educação Física, Haegele e Sutherland[11] reforçam que experiências significativas de aprendizagem podem ser construídas por meio de modificações e acomodações durante as atividades. No entanto, são escassos os estudos que investigam diferentes abordagens instrucionais em Educação Física para ECD.

Este capítulo se justifica pela necessidade de aprofundar os seguintes questionamentos:

- Que tipos de abordagens pedagógicas têm sido utilizados para acomodar os ECD nas aulas de Educação Física?
- Quais são os princípios que orientam as práticas dos professores de Educação Física?
- O currículo de Educação Física deve ser o mesmo para alunos com e sem deficiência?
- Em que medida os enfoques de ensino devem ser modificados?
- Que tipos de acomodações e modificações têm sido usados nas aulas de Educação Física para atender as necessidades dos ECD?

Diante desses questionamentos, o objetivo do capítulo é descrever as abordagens distintas que os professores de Educação Física têm utilizado para acomodar as necessidades especiais de ECD no contexto da educação inclusiva.

INSTRUÇÃO NORMALIZADA

Ainda são muito comuns as situações em que os ECD acessam o currículo tradicional de Educação Física sem quaisquer ajustes no programa, ou sem diferenciação instrucional. A instrução normalizada (IN) baseia-se no princípio da igualdade de condições educacionais aos alunos com e sem deficiência, partindo do pressuposto de que a programação da aprendizagem deve estar o mais próxima possível da "norma".

Assegurando a igualdade de oportunidades, a teoria da normalização proporciona aos ECD condições educacionais que tenham a maior semelhança possível com aquelas normalmente oferecidas aos alunos sem deficiência.[12] De acordo com Lieberman e Houston-Wilson,[9] esse modelo é central para introduzir os ECD em jogos e atividades tradicionais e culturalmente aceitáveis. Em determinadas situações, modificações no programa convencional/tradicional de Educação Física podem ser dispensadas sem afetar a participação do ECD. No entanto, com a IN, deve-se ter cautela: há uma grande diferença entre dispensar o uso de adaptações desnecessárias e deixar de oferecer acomodações indispensáveis para o aproveitamento do ECD.

Rizzo, Davis e Toussaint[13] afirmam que a abordagem normalizada envolve "mudar as formas de movimento do aluno para que ele se adéque a um modelo idealizado ou padronizado", o que pode consistir em uma barreira para incluir o ECD. Smith e Thomas[4] relataram que alguns professores de Educação Física da Inglaterra esperavam que os ECD se adaptassem aos programas existentes, ao invés de acomodar o currículo às crianças, o que afetou seu engajamento e realização. Fitzgerald[14] demonstrou que a maioria dos ECD pode não se beneficiar das "práticas normalizadas" que prevalecem na Educação Física. No mesmo sentido, Bredahl[15] refere que a Educação Física normalizada é capaz de estabelecer padrões inatingíveis que, quando associados a acomodações inadequadas, podem fazer o ECD experimentar uma sensação de fracasso e falta de competência.

Munster, Lieberman e Grenier[16] descrevem situações em que ECD participam de atividades normalizadas em aulas de Educação Física, mantendo-se as mesmas condições educacionais aos alunos com e sem deficiência; os ECD recebem as mesmas oportunidades que seus pares, sem quaisquer ajustes ou modificações. No estudo em questão, as autoras referem que, em algumas situações, as condições educacionais usuais (normalizadas) eram suficientes para permitir que os ECD participassem do programa geral, não sendo necessário recorrer a adaptações. Destacam ainda, em trechos subsequentes, que os professores participantes dessa pesquisa forneceram adicionalmente instruções diferenciadas e universalmente desenhadas aos ECD, conforme a demanda de cada situação. Assim, é imperativo enfatizar que cada ECD é único, sendo necessário um exame adequado de cada circunstância.

Em algumas situações, ECD são capazes de tirar proveito da programação curricular regular e padronizada, característica da IN, cujo aspecto positivo reside no fato de que estudantes com e sem deficiência têm o direito de acessar o mesmo currículo e os mesmos conteúdos. Cabe ressaltar, todavia, que a abordagem normalizada tem maior probabilidade de sucesso entre estudantes que apresentam comprometimentos ou limitações discretos, que praticamente não interferem em seu desempenho, como foram os casos descritos no estudo de Munster, Lieberman e Grenier.[16]

INSTRUÇÃO DIFERENCIADA

Nas últimas décadas, o modelo de educação inclusiva em Educação Física tem se apoiado principalmente na instrução diferenciada. Willis e Mann[17] descrevem a filosofia da instrução diferenciada com base no conceito de que "um sapato do mesmo número não serve a todos os tamanhos de pés". Sob essa perspectiva, os professores devem reconhecer que os alunos diferem em fatores como cultura, estilo de aprendizagem e gênero, sendo incentivados a abordar essas diferenças e a se aproximar de cada aluno por sua prontidão, interesse e perfil único de aprendizagem.

Tomlinson[18] define instrução diferenciada como os esforços dos professores para responder à heterogeneidade entre os alunos na sala de aula, a fim de criar a melhor experiência de aprendizagem possível. Os professores devem manipular pelo menos quatro elementos da sala de aula: conteúdo, processo, produtos e ambiente de aprendizagem.[18,19]

A instrução diferenciada faz uso de adaptações curriculares, que, segundo Heredero,[20] consistem em toda e qualquer ação pedagógica que tenha a intenção de adequar/acomodar o currículo para oferecer respostas educativas às necessidades especiais dos alunos, tendo o currículo comum como principal referência. As adaptações curriculares devem seguir os parâmetros estabelecidos para cada nível de ensino, conferindo flexibilidade a determinados componentes do processo ensino-aprendizagem, como:

- Estabelecimento de metas e objetivos.
- Ajustes no conteúdo das unidades de ensino.
- Definição de critérios e parâmetros de avaliação, conforme as necessidades individuais.

Partindo do pressuposto de que cada aluno é único e de que o programa de Educação Física deve contemplar as diferenças individuais, a instrução diferenciada envolve modificações e adaptações específicas e direcionadas às necessidades individuais de cada ECD, incluindo modificações no programa e ajustes pedagógicos. Com base no princípio segundo o qual alunos com habilidades variadas podem ser acomodados nas mesmas aulas de Educação Física, Block e Vogler[2] descrevem as adaptações curriculares (ou modificações no programa) como "qualquer modificação no currículo empregada para evitar um descompasso entre o nível de habilidade do aluno e o conteúdo da aula para promover o sucesso do aluno no aprendizado". Assim, o currículo deve ser flexível e ajustável em resposta às demandas individuais de cada ECD.

As adaptações curriculares não são necessariamente as mesmas para dois alunos diferentes, pois devem estar alinhadas ao Plano de Ensino Individualizado, levando em consideração o nível atual de desempenho, objetivos e metas do ECD. Costa e Munster[21] descrevem de que forma as adaptações curriculares podem ser aplicadas a estudantes com deficiências visuais no contexto específico da Educação Física, e reforçam que o uso destas deve visar à menor variação do currículo comum, a fim de garantir acessibilidade e oportunidades de aprendizagem equitativas para o ECD.

Seguindo a perspectiva da diferenciação no processo de ensino-aprendizagem, os livros didáticos sobre Educação Física Adaptada (EFA) reforçam a importância do uso de adaptações para adequar as atividades às necessidades dos ECD.[8,9,22]

Segundo Rodrigues,[23] "O processo de adaptação de uma atividade consiste em intervir sobre um conjunto de variáveis, influenciando seu maior ou menor grau de dificuldade. A manipulação dessas variáveis permitirá sintonizar o nível de exigência da atividade com as capacidades de desempenho do aprendiz".

Um exemplo exitoso de instrução diferenciada aplicada à Educação Física baseia-se no modelo de atividades inclusivas* (*the activity inclusion model* – AIM[24]), atualmente em sua quarta versão, desenvolvido a partir do espectro da inclusão proposto por Black e Stevenson[25] e alinhado aos princípios da Classificação Internacional de Funcionalidade, Incapacidade e Saúde, divulgados pela Organização Mundial da Saúde.[26]

É importante ressaltar que a aplicação do modelo de atividades inclusivas não se restringe a pessoas com deficiências ou com transtornos globais de desenvolvimento, podendo fornecer oportunidades de participação a indivíduos nas mais diferentes condições. No entanto, o artigo de Grenier, Miller e Black[27] descreve como aplicar o espectro da inclusão a estudantes com deficiências severas no âmbito da Educação Física.

A Figura 1 ilustra as possibilidades de configuração de ambientes de ensino-aprendizagem da Educação Física no espectro da inclusão, seguida pela descrição e exemplos de instrução diferenciada em cada uma das situações.

---

* O acrônimo referente ao termo em inglês *activity inclusion model* seria AIM, que pode ser traduzido como "mira", no sentido de "propósito" ou "intenção".

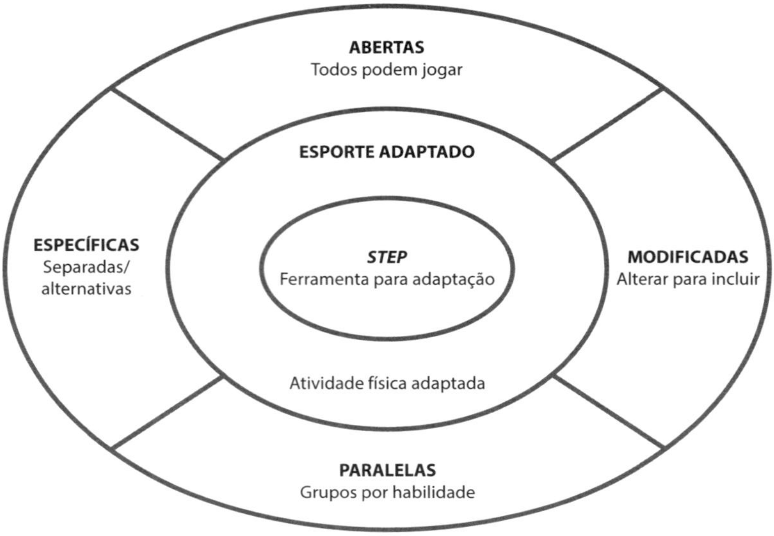

FIGURA 1 Espectro da inclusão.[27]

QUADRO 1 Descrição dos ambientes de aprendizagem do espectro da inclusão

Atividades abertas Todos podem jogar	Todos os participantes realizam a mesma atividade com pouca ou nenhuma modificação. As atividades abertas são inclusivas por natureza, de forma a serem acessíveis a todos os estudantes, considerando que exigem requisitos mínimos de habilidades e critérios de desempenho bastante flexíveis. A maioria dos jogos cooperativos se enquadra facilmente nessa categoria de atividade.
Atividades modificadas Alterar para incluir	Todos realizam a mesma atividade, mas as condições circunstanciais são adaptadas para promover a participação de todos, independentemente do nível de suas habilidades físicas, cognitivas ou sensoriais. Em um jogo de boliche, por exemplo, é possível recorrer a várias modificações, conforme as necessidades de cada participante. Uma criança com dificuldade motora pode necessitar do uso de uma rampa feita com tubos de PVC. Uma criança com baixa visão talvez precise ser posicionada mais próxima dos pinos de boliche, para poder enxergá-los. Uma criança com cegueira se beneficiará da substituição dos pinos de boliche por latas ou outros materiais que façam barulho ao serem atingidos pela bola, oferecendo um retorno sonoro-auditivo.

(continua)

QUADRO 1 Descrição dos ambientes de aprendizagem do espectro da inclusão *(continuação)*

Atividades paralelas Grupos por habilidades	Nessa abordagem, embora todos realizem uma atividade com um tema em comum, os participantes podem ser subdivididos em grupos, segundo seu próprio ritmo e nível de desempenho. Trata-se de oferecer diferentes versões de uma mesma atividade, contemplando os diferentes níveis de proficiência motora, com os participantes acessando a versão mais adequada a suas habilidades. Em um jogo de *badminton*, por exemplo, enquanto alguns participantes preferem jogar em pé, com a raquete e a peteca convencional da modalidade, outros podem preferir jogar sentados (no chão ou em uma cadeira), utilizando um implemento (bexiga ou balão de sopro) com trajetória mais lenta, ou tocando no objeto com as próprias mãos.
Atividades específicas Separadas ou alternativas	Essa abordagem enfatiza que por vezes pode ser mais conveniente para uma pessoa praticar esportes individualmente, ou com participantes nas mesmas condições. Eventualmente um participante (não necessariamente um participante com deficiência) pode se beneficiar mais de uma atividade individualizada, que assegure subsídios e desenvolva competências para sua subsequente integração a uma atividade em grupo. Durante uma atividade de atletismo que inclua um usuário de cadeira de rodas, por exemplo, pode ser mais apropriado substituir exercícios de salto por atividades de arremesso para esse indivíduo. Em fases de treinamento específico e preparação para competições em certas modalidades coletivas de esportes adaptados, pode ser mais interessante praticar com atletas que compartilhem da mesma condição ou classe funcional semelhante, de modo a assegurar algumas especificidades.
Esportes adaptados	Consiste em modalidades esportivas projetadas especificamente para a prática por pessoas com deficiência. No entanto, a maioria dos esportes para pessoas com deficiência pode ser praticada e apreciada por todos, possibilitando ser incorporada inclusive aos currículos comuns de Educação Física, como experiências de aprendizagem.[28] A prática conjunta de esportes adaptados por pessoas que têm ou não deficiência baseia-se na premissa de que estes proporcionam estímulos cognitivos, sensoriais e motores diferenciados, que podem favorecer atitudes socialmente mais positivas em todos os participantes.

Fonte: adaptado de Black e Stevenson, 2011.[25]

Centralmente no diagrama do espectro da inclusão encontra-se a ferramenta *STEP*,** que tem demonstrado ser um recurso bastante útil e amplamente empregado na instrução diferenciada em Educação Física. A Figura 2 descreve os

** A tradução do acrônimo *STEP*, referente à união dos termos em inglês *space* (espaço), *task* (tarefa), *equipment* (equipamento) e *people* (pessoas), corresponde ao termo "etapa" ou "passo" em português.

SPACE
ESPAÇO

Aumentar ou diminuir o tamanho da área de atividade; variar a distância a ser percorrida conforme diferentes níveis de habilidades ou de mobilidade; dividir o espaço em zonas e agrupar os participantes por níveis de habilidade; utilizar demarcações visuais, táteis ou sonoras para favorecer a localização e orientação dos participantes no espaço; controlar a quantidade de estímulos e distrações no meio.

TASK
TAREFA

Modificar a tarefa, variando o nível de complexidade da ação motora; modificar as regras do jogo, evitando a eliminação dos participantes, e aumentar as possibilidades de interação entre os jogadores; ajustar o tempo para a execução das atividades.

EQUIPMENT
MATERIAIS

Variar o tipo e as características dos materiais e equipamentos (tamanho, cor, textura, peso, velocidade) para favorecer ou desafiar o nível de habilidade dos participantes; agregar guizos ou dispositivos sonoros para facilitar a localização auditiva.

PEOPLE
PESSOAS

Variar o número de participantes, seu posicionamento ou seu papel; considerar o nível de habilidade dos participantes ao fazer a divisão em grupos; nas atividades em equipe, pode ser preferível formar grupos com um número desigual de participantes, para maximizar a participação de alguns estudantes.

FIGURA 2 Diagrama correspondente à ferramenta *STEP*.
Fonte: adaptada de AIM, 2017[24] e Waring, 2021.[41]

quatro elementos/componentes que podem ser manipulados para ajustar o processo de ensino e aprendizagem às necessidades educacionais de ECD nas aulas de Educação Física.

Lieberman e Houston-Wilson[9] esclarecem que os ECD podem precisar de adaptações nos equipamentos por várias razões, incluindo mobilidade reduzida, força de preensão limitada, déficit de visão ou audição, diminuição da função cognitiva e incapacidade de manter a atenção por um longo período.

Ainda sobre as adaptações de equipamentos e materiais, Healy[29] destaca os "5 S" relacionados às características dos materiais que podem ser modificados nas aulas de Educação Física, e que correspondem aos termos em inglês vistos no Quadro 2.

QUADRO 2 Características a serem modificadas nos materiais nas aulas de Educação Física

Surface – superfície	Alterar a textura, a consistência ou adicionar cor às bolas e implementos a serem utilizados.
Speed – velocidade	Esvaziar bolas, alterar o peso para torná-las mais leves ou mais pesadas, modificando assim a velocidade de sua trajetória.
Size – tamanho	Explorar as diferentes dimensões de bolas e outros materiais, como alvos a serem atingidos; variar o comprimento de implementos de rebater, como tacos e raquetes.
Sound – som	Adicionar pistas auditivas como bipes ou guizos no interior de bolas, alvos e outros materiais.
Support – suporte	Posicionar bolas de forma estacionária sobre cones e outros tipos de pinos e suportes; pendurar ou suspender bolas e outros implementos a serem atingidos por um barbante preso ao teto.

Fonte: adaptado de Healy, 2013[29].

Lieberman e Houston-Wilson[9] indicam que as modificações no espaço físico são essenciais para incrementar o grau de envolvimento do ECD nas aulas de Educação Física: diminuir as distrações no ambiente, aumentar as dicas visuais, limitar o ruído, alterar a iluminação ou garantir a acessibilidade.

Mosston e Ashworth,[30] por sua vez, mencionam diferentes fatores que afetam o grau de dificuldade de uma atividade. Uma delas é a amplitude do espaço entre o ponto de distância mínima e máxima entre o indivíduo e seu par ou alvo determinado, durante a realização de tarefas relacionadas à manipulação de objetos (lançar, receber e arremessar). Da mesma forma, Mosston e Ashworth[30] afirmam que variar a altura e posicionar equipamentos como redes de voleibol e tabelas de basquete em planos distintos mobiliza diferentes níveis de exigência nas habilidades dos estudantes.

A instrução diferenciada está de acordo com o constructo de Hutzler,[31] quando o autor defendeu o ponto de vista segundo o qual as adaptações na Educação Física não devem ser prescritas de acordo com um tipo específico de deficiência, mas devem considerar a relação entre o aluno (indivíduo), as atividades (tarefa) e o contexto (ambiente), podendo potencializar ou limitar as oportunidades educacionais. O autor ressalta a importância de um processo de ensino-aprendizagem adaptado individualmente, em vez de instruções predeterminadas. Os professores de Educação Física devem tomar suas decisões pedagógicas com base no pensamento crítico relacionado a desafiar os ECD e promover sua participação em uma variedade de ambientes.[31]

Munster, Lieberman e Grenier[16] reforçam que as adaptações curriculares tratam de diferenciar o programa e a instrução para atender às necessidades de um ECD em específico, o que é totalmente diferente de um programa individualizado.

INSTRUÇÃO UNIVERSALMENTE DESENHADA

Recentemente, outra tendência de ensino foi introduzida como nova perspectiva para acomodar não apenas as necessidades dos ECD, mas uma ampla gama de estudantes na Educação Física: a instrução universalmente desenhada, inspirada nos pressupostos do desenho universal para aprendizagem (DUA).[9,32] A filosofia do DUA é baseada na evidência da neurociência de que dois cérebros não aprendem da mesma maneira; a variabilidade do aluno é a norma.[33] A ideia principal dentro da abordagem DUA é projetar um currículo considerando a variabilidade neurológica dos estudantes, fornecendo vários meios de representação, ação e expressão, e engajamento, desde o princípio da construção do currículo.[33]

Segundo Lieberman e Houston-Wilson,[9] o DUA é um conceito, um conjunto de princípios, uma estrutura que oferece suporte e torna o currículo acessível ao maior número possível de indivíduos.

Até o momento, há poucas pesquisas sobre DUA contextualizando seus princípios e discutindo essas possibilidades no campo da Educação Física.[26,34-37] Embora reforcem a ideia de trazer conceitos de DUA para as aulas de Educação Física, esses artigos limitam-se a citar exemplos em vez de mostrar dados ou evidências científicas aplicadas a esse modelo como perspectiva para incluir o ECD no contexto da Educação Física. Ao descrever as abordagens de ensino empregadas em um distrito escolar no estado de Nova York, Munster, Lieberman e Grenier[16] identificam e descrevem indícios da instrução universalmente desenhada nas aulas de Educação Física.

A aplicação do DUA na Educação Física pressupõe que os ambientes físicos, sociais e de aprendizagem devem ser projetados para que os estudantes tenham sua diversidade contemplada por meio de variações no programa de ensino.[9]

Considerando que os estudantes se diferenciam quanto às redes afetivas, de reconhecimento e estratégicas, o DUA se baseia na oferta de variados meios de engajamento, representação e ação e expressão, conforme indicado na Figura 3.

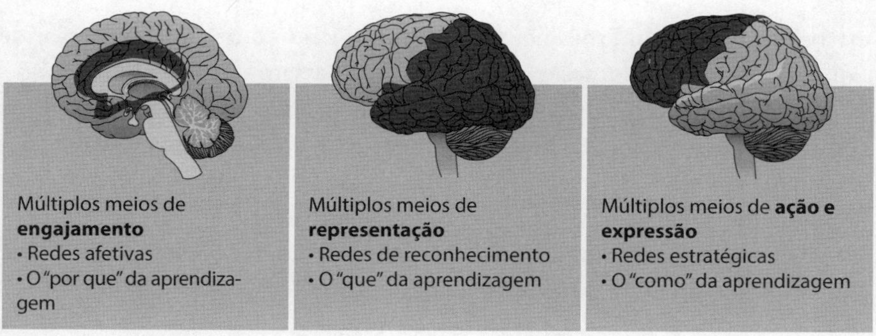

FIGURA 3 Princípios do desenho universal para a aprendizagem.
Fonte: adaptada de Cast, 2018.[38]

Meios de engajamento

O afeto é um elemento crucial na aprendizagem, e os alunos diferem acentuadamente nas maneiras pelas quais podem ser engajados ou motivados a aprender. Os professores de Educação Física devem estar atentos às variações individuais na personalidade dos alunos, ao conhecimento e experiências prévias, aspectos neurológicos e culturais e a uma ampla gama de outros fatores que podem interferir em seu envolvimento com as atividades propostas.

Os professores de Educação Física podem aumentar o nível de interesse e engajamento de um estudante buscando técnicas motivacionais, incentivando e variando o arranjo das aulas, entre outras possibilidades. Ao gerir a aula adequadamente, ao escolher evitar jogos de eliminação ou introduzir uma regra alternativa em determinada atividade, o professor de Educação Física pode garantir a participação contínua e oferecer oportunidade para que os alunos (incluindo aqueles com deficiência) se envolvam com seus colegas nas tarefas. O uso de música, de cartazes de incentivo, entre outros reforçadores de aprendizagem, pode potencializar a motivação dos ECD nas aulas de Educação Física.

Meios de representação

Partindo do pressuposto de que os estudantes diferem na forma como percebem e compreendem as informações disponíveis no ambiente de ensino, é importante apresentar várias opções e múltiplos meios de representação. Para estabelecer várias conexões neurais e otimizar o aprendizado, o professor de Educação Física deve fornecer informações que possam ser apreendidas por diferentes canais perceptivos, seja por meios visuais, auditivos ou táteis. Recursos como o uso de gravuras/ilustrações e vídeos para demonstração visual de determinada atividade, emprego de quadras e maquetes táteis, demarcação e sinalização do ambiente com marcas em cores, relevo e formas diferenciadas consistem em alguns exemplos de meios de representação que podem potencializar o aprendizado do ECD no contexto da Educação Física.

Meios de ação e expressão

Uma vez que os estudantes diferem nas maneiras como podem navegar em um ambiente de aprendizagem e expressar o que sabem, várias opções devem estar abertas para que eles possam agir e se expressar. Para superar as deficiências sensoriais significativas do aluno, distúrbios de movimento, barreiras linguísticas e outros problemas, o professor de Educação Física deve explorar diferentes estratégias, disponibilizando vários tipos de equipamentos e materiais e oferecendo alternativas para os alunos se expressarem e desempenharem as tarefas de acordo com suas possibilidades. Muitas vezes, durante as aulas de Educação Física, os professores usam uma ampla gama de materiais – convencionais, adaptados ou alternativos, fabricados ou artesanais – que enriquecem as oportunidades de aprendizado de todos os alunos.

O desenho universal para a aprendizagem considera a gama de habilidades dos alunos na fase de concepção do currículo, projetando e incorporando acomodações e ajustes nessa fase. De acordo com Block et al.,[32] "a diferença entre a instrução baseada no DUA e fazer adaptações para populações específicas está no planejamento" (p.96). Esse acesso intrínseco a uma ampla gama de usuários, com e sem deficiência, é o princípio subjacente do DUA.[39] Em termos de delineamento curricular, o DUA implica uma abordagem para organizar materiais e atividades instrucionais que permitem que os objetivos de aprendizagem sejam alcançados por indivíduos com grandes diferenças em suas habilidades de ver, ouvir, falar, mover-se, ler, escrever, entender, assistir, organizar, envolver e lembrar. Um currículo tão variado, porém desafiador, oferece aos professores a capacidade de fornecer acesso ao conteúdo de Educação Física a todos os estudantes sem ter que recorrer a sucessivas adaptações no currículo, de forma a atender a várias necessidades simultaneamente.[9]

Essa variação apoia a motivação para aprender, oferecendo maneiras de se envolver com o conteúdo da aula, proporcionando aos estudantes várias preferências e estilos para encontrar caminhos que aumentam as chances de sucesso.[40] As variações no currículo não são apenas para um ou dois alunos; todas as crianças podem usufruir de atividades universalmente concebidas.[35] Essa não é uma instrução customizada às necessidades de um estudante em específico, como ocorre na abordagem diferenciada; a instrução universalmente desenhada pode ser acessada por todas as crianças da turma, independentemente da experiência ou habilidade anterior.[34]

CONSIDERAÇÕES FINAIS

Este capítulo retrata três abordagens distintas adotadas pelos professores de Educação Física para acolher os ECD incluídos em suas aulas: instrução normalizada, instrução diferenciada e instrução universalmente desenhada (DUA). Os princípios que têm direcionado tais práticas podem ser assim resumidos: enquanto a instrução normalizada desconsidera as diferenças no processo de aprendizagem, a instrução diferenciada faz uso de adaptações para modificar/reformar o currículo, e o DUA é baseado em variações para atender uma ampla gama de alunos, independentemente do seu nível de habilidade ou inabilidade.

Na perspectiva da instrução diferenciada, as adaptações são desenvolvidas e direcionadas às necessidades de um estudante em específico, o que pode ser entendido como "diferenciação". Na abordagem diferenciada é possível alterar o currículo, torná-lo mais flexível ou personalizar a instrução, equipamento, ambiente ou atividade para determinado ECD.

Com base nos princípios do DUA, as acomodações realizadas no programa de ensino não devem visar a um aluno em específico, mas sim considerar a variabilidade entre todos os alunos, não exclusivamente aqueles com deficiência ou com transtornos globais de desenvolvimento. Considerando a grande variedade de competências e habilidades em uma aula de Educação Física pautada no DUA, seria preferível empregar "variações" em vez de "adaptações". Essas variações devem estar alinhadas aos meios diversificados de representação, ação e expressão e engajamento, conforme detalhado anteriormente.

As principais particularidades e distinções entre cada abordagem são indicadas no Quadro 3.

QUADRO 3 Diferenças entre as abordagens de ensino em Educação Física[16]

	Instrução normalizada	Instrução diferenciada	Desenho universal na aprendizagem
Concebido para	Estudante "comum". Uniformidade. Desconsidera as diferenças entre os estudantes.	CADA estudante. Cada aprendiz é ÚNICO.	TODOS os estudantes. Variabilidade entre os aprendizes.
Ênfase	Igualdade de oportunidades	Responde às necessidades individuais específicas	Atende uma ampla faixa de capacidades
Currículo	Tradicional e fixo	Flexível e ajustável	Acessível desde o início
Faz uso de	Recursos convencionais, orientados à norma ou à média	Acomodações como adaptações curriculares e modificações na instrução, regras, equipamentos e ambiente	Variações e diversos meios de representação, ação e expressão e engajamento

Os conceitos de desenho universal para aprendizagem e instrução diferenciada reconhecem que cada aluno é único (ID) ou variável (DUA), prevendo a flexibilidade do processo de aprendizagem ao considerar as necessidades de todos (DUA) e de cada (ID) estudante. Apesar dessas semelhanças, o DUA enfatiza o *design* proativo do ambiente e dos currículos desde o início, enquanto a ID enfatiza a resposta às necessidades individuais,[33] na medida em que estas vão se apresentando no processo de ensino.

Munster, Lieberman e Grenier[16] reportam que a instrução diferenciada, caracterizada por modificações no programa e acomodações pedagógicas, tem sido a abordagem prevalente em um distrito escolar americano, embora tenham sido observados alguns indícios pedagógicos baseados nos princípios do DUA. As autoras concluem que, em associação, ambas as abordagens (ID e DUA) podem consistir em recursos significativos para acomodar ECD nas aulas de Educação Física.

Assim, é importante examinar e rastrear cada circunstância a fim de determinar a melhor abordagem de ensino para cada situação, com base em avaliação constante e contínua.

REFERÊNCIAS

1. Block ME, Obrusnikov, I. Inclusion in physical education: a review of the literature from 1995-2005. Adapted Physical Activity Quarterly. 2007;24:123-4.
2. Block ME, Vogle, EW. Inclusion in regular physical education: the research base. Journal of Physical Education, Recreation and Dance. 1994;65(1):40-4.
3. Qi J, Ha AS. Inclusion in physical education: a review of literature. International Journal of Disability, Development and Education. 2012;59(3):257-81.
4. Smith A, Thomas N. Including pupils with special educational needs and disabilities in National Curriculum Physical Education: a brief review. European Journal of Special Needs Education. 2006;21(1):69-83.
5. Wilhelmsen T, Sorensen M. Inclusion of children with disabilities in physical education: a systematic review of literature from 2009 to 2015. Adapted Physical Activity Quarterly. 2017;34:311-37.
6. Munster MAV, Alves MLT. Educação física e inclusão de estudantes com deficiências no Brasil: contrapontos entre legislação e produção científica. Revista da Sobama. 2018;19(2):171-84
7. Villa R, Thousand J. Restructuring for caring and effective education. Baltimore, MD: Brookes; 2000.
8. Block ME. Curricular modifications. In: Block ME (eds.). A teacher's guide to adapted physical education: including students with disabilities in sports and recreation. 4.ed. Baltimore, MD: Paul H. Brookes; 2016. p.125-36.
9. Lieberman LJ, Houston-Wilson C. Strategies for inclusion: a handbook for physical educators. 4.ed. Champaign, IL: Human Kinetics; 2018.
10. Coates J, Vickerman P. Let the children have their say: children with special educational needs and their experiences of physical education: a review. Support for Learning. 2008;23(4):168-75.
11. Haegele JA, Sutherland S. Perspectives of students with disabilities toward physical education: a qualitative inquiry review. Quest. 2015;67(3):255-73.
12. Sherrill C. Adapted physical activity, recreation and sport: crossdisciplinary and lifespan. 6.ed. Boston, MA: McGraw-Hill; 2003.
13. Rizzo TL, Davis WE, Toussaint R. Inclusion in regular classes: breaking from traditional curricula. Journal of Physical Education, Recreation and Dance. 1994;65(1):24-47.
14. Fitzgerald H. Still feeling like a spare piece of luggage? Embodied experiences of (dis)ability in physical education and school sport. Physical Education and Sport Pedagogy. 2005;10(1):41-59.
15. Bredahl A. Sitting and watching the others being active: the experienced difficulties in PE when having a disability. Adapted Physical Activity Quarterly. 2013;30(1):40-58.
16. Munster MAV, Lieberman LJ, Grenier M. Universal design for learning and differentiated instruction in physical education. Adapted Physical Activity Quarterly. 2019;36:359-77.
17. Willis S, Mann L. Differentiating instruction: finding manageable ways to meet individual needs (excerpt). Curriculum Update. 2000. Disponível em: http://www.ascd.org/readingroom/cupdate/200/1win.html. Acesso em: 31 maio 2018.
18. Tomlinson CA. Differentiation of instruction in the elementary grades. ERIC Digest. ERIC_NO: ED443572. 2000. Disponível em: http://ericir.syr.edu/plweb-cgi/obtain.pl. Acesso em: 31 maio 2018.
19. Renzulli JS, Reis SM. The schoolwide enrichment model: a comprehensive plan for educational excellence. 2.ed. Mansfield Center, CT: Creative Learning Press; 1997.
20. Heredero ES. A escola inclusiva e estratégias para fazer frente a ela: as adaptações curriculares. Acta Scientiarum Education. 2010;32(2):193-208.

21. Costa CM, Munster MAV. Adaptações curriculares nas aulas de educação física envolvendo estudantes com deficiência visual. Revista Brasileira de Educação Especial. 2017;23(3):361-76.
22. Winnick JP, Porretta DL. Adapted physical education and sports. 6.ed. Champaign, IL: Human Kinetics; 2017.
23. Rodrigues D. As dimensões de adaptação de atividades motoras. In: Rodrigues D. (ed.). Atividade motora adaptada: alegria do corpo. Porto Alegre: Artmed; 2006.
24. Activity Inclusion Model (AIM) Guidance incorporating STEP. 4th Generation. England Athletics. 2017. Disponível em: https://england-athletics-prod-assets-bucket.s3.amazonaws.com/2018/11/the-inclusion-spectrum-guidance-2018-v2.pdf. Acesso em: 9 jan. 2022.
25. Black K, Stevenson P. The inclusion spectrum. Australia: Theinclusionclub.com; 2011.
26. Organização Mundial da Saúde (OMS). Classificação Internacional de Funcionalidade, Incapacidade e Saúde. São Paulo: Edusp; 2019.
27. Grenier M, Miller N, Black K. Applying universal design for learning and the inclusion spectrum for students with severe disabilities in general physical education. Journal of Physical Education, Recreation and Dance. 2017;88(6):51-6.
28. Grenier M, Kearns C. The benefits of implementing disability sport into physical education: a model for success. Journal of Physical Education Recreation & Dance. 2012;83(4):24-7.
29. Healy S. Adapting equipment for teaching object control skills. Palaestra. 2013;27(4):37-42.
30. Mosston M, Ashworth S. Teaching physical education (1st online ed.). Buckeystown, MD: Spectrum Institute for Teaching and Learning; 2008.
31. Hutzler Y. A systematic ecological model for adapting physical activities: theoretical foundations and practical examples. Adapted Physical Activity Quarterly. 2007;24:287-304.
32. Block ME, Klavina A, Davi R. Instructional modifications. In: Block ME (ed.). A teacher's guide to adapted physical education: including students with disabilities in sports and recreation. 4.ed. Baltimore, MD: Paul H. Brookes; 2016. p.93-115.
33. Center for Applied Special Technology (Cast). Universal Design for Learning guidelines, version 2.0. Wakefield, MA: Author; 2011.
34. Brian A, Grenier M, Lieberman LJ, Egan C, Taunton S. 50 million strong for all: universally designing CSPAPs to align with APE best practices. Journal of Physical Education, Recreation and Dance. 2017;88(7):30-6.
35. Lieberman LJ. The need for universal design for learning. Journal of Physical Education, Recreation and Dance. 2017;88(3):5-8.
36. Lieberman LJ, Lytle R, Clarcq JA. Getting it right from the start: employing the universal design for learning approach to your curriculum. Journal of Physical Education, Recreation and Dance. 2008;79(2):32-9.
37. Sherlock-Shangraw R. Creating inclusive youth sport environment with the universal design for learning. Journal of Physical Education, Recreation and Dance. 2013;84(2):40-6.
38. CAST. Universal design for learning guidelines version 2.2. Wakefield, MA: Author, 2018.
39. Rapp W, Arndt K. Teaching everyone: an introduction to inclusive education. Baltimore, MD: Paul H. Brookes; 2012.
40. Lieberman LJ, Block ME. Inclusive settings in adapted physical activity: a world reality? In: Ennis C (ed.). Handbook of physical education. New York, NY: Routledge/Taylor & Francis; 2016. p.262-76.
41. Waring C. Have you heard or used the STEP model? 2021. Disponível em: penz.org.nz/wp-content/uploads/2021/03/The-STEP-Model.pdf. Acesso em: 7 jan. 2022.

CAPÍTULO 2

Plano de Ensino Individualizado aplicado à Educação Física: indicadores para a inclusão

Mey de Abreu van Munster
Patrícia D'Azeredo Orlando Bacciotti
Taylor Brian Lavinscky Pereira

Você verá neste capítulo...

O Plano de Ensino Individualizado aplicado à Educação Física (PEI-EF) consiste em uma ferramenta capaz de auxiliar na avaliação de estudantes com deficiências e na identificação dos níveis de apoio necessários. Sobretudo, esse documento fornece alguns indicadores para a elaboração do programa de ensino de Educação Física voltado às necessidades educacionais individuais de estudantes com deficiências.

Este capítulo discorre sobre o papel do PEI-EF, fornecendo subsídios ao professor de Educação Física para realizar as adaptações curriculares voltadas ao máximo desempenho e participação de estudantes em tais condições dentro desse componente curricular.

Após a contextualização do tema no cenário mundial e no Brasil, o capítulo aborda a interface entre o PEI e a Educação Física.

Como construção coletiva e interdisciplinar, apresenta os elementos constituintes do PEI e as etapas de elaboração desse inventário, com base na colaboração entre pais, estudantes com deficiência e profissionais.

O PLANO DE ENSINO INDIVIDUALIZADO NO CENÁRIO MUNDIAL

O Plano de Ensino Individualizado (PEI) é um documento elaborado para cada estudante com deficiência, preparado e revisado por uma equipe multidisciplinar de profissionais, que fornece um plano de ação para o programa educacional geral de cada aluno.[1-4] O PEI é amplamente empregado em alguns países que adotam políticas de incentivo à educação inclusiva. Parte deles dispõe, inclusive, de uma garantia por legislação, que obriga a sua elaboração e aplicação.[5,6]

Estudos internacionais têm apontado que, como um guia ou plano educacional ao longo do processo de escolarização, o PEI é considerado uma ferramenta valiosa, capaz de identificar os níveis de suporte necessários e de garantir que os estudantes com deficiências tenham os serviços de apoio imprescindíveis ao desenvolvimento de seu potencial máximo.[3,7-11]

No cenário internacional, observa-se que, nos EUA, de acordo com o Ato para Educação de Estudantes com Deficiências (*Individuals with Disabilities Education Act* – Idea, 1997), todos os estudantes elegíveis para os serviços de Educação Especial têm um PEI. As informações contidas nesse documento ficam disponibilizadas em rede, e isso possibilita, além de um atendimento customizado às necessidades do estudante, a prospecção de dados para redirecionamento de políticas públicas e distribuição de recursos aos distritos escolares.

No Canadá, uma junta especializada em avaliar estudantes com deficiências (Identification, Placement, and Review Committee – IPRC) desenvolve e assegura a implementação do PEI visando identificar as expectativas de aprendizagem e determinar as medidas necessárias para acomodar as necessidades especiais do estudante por meio de estratégias alternativas de instrução e avaliação.[11]

Em uma revisão de literatura acerca do PEI encomendada pelo Ministério da Educação da Nova Zelândia, Mitchell, Morton e Hornby[5] constataram que a maioria dos países da Europa (Finlândia, Suíça, República Checa, Suécia, Holanda, Áustria, Bélgica, Inglaterra, Irlanda, Malta, Romênia e Suíça) adota o PEI como orientação no processo educacional de estudantes com deficiências.

Na Inglaterra, o PEI foi introduzido em 1994, por meio do *Special Educational Needs: Code of Practice*, e reiterado em 2001. O código original foi baseado nas regras e diretrizes norte-americanas, e sua implementação envolve cinco estágios para a determinação de recursos e de suporte especializado para estabelecer as metas e indicar de que forma o currículo deve ser adaptado para atender os estudantes com necessidades educacionais especiais.[*5]

Na Escócia, orientações redigidas em 1999 recomendam a formulação do PEI para todos os estudantes com deficiência, visando garantir o direito de acesso ao currículo comum e assegurar recursos apropriados e direcionados especificamente ao processo de aprendizagem de cada educando.[12]

A Sérvia assegura o PEI como medida fundamental, garantida por leis federais, que proporciona orientações detalhadas quanto às estratégias de avaliação e intervenção associadas à garantia de suportes adicionais no processo educacional de estudantes com deficiências.[10]

A literatura internacional tem indicado que o PEI consiste em uma ferramenta capaz de diagnosticar, identificar os níveis de apoio demandados e, sobretudo, garantir que os estudantes nessa condição tenham serviços de suporte necessários para seu máximo potencial.[3,7,10,12-14]

Diferentemente do que costuma acontecer em países norte-americanos e europeus, o sistema educacional brasileiro ainda não dispõe da sistematização em rede de informações estabelecidas no PEI ou de qualquer documento oficial semelhante que possa orientar ou estabelecer um plano de ação para professores e especialistas que assistem os estudantes com deficiências em seu processo educacional.[15,16]

No Brasil, a despeito da não obrigatoriedade do uso dessa ferramenta, estudos recentes[15,17] têm defendido as possibilidades de implementação do PEI ou de um inventário similar em nossa realidade, sobretudo no contexto da Educação Física.

Uma vez que este capítulo visa discorrer sobre o papel do PEI-EF e fornecer subsídios ao professor de Educação Física para realizar as adaptações curriculares voltadas ao máximo desempenho e participação de estudantes com deficiência e transtornos globais do desenvolvimento nesse componente curricular, convém situar o leitor quanto aos aspectos referentes ao PEI e à legislação brasileira.

---

* Na Inglaterra, é amplamente utilizado o termo *special educational needs*, traduzido como necessidades educacionais especiais, para se referir às crianças que têm dificuldades de aprendizagem ou deficiências.

PLANO DE ENSINO INDIVIDUALIZADO NO BRASIL

No Brasil, ao buscar uma relação entre políticas públicas nacionais e o PEI, verifica-se, no art. 28 do Estatuto da Pessoa com Deficiência (Lei n. 13.146/2015), o reforço do direito desse público à educação, e a previsão da "elaboração de plano de atendimento educacional especializado".[18]

A Resolução n. 4, de 2 de outubro de 2009, do Conselho Nacional de Educação/Câmara de Educação Básica (CNE/CEB) institui as diretrizes operacionais para o Atendimento Educacional Especializado na Educação Básica, modalidade Educação Especial, e prevê o plano de Atendimento Educacional Especializado (AEE), visando à "identificação das necessidades educacionais específicas dos alunos, definição dos recursos necessários e das atividades a serem desenvolvidas".[20] Seu art. 9º refere que a elaboração e a execução do plano de AEE "são de competência dos professores que atuam na sala de recursos multifuncionais ou centros de AEE, em articulação com os demais professores do ensino regular, com a participação das famílias e em interface com os demais serviços setoriais da saúde, da assistência social".[19] No entanto, o referido plano se limita ao atendimento prestado durante o AEE, que se desenvolve no turno inverso da escolarização, nas salas de recursos multifuncionais (SRM) ou nos centros de atendimento educacional especializado (CAEE), não se estendendo à sala de aula comum.

No mesmo sentido, a Política de Educação Especial do Estado de São Paulo atribui ao professor especializado** a responsabilidade de "analisar as potencialidades e capacidades do(a) estudante e elaborar o Plano de Atendimento Individualizado, de forma que as ações empreendidas por todos(as) os(as) professores(as) possam convergir para a inclusão e desenvolvimento do(a) estudante".[20] O plano de atendimento individualizado (PAI) também se restringe às ações empreendidas durante o AEE, no contraturno escolar, de forma complementar ou suplementar ao ensino regular.

A Política Nacional de Educação Especial na Perspectiva da Educação Inclusiva[21] orienta que os sistemas de ensino no Brasil devem:

** Segundo a Política de Educação do Estado de São Paulo, o professor especializado é o(a) "docente devidamente habilitado(a) por área (deficiência auditiva, visual, física/motora, intelectual, TEA ou altas habilidades/superdotação), que atua na mediação pedagógica necessária ao atendimento das necessidades educacionais específicas dos(as) estudantes".[20]

> [...] promover respostas às necessidades educacionais especiais, garantindo a transversalidade da educação especial em todos os níveis, o atendimento educacional especializado, a formação de professores e profissionais da área para o atendimento educacional especializado, a participação da família e da comunidade, e a acessibilidade, mobilidade e equipamentos, nos transportes, na comunicação e informação.

A Lei de Diretrizes e Bases da Educação (LDB) – Lei n. 9.394/96 –,[22] em seu Capítulo V, art. 59, entre outros itens, ressalta que os sistemas de ensino deverão assegurar a esses estudantes currículos, métodos, técnicas e recursos educativos específicos para atender suas necessidades.

Os Parâmetros Curriculares Nacionais (PCN) também fazem referência a uma adaptação curricular ao público da Educação Especial, nomeado nesse documento como "alunos com necessidades especiais":[23]

> Estratégias e critérios de atuação docente, admitindo decisões que oportunizam adequar a ação educativa escolar às maneiras peculiares de aprendizagem dos alunos, considerando que o processo de ensino-aprendizagem pressupõe atender à diversificação de necessidades dos alunos na escola.

Apesar de as políticas públicas brasileiras fazerem referência à adequação do currículo, ao planejamento individualizado, à utilização de estratégias e critérios que oportunizem a participação dos estudantes com deficiências em todo processo educativo, ainda se verifica insuficiência desses elementos no planejamento e na atuação do professor de Educação Física, bem como desconhecimento acerca do PEI.

Como consequência, não existem dados disponíveis que possam orientar os professores na organização do currículo e no atendimento das necessidades dos estudantes com deficiências nas escolas de educação geral, inclusive nas aulas de Educação Física.

Além disso, devido ao distanciamento e à pouca interação entre os profissionais que atuam no AEE e no atendimento em sala de aula, os professores do ensino comum, entre os quais se inclui o professor de Educação Física, continuam a referir o desconhecimento das condições e do potencial de aprendizado dos estudantes com deficiências, relatando dificuldades em tornar suas práticas pedagógicas mais inclusivas.[24]

Interface entre Plano de Ensino Individualizado e Educação Física

A Educação Física escolar tem como finalidade introduzir e integrar o estudante na cultura corporal, com vistas à formação de um cidadão autônomo, por meio de experiências guiadas e de vivências de jogos, esporte, danças, lutas, ginásticas e de todo tipo de manifestação cultural que promova o prazer pelo movimento e um estilo de vida saudável. A inclusão de estudantes com deficiências nas aulas de Educação Física pode envolver um conjunto de acomodações, como projeto de currículo, estratégias de ensino diferenciadas, modificação de configurações e ambiente, adaptação de equipamentos e diversos meios educacionais.[25-31]

Vários estudos americanos exploraram a interface entre o PEI e a Educação Física:

- Houston-Wilson e Lieberman;[32,33] Kowalski, Lieberman e Daggett;[14] McNamara et al.;[34] e Samalot-Rivera e Lieberman[3] analisaram o envolvimento de professores de Educação Física no processo de elaboração do PEI.
- Bingham, Dillon e MaCaughtry[35] examinaram as percepções e funções dos professores de Educação Física em relação ao processo de elaboração do PEI.
- Felix e Tymeson;[8] Kowalski et al.;[36] e Yun, Shapiro e Kennedy[4] apresentaram estratégias para permitir que esses profissionais alcançassem os objetivos referentes à Educação Física estabelecidos no PEI.
- Grosse[37] alertou os pais sobre a importância de envolver a Educação Física no PEI dos estudantes com deficiências.
- Kowalski et al.[38] investigaram como os especialistas em Educação Física Adaptada (EFA) percebem os programas da *web* que disponibilizam um "banco de metas" para o PEI.
- Lavay et al.[1] exploraram o uso da tecnologia de *tablet* para ajudar os profissionais de EFA a monitorar as metas em Educação Física estabelecidas no PEI dos estudantes com deficiências.
- McNamara e Dillon[39] revisaram até que ponto a Educação Física está sendo incluída (ou não) em modelos de PEI desenvolvidos por diferentes empresas de *softwares*.

Enquanto extensas discussões vêm sendo realizadas nos EUA, no Brasil, os professores de Educação Física continuam se referindo à falta de conhecimento sobre as condições e o potencial de aprendizagem dos estudantes com deficiências, relatando dificuldades em tornar suas práticas pedagógicas mais inclusivas.[23,40]

Segundo Munster et al.,[15] as escolas brasileiras ainda não dispõem de um sistema de informações sobre os estudantes com deficiências e as respectivas demandas educacionais:

> No âmbito escolar, também não se observam indicativos ou referências sobre como adequar o planejamento do processo de ensino-aprendizagem às necessidades e possibilidades do estudante com deficiência no contexto da Educação Física, sendo esse processo inerente às demandas individuais e, portanto, não passível de generalização (p.43).

Instigados pela ausência de um PEI ou inventário semelhante no sistema educacional brasileiro, Munster et al.[15,16] formularam e realizaram a validação de conteúdo da versão em português de um inventário para auxiliar os professores de Educação Física na identificação das necessidades dos estudantes pertencentes ao público-alvo da educação especial*** (PAEE) e, potencialmente, redirecionar o planejamento educacional no âmbito da Educação Física. O inventário, denominado Plano de Ensino Individualizado aplicado à Educação Física (PEI-EF), contempla os principais elementos constituintes de um PEI convencional, considerando as peculiaridades e particularidades do componente curricular em foco neste capítulo. Cabe acrescentar que o PEI-EF encontra-se validado também no idioma espanhol.[41]

ELEMENTOS CONSTITUINTES DO PEI-EF E SUAS ETAPAS

O processo de ensino e aprendizagem de estudantes com deficiências demanda a colaboração de muitas pessoas, requerendo trabalho em equipe.[5] Uma das premissas do PEI é a elaboração conjunta entre uma gama de colaboradores, envolvendo a participação do professor de Educação Especial, do professor da sala de ensino comum, dos pais ou responsáveis, do próprio estudante com

*** Segundo a Política Nacional de Educação Especial na Perspectiva da Educação inclusiva,[21] o PAEE abrange os estudantes com deficiências, transtornos globais do desenvolvimento e altas habilidades/superdotação.

deficiência (sempre que possível), de especialistas e de assessores ou assistentes de professores.

A cada etapa do PEI-EF, diferentes participantes e/ou profissionais podem colaborar com seu preenchimento. A seguir serão descritas as atribuições dos colaboradores em cada etapa, de acordo com elementos constituintes do PEI-EF.

Conforme mostra a Figura 1, o PEI-EF está estruturado em três seções principais, que serão descritas a seguir.

Parte 1: informações sobre o estudante

A primeira parte do inventário envolve o levantamento dos dados pessoais e das informações relativas à condição do estudante. Nessa etapa do PEI-EF é reunido o máximo de informações sobre o estudante, normalmente obtidas via entrevista inicial com os pais e/ou responsáveis, por serem aqueles que detêm o histórico de vida pregressa e conhecem intimamente suas necessidades. Pode ser solicitado aos informantes que tragam laudos de exames e relatórios de profissionais especializados, que possam oferecer indicativos sobre a condição do estudante no que se refere ao tipo, nível e tempo de manifestação da deficiência. Espera-se reunir informações relacionadas aos aspectos cognitivos, sociais e motores do estudante e identificação dos dispositivos e recursos auxiliares utilizados para sua comunicação e/ou locomoção.

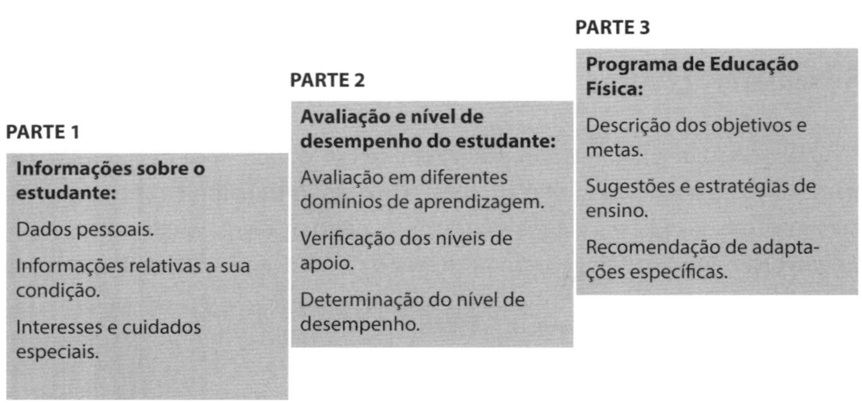

FIGURA 1 Elementos constituintes do Plano de Ensino Individualizado aplicado à Educação Física.
Fonte: elaborada pelos autores.

Muitas vezes, o próprio estudante pode colaborar descrevendo suas experiências motoras anteriores, suas áreas de interesse e cuidados especiais relativos à prática de Educação Física. A participação do estudante no processo de construção do PEI-EF fornece legitimidade às decisões tomadas.

Parte 2: avaliação e nível de desempenho do estudante

A segunda seção do PEI-EF se destina a mapear o atual nível de desempenho do estudante, por meio de avaliações específicas, a fim de determinar os níveis de suporte necessários para atendê-lo. O processo avaliativo é parte fundamental do processo de elaboração do PEI-EF; com ele é possível direcionar e tomar decisões sobre quais respostas individualizadas são exigidas no planejamento e adaptação do programa educacional.[17]

É importante que sejam incluídas informações sobre os pontos fortes e fracos do estudante em todas as áreas de desenvolvimento, indicando quais são os tipos e intensidades de apoio necessário para os aspectos considerados insuficientes. Deve-se descrever a tarefa a ser realizada, os parâmetros empregados e o tipo de suporte demandado para que o estudante possa desempenhá-la.[35] Para determinar o atual nível de desempenho, é preciso recorrer ao uso de recursos e instrumentos formais ou informais de avaliação, conforme descrito por Munster et al.[15]

A escolha do instrumento, a lista de checagem e/ou o método de avaliação que será empregado nessa fase devem considerar alguns pontos que favorecerão e facilitarão a busca por informações mais assertivas. No PEI-EF é importante que seja definida a área do desenvolvimento que está sendo avaliada – motor, cognitivo ou social. Outro ponto fundamental é saber se esse instrumento é adequado à faixa etária do estudante e quais são os materiais, ambiente e espaço físico necessários para sua aplicação. Nessa etapa do PEI-EF se espera contar com a colaboração de profissionais especializados, como especialistas em EFA, psicólogos, terapeutas ocupacionais, terapeuta de visão, especialista em orientação e mobilidade.

Parte 3: programa de Educação Física

A terceira e última seção do PEI-EF refere-se ao planejamento específico dos aspectos relacionados às aulas de Educação Física, sendo portanto denominada "Programa de Educação Física". Nela serão estabelecidas metas, além de serem indicadas as adequações apropriadas ao programa escolar de Educação Física.[15,16] Com base no nível de desempenho do estudante, determinado por meio das avaliações envolvidas na etapa anterior, são estabelecidos os objetivos e as metas no programa de Educação Física. Considerando que os estudantes pertencentes ao PAEE podem apresentar dificuldades em determinada área curricular e em outras não, a prescrição dos objetivos e metas deve ser individualizada.

O professor de Educação Física é um dos principais responsáveis pela elaboração da terceira parte, correspondente ao planejamento do programa de ensino, uma vez que conhece em profundidade as diretrizes curriculares. Espera-se que esse profissional esteja familiarizado com os conteúdos e unidades correspondentes aos diferentes níveis de ensino, contribuindo diretamente para a determinação das metas e objetivos. Além dele, podem ser envolvidos outros profissionais capazes de colaborar com interpretações pedagógicas, como professores especialistas em EFA, professores da sala de recursos multifuncionais, dentre outros.

Os objetivos devem ser organizados de acordo com as necessidades individuais identificadas nas avaliações, devendo ser balizados e referenciados pelo currículo comum, sempre que possível. As metas serão estabelecidas a curto, médio e longo prazo, o que permite ao professor priorizar as áreas mais importantes a serem trabalhadas, e alcançar os objetivos.

Ainda na terceira etapa está prevista a descrição detalhada das estratégias de ensino e das adaptações recomendadas às necessidades do estudante quanto aos materiais, ambiente, regras e forma de avaliação envolvidos no programa.

O arquivo referente ao Plano de Ensino Individualizado aplicado à Educação Física (PEI-EF) pode ser acessado na íntegra por meio da plataforma digital.

EQUIPE ENVOLVIDA NA ELABORAÇÃO DO PEI

Com base em Diliberto e Brewer,[7] o processo de construção do PEI requer a participação de uma equipe interdisciplinar, agregando diferentes pontos de vista, e cada integrante exerce papel determinante na elaboração desse documento (Quadro 1).

QUADRO 1 Equipe envolvida na elaboração do Plano de Ensino Individualizado

Colaborador	Envolvimento no PEI
Professor de Educação Física	■ Detém o conhecimento relativo ao componente curricular específico, estando familiarizado com os conteúdos de cada um dos níveis de ensino, de forma a assegurar que os parâmetros curriculares estejam sendo contemplados no processo educacional. ■ Seu papel na equipe é colaborar nas avaliações do estudante com deficiência, identificando os tipos e níveis de apoio necessários; estabelecendo metas e objetivos compatíveis com as possibilidades do estudante; indicando estratégias de ensino e adaptações que favoreçam a participação do estudante nas aulas de Educação Física.
Profissionais especializados	■ Auxiliam na interpretação dos dados das avaliações, pois geralmente estão acostumados com os procedimentos e escores nelas envolvidos. ■ Seu papel é fornecer esclarecimentos e indicativos acerca de como relacionar os resultados das avaliações às capacidades do estudante. ■ Especialistas como professor de Educação Especial (AEE), psicólogos, fonoaudiólogos, fisioterapeutas, terapeutas ocupacionais, terapeuta de visão, especialista em orientação e mobilidade, entre outros, devem estar envolvidos em todo o processo de elaboração do PEI.
Diretor ou representante da administração escolar	■ Tem conhecimento acerca da legislação e dos regulamentos nas diferentes esferas governamentais, sendo responsável por contratar profissionais especializados e por destinar recursos da escola às demandas dos estudantes com deficiências indicadas no PEI.
Família	■ Os familiares têm a responsabilidade de compartilhar a história de vida do estudante, auxiliar na identificação de seus pontos fortes e fracos e indicar abordagens bem-sucedidas ou não que já tenham sido empregadas. ■ Recomenda-se que os pais ou responsáveis recebam uma cópia do PEI e sejam estimulados a colaborar com a construção do processo. ■ A equipe deve se certificar de que os pais compreendam os termos específicos e a importância das informações neles estabelecidas.

(continua)

QUADRO 1 Equipe envolvida na elaboração do Plano de Ensino Individualizado *(continuação)*

Estudante com deficiência	■ Como os maiores interessados em seu processo educacional, os estudantes devem ser incluídos como projetistas de seu próprio plano educacional, discorrendo sobre seus interesses pessoais e experiências anteriores. ■ Estudantes envolvidos no processo de elaboração do PEI tendem a compreender melhor suas deficiências, direitos legais e acomodações apropriadas, o que amplia sua capacidade de defender seus interesses, de forma a apropriar-se de seu processo educacional.

AEE: Atendimento Educacional Especializado; PEI: Plano de Ensino Individualizado.
Fonte: elaborado pelos autores.

CONSIDERAÇÕES FINAIS

O intuito deste capítulo foi discorrer sobre o papel do PEI-EF, fornecendo subsídios ao professor de Educação Física para realizar as adaptações curriculares voltadas ao máximo desempenho e participação de estudantes pertencentes ao PAEE em suas aulas. Almejou-se, portanto, fornecer subsídios ao professor de Educação Física para planejar cuidadosamente o programa inclusivo, com base no conhecimento da condição geral do estudante, de suas características e dos aspectos envolvidos em sua avaliação.

A diferenciação do programa de ensino permite a individualização das metas e a oferta de estratégias e adaptações que potencializem as oportunidades oferecidas aos estudantes com deficiências e com transtornos globais de desenvolvimento.

REFERÊNCIAS

1. Lavay B, Sakai J, Ortiz C, Roth K. Tablet technology to monitor physical education IEP goals and benchmarks. Journal of Physical Education, Recreation & Dance. 2015;86(6):16-23.
2. NCHPAD. IEP roadmap for physical education. University of Alabama. 2020. Disponível em: https://www.nchpad.org/page.php?action=printArticle&content_id=1748. Acesso em: 8 maio 2020.
3. Samalot-Rivera A, Lieberman LJ. Adapted physical educators current level of involvement in the IEP process. Palaestra. 2017;31(3):26-30.
4. Yun J, Shapiro D, Kennedy J. Reaching IEP goals in the general physical education class. Journal of Physical Education, Recreation & Dance. 2000;71(8):33-7.

5. Mitchell D, Morton M, Hornby G. Review of the literature on individual education plans: report to the New Zealand Ministry of Education. Christchurch: University of Canterbury; 2010.
6. Tannus-Valadão G. Inclusão escolar e planejamento educacional individualizado: avaliação de um programa de formação continuada para educadores. PhD diss. São Carlos: Universidade Federal de São Carlos; 2014.
7. Diliberto JA, Brewer D. Six tips for successful IEP meetings. Teaching Exceptional Child. 2012;4:30-7.
8. Felix M, Tymeson G. Individualized education program. In: Winnick J, Porretta DL. Adapted physical education and sport. 6.ed. Champaign: Human Kinetics; 2017. p. 79-99.
9. Kempinski IV, Tassa KOM, Cruz GC. Plano Educacional Individualizado: uma proposta de intervenção. Revista da Associação Brasileira de Atividade Motora Adaptada. 2015;16(1):23-32.
10. Kovač-Cerovid T, Jovanovid O, Pavlovid-Babid D. Individual education plan as an agent of inclusiveness of the educational system in Serbia: different perspectives, achievements and new dilemmas. Psihologija. 2016;49(4):431-45.
11. Tremblay P, Belley S. Individualized education plans in Canada: a comparative analysis. International Journal for Cross-Disciplinary Subjects in Education. 2017;8(1):3017-24.
12. Kane J, Riddell S, Banks P, Baynes A, Dyson A, Millward A, Wilson A. Special educational needs and individualised education programme: issues of parent and pupil participation. Scottish Educational Review. 2003;35(1):38-47.
13. Grisham-Brown J, Hemmeter ML. Writing IEP goals and objectives: reflecting an activity-based approach to instruction for young children with disabilities. Young Exceptional Children. 1998. p.2-10.
14. Kowalski EM, Lieberman LJ, Daggett S. Getting involved in the IEP process. Journal of Physical Education, Recreation & Dance. 2006;77(7):35-9.
15. Munster MAV, Lieberman L, Rivera AS, Houston-Wilson C. Individualized education plan applied to physical education: validation of inventory in Portuguese version. Revista da Sobama. 2014;15(1):55-68.
16. Munster MAV, Lieberman L, Rivera AS, Houston-Wilson C. Plano de ensino individualizado aplicado à educação física: validação de inventário na versão em português. Revista da Sobama. 2014;15(1):43-54.
17. Pereira TBL. Plano de ensino individualizado no contexto da educação física escolar. [Dissertação – Mestrado em Educação Especial]. São Carlos: Universidade Federal de São Carlos; 2018. Disponível em: https://repositorio.ufscar.br/handle/ufscar/11011. Acesso em: 15 ago. 2022.
18. Brasil. Lei 13.146, de 6 de julho de 2015. Institui a Lei Brasileira de Inclusão da Pessoa com Deficiência (Estatuto da Pessoa com Deficiência). Disponível em: http://www.planalto.gov.br/Ccivil_03/_Ato2015-2018/2015/Lei/L13146.htm. Acesso em: 9 ago. 2020.
19. Brasil. Ministério da Educação. Conselho Nacional de Educação. Câmara de Educação Básica. Resolução CNE/CEB n. 4, de 2 de outubro de 2009. Institui Diretrizes Operacionais para o Atendimento Educacional Especializado na Educação Básica, modalidade Educação Especial. Diário Oficial da União, Brasília, DF, 5 out. 2009. Disponível em: http://portal.mec.gov.br/dmdocuments/rceb004_09.pdf. Acesso em: 11 maio 2021.
20. São Paulo. Governo do Estado. Secretaria da Educação. Política de Educação Especial do Estado de São Paulo. 2021. Disponível em: https://www.educacao.sp.gov.br/wp-content/uploads/2021/09/PEE-SP-DOCUMENTO-OFICIAL.pdf. Acesso em: 15 ago. 2022.
21. Brasil. Ministério da Educação e Cultura. Secretaria Educação Especial. Política Nacional de Educação Especial na Perspectiva da Educação Inclusiva. 2008. Disponível em: http://portal.mec.gov.br/seesp/arquivos/pdf/politica.pdf. Acesso em: 7 jan. 2013.

22. Brasil. Congresso Nacional. Lei n. 9.394, de 20 de dezembro de 1996. Lei de Diretrizes e Bases da Educação Nacional. Diário Oficial da União, n. 248, de 23/12/96 – Seção I, p.27833. Brasília, 1996.
23. Brasil. Ministério da Educação e do Desporto. Parâmetros Curriculares Nacionais. Brasília: MEC/SEF; 1997.
24. Fiorini MLS, Manzini EJ. Inclusão de alunos com deficiência na aula de EF: identificando dificuldades, ações e conteúdos para prover a formação do professor. Revista Brasileira de Educação Especial. Associação Brasileira de Pesquisadores em Educação Especial – ABPEE. 2014;20(3):387-404. Disponível em: http://hdl.handle.net/11449/114307. Acesso em: 26 set. 2018.
25. Block ME, Klavina A, Davis R. Instructional modifications. In: Block ME (ed.). A teacher's guide to adapted physical education: including students with disabilities in sports and recreation. 4.ed. Baltimore, MD: Paul H. Brookes; 2016. p.93-115.
26. Grenier M, Miller N, Black K. Applying universal design for learning and the inclusion spectrum for students with severe disabilities in general physical education. Journal of Physical Education, Recreation & Dance. 2017;88:51-6. doi:10.1080/07303084.2017.1330167.
27. Haegele JA, Hodge SR, Shapiro DR. Routledge handbook of adapted physical education (Routledge international handbooks). English edition. 2020. E-book.
28. Lieberman LJ, Houston-Wilson C. Strategies for inclusion: a handbook for physical educators. 4.ed. Champaign: Human Kinetics; 2018.
29. Winnick JP, Porretta DL. Adapted physical education and sports. 6.ed. Champaign: Human Kinetics; 2017.
30. Lieberman LJ, Grenier M, Brian A, Arndt K. Universal design for learning in physical education. Champaign: Human Kinetics; 2021.
31. Munster MAV, Lieberman LJ, Grenier M. Universal Design for Learning and Differentiated Instruction in Physical Education. Adapted Physical Activity Quarterly. 2019;(36):359-77.
32. Houston-Wilson C, Lieberman LJ. The individualized education program in physical education: a guide for regular physical educators. Journal of Physical Education, Recreation & Dance. 1999;70(3):60-4.
33. Houston-Wilson C, Lieberman LJ. The individualized education program in physical education: a guide for regular physical educators. Moving Matters. 2001;6(4):14-8.
34. McNamara SWT, Lieberman LJ, Weiner B, Mcmullen B. Physical education and the individual education plan: a checklist for service providers and parents. Strategies. 2019;32(5):32-5.
35. Bingham C, Dillon SR, Macaughtry NA. In the dark: physical education teachers' perceptions of the IEP process. Research Quarterly for Exercise and Sport. 2009;80(1):A100.
36. Kowalski EM, Pucci G, Lieberman L, Mulawka C. Implementing IEP or 504 goals and objectives into general physical education. Journal of Physical Education, Recreation & Dance. 2005;76(7):33-7.
37. Grosse SJ. Developing your child's physical education IEP. Exceptional Parent. 2009 Sep;39(Issue 9). Disponível em: https://eric.ed.gov/?id=EJ866326. Acesso em: 15 ago. 2022.
38. Kowalski EM, Aiello R, McCall R, Lieberman L. Effectively using IEP goal banks. Journal of Physical Education, Recreation & Dance. 2009;80(1):44-56.
39. McNamara S, Dillon S. Finding a home for adapted physical education in individualized education program software. European Journal of Adapted Physical Activity. 2020;13(1):1-1.
40. Alves MLT, Grenier M, Haegele JA, Duarte E. I didn't do anything, I just watched': perspectives of Brazilian students with physical disabilities toward physical education. International Journal of Inclusive Education; 2018. doi: 10.1080/13603116.2018.1511760.
41. Samalot-Rivera A, Munster MAV, Lieberman LJ, Houston-Wilson C. Validación de contenido del plan educativo individualizado aplicado a la educación física: versión en español. Estudios Pedagógicos. 2017;43(2):293-314.

42. Brasil. Ministério da Educação. Política Nacional de Educação Especial na Perspectiva da Educação Inclusiva. Brasília: MEC/Secadi, 2008.
43. Capellini VLMF. Procedimentos de encaminhamentos e avaliação dos alunos para salas de recursos multifuncionais do Município de Bauru. In: Mendes EG, Cia F, D'Affonseca SM. Inclusão escolar e avaliação do público-alvo da educação especial, São Carlos: Marquezini & Manzini, 2015. p.423-39.
44. Samalot-Rivera A, Munster MAV, Lieberman LJ, Houston-Wilson C. Validación de contenido del plan educativo individualizado aplicado a la educación física: versión en español. Estudios Pedagógicos. 2017;43(2):293-314.

CAPÍTULO **3**

Consultoria colaborativa em Educação Física: sugestões e estratégias para implementação

Patricia Santos de Oliveira
Mey de Abreu van Munster

Você verá neste capítulo...

A consultoria colaborativa representa um modelo promissor de serviço de apoio à inclusão escolar, uma vez que traz consigo os benefícios de um trabalho com base na colaboração. Nesse contexto, a Educação Física escolar pode se beneficiar desse modelo de suporte, de forma a auxiliar o professor a superar os desafios inerentes ao cotidiano impostos pela escolarização de crianças com deficiência na rede regular de ensino.

São apresentadas sugestões e estratégias para a implementação de um programa de consultoria colaborativa em Educação Física Adaptada.

Inicialmente traz uma síntese do que é o trabalho colaborativo, seguida pela definição do conceito de consultoria colaborativa.

A seguir, aponta as definições e os papéis dos envolvidos no processo de consultoria, para, ao final, oferecer sugestões de etapas a serem seguidas para a realização de um programa de consultoria colaborativa em Educação Física.

TRABALHO COLABORATIVO E EDUCAÇÃO FÍSICA

O trabalho colaborativo pode constituir uma ferramenta importante para a superação dos desafios existentes no contexto escolar. Ao aderir a essa estratégia de apoio à inclusão, a comunidade escolar pode se beneficiar em aspectos como:

- Formação continuada de professores, aprendizagem dos alunos.
- Desenvolvimento profissional dos professores.[1]
- Promoção de um ambiente propício à reflexão permanente.[2]
- Superação das dificuldades impostas pelo processo de inclusão escolar.
- Reconhecimento e valorização da prática pedagógica do professor.[3]
- Construção de uma cultura colaborativa no espaço escolar.

Assim, a definição de colaboração sugere um processo que envolve trabalhar em conjunto, compartilhar e promover benefícios a todos os envolvidos no processo. Nesse sentido, a colaboração oferece uma rica oportunidade para a colheita de novas ideias e o desenvolvimento de conceitos. No contexto colaborativo, os preconceitos estão mais propensos a serem mudados.[4]

Para Damiani,[5] o processo de colaboração implica trabalhar em conjunto a fim de atingir objetivos em comum que foram determinados pelo grupo. Nesse contexto, a relação estabelecida deve ser horizontal, com todos os componentes assumindo igual responsabilidade sobre as ações a serem realizadas. Gargiulio[6] destaca três diferentes propostas para o trabalho colaborativo no contexto educativo, podendo abarcar:

1. Educadores da escola comum e especialistas (consultoria colaborativa).
2. Educadores da escola comum e educadores especiais (ensino colaborativo ou coensino).
3. Equipes de serviço da própria escola.

O trabalho colaborativo no contexto escolar pode se materializar por meio de diferentes ações. Neste capítulo, porém, o termo "trabalho colaborativo" terá como foco as ações de colaboração que podem ser construídas entre professores e seus pares. Dentre as opções de serviço de suporte à inclusão escolar com foco na colaboração entre professores, é possível destacar o ensino colaborativo (coensino)[*] e a consultoria colaborativa.[**]

---

* Ensino colaborativo pode ser definido como a atuação de dois ou mais professores que dividem o mesmo espaço físico e que são corresponsáveis por promover o aprendizado de estudantes com e sem deficiência.[7]

** Consultoria colaborativa consiste em um processo no qual o consultor (professor especialista) fornece suporte ao consultante (professor do ensino comum) a fim de buscar soluções construídas coletivamente para superar os desafios que emergem na prática pedagógica deste último.[8]

Em vista dos diversos pontos positivos que essa abordagem pode vir a oferecer, o trabalho colaborativo tem ganhado progressivamente a atenção de pesquisadores na área da Educação,[5] da Educação Especial e da Educação Física. Os estudiosos dessas áreas se debruçam sobre a temática visando investigar, analisar e implementar modelos de serviço de apoio à inclusão com base na colaboração, tendo como foco principal os serviços de coensino e/ou a consultoria colaborativa. Esses modelos são sugeridos com a finalidade de oferecer alternativa ao Atendimento Educacional Especializado (AEE), tradicionalmente realizado nas salas de recursos multifuncionais.

Na área de Educação Física escolar, o trabalho colaborativo tem ganhado destaque, como é possível observar nos estudos de Silva e Fumes;[9] Oliveira e Silva;[10] Costa, Oliveira e Munster;[11] Costa e Manzini;[12] Costa, Kirakosyan e Seabra Junior;[13] Oliveira;[3,14,15] Ferreira;[16] e Oliveira e Munster.[17] Apesar dos avanços, grande parte dos trabalhos aponta para a necessidade de realizar mais estudos na área.

Nesse cenário, é possível entender as estratégias de apoio à inclusão como um conjunto de serviços e ações que dão suporte e auxílio ao processo de escolarização de crianças com deficiência. Tais serviços podem se materializar, dentre outras formas, por meio das salas de recursos multifuncionais (SRM), do serviço itinerante, do ensino colaborativo (coensino), da consultoria colaborativa[18] e do colega tutor.[19-21]

No Brasil, os serviços de apoio, quando existentes, direcionam-se quase exclusivamente às disciplinas de cunho teórico. Nesse sentido, no âmbito nacional raramente têm sido observados serviços de suporte à inclusão nas aulas de Educação Física. Quando acontecem, geralmente são prestados por professores cuja formação inicial não está vinculada ao campo de estudo da Educação Física.[10,11]

Para Silva e Oliveira,[10] o professor de Educação Especial poderá encontrar dificuldades em definir seu papel como colaborador nas aulas de Educação Física, justamente por não deter os conhecimentos específicos dessa área de conhecimento. Assim, sem o suporte necessário e os recursos adequados às especificidades da área de conhecimento da Educação Física, o desafio de garantir a participação plena de todos os alunos e de caminhar em direção à inclusão torna-se improvável nesse contexto.

Na mesma direção, ainda que se referindo à realidade existente em Portugal, Rodrigues[22] faz uma reflexão que se relaciona estreitamente à vivência dos professores de Educação Física das escolas brasileiras:

> O apoio educativo para a inclusão de alunos em aulas de EF, quando existe, é dado em termos genéricos, por docentes que não são da área disciplinar, criando significativas dificuldades para que o professor de EF encontre uma mais-valia no diálogo com o professor de apoio. É importante que sejam criados para o PEF (professor de Educação Física) espaços de diálogo e de apoio que não se situem unicamente em termos pedagógicos genéricos, mas que possam se situar na discussão de questões e casos concretos (p. 71).

Rodrigues[22] enfatiza a importância do apoio especializado ao professor de Educação Física comum que atua em contextos inclusivos. Contudo, para o autor, é importante que o apoio seja oferecido por professores com formação em Educação Física. Nesse sentido, ainda que Rodrigues[22] considere que os aspectos gerais da inclusão possam ser apoiados por um docente especialista em Educação Especial, quando se trata das especificidades dos conteúdos curriculares referentes à Educação Física esse apoio poderá estar aquém das necessidades desse professor.

O foco deste capítulo está na parceria indireta de colaboração entre profissionais da área de Educação Física, mais especificamente o serviço de consultoria colaborativa. O objetivo é apresentar o processo de desenvolvimento de um programa de consultoria colaborativa em Educação Física Adaptada (EFA), sugerindo estratégias para sua realização.

COMPREENDENDO A CONSULTORIA COLABORATIVA EM EDUCAÇÃO FÍSICA ADAPTADA***

O serviço de consultoria colaborativa propõe a parceria entre profissionais com a finalidade de proporcionar o acesso aos conteúdos escolares pelo estudante. A consultoria colaborativa consiste em um processo no qual o consultor (professor especialista) fornece suporte ao consultante (professor do ensino comum), buscando soluções em conjunto para situações problemáticas que emergem na prática pedagógica deste último.[8]

Dessa forma, a consultoria colaborativa é um modelo de suporte à escola inclusiva, baseado no trabalho colaborativo, que envolve educadores da escola re-

*** Neste capítulo, a Educação Física Adaptada aplicada ao serviço de consultoria colaborativa é compreendida como área do conhecimento que deverá subsidiar o trabalho do consultor no contexto da Educação Física Escolar, seja na escola comum ou na especial.

gular e profissionais especializados. Em conjunto, esses profissionais dividem a responsabilidade de planejar estratégias de ensino para alunos com deficiência no contexto da sala de aula regular, a fim de promover mudanças positivas para o aluno.[23]

A consultoria colaborativa é um modelo triádico, ou seja, um processo no qual o consultor (professor especialista em EFA) fornece suporte ao consultante (professor do ensino comum), buscando soluções construídas coletivamente para superar os desafios que emergem na prática pedagógica deste último.[8] Em síntese, na consultoria, o consultor não fornece assistência diretamente ao estudante com deficiência, mas provê informação e suporte ao consultante, que os transfere ao estudante.

A fim de facilitar o entendimento sobre quem serão os principais envolvidos nessa parceria, é importante conhecer as definições dos papéis do consultor e do consultante.

- **Consultor:** professor especialista em Educação Física Adaptada: profissional com formação inicial em Educação Física e especialização em nível de pós-graduação e/ou reconhecida experiência e atuação junto a pessoas com deficiência.
- **Consultante:** professor de Educação Física comum: refere-se ao professor com formação inicial em Educação Física que atua nas escolas da rede regular de ensino, podendo ou não deter conhecimentos específicos suficientes na área de inclusão escolar, e que deseja receber apoio de outros profissionais.[17]

PAPÉIS DOS PROFISSIONAIS ENVOLVIDOS NO PROCESSO DE CONSULTORIA

Principais funções do consultor – professor especialista em Educação Física Adaptada

Nesta seção serão apresentadas as principais funções a serem exercidas pelo consultor durante a implementação de um programa de consultoria colaborativa, com base em Goodwin, Fitzpatrick e Craigon;[24] Block e Conatser;[25] Block, Brodeur e Brady;[26] e Lytle e Hutchinson.[27]

- Introduzir e sugerir adaptações e estratégias ao professor generalista; fornecer retorno quanto à atuação do professor após a observação das aulas, fazendo comentários e propondo sugestões que possam auxiliar o consultante.
- Disponibilizar diversos tipos de informação, por *e-mail*, áudio ou videochamada, ou presencialmente.
- Desenvolver e/ou manter a qualidade dos serviços prestados na Educação Física escolar, oferecendo ampla gama de serviços de apoio, como: suporte direto ao professor generalista de Educação Física, orientação de estagiários em treinamento, fornecimento de informações, adaptações de recursos, materiais, otimização do espaço, do tempo e das atividades nas aulas.
- Mediar a relação entre pais e professores ou entre estudantes e demais professores, assegurando seus direitos básicos.
- Promover o desenvolvimento profissional do consultante.
- Auxiliar o consultante na aquisição de conhecimento relacionado a alguma particularidade sobre o estudante, a condição de deficiência ou situação de ensino, apontando estratégias específicas para organizar um ambiente de aprendizagem.
- Reunir e organizar informações direcionadas às questões trazidas pelo consultante, reunindo dados extraídos de diversas fontes: livros, jornais e *sites*.
- Analisar o problema e as ações empreendidas, compartilhando os achados com os envolvidos no processo de consultoria.
- Coordenar recursos e requerer serviços especializados e acomodações para o estudante com deficiência na escola e na comunidade.
- Apoiar e dar assistência geral ao professor generalista de Educação Física, no mais amplo sentido.
- Coordenar a elaboração de um Plano de Ensino Individualizado (PEI) ao aluno.

Principais funções do consultante – professor de Educação Física comum – no processo de consultoria

- Fornecer assistência direta aos estudantes com deficiência.
- Planejar as aulas com antecedência e compartilhá-las com o professor consultor. As informações devem chegar ao consultor com a antecedência necessária para que ele possa incluir estratégias de inclusão e adaptações específicas para o aluno com deficiência.

- Estar disponível para compartilhar sugestões, opiniões e estar disposto a colaborar.
- Implementar as ações que foram planejadas em conjunto com o professor colaborador.
- Auxiliar na elaboração do PEI.
- Refletir sobre a viabilidade da implementação ou não das ações sugeridas.

A consultoria colaborativa, como todas as ações a serem implementadas no contexto escolar, necessita de objetivos e planejamento bem definidos. Contudo, primeiramente é importante que o serviço a ser planejado seja fundamentado nos princípios da consultoria:[25,28]

- Voluntariedade, ou seja, os participantes devem querer participar da parceria.
- Colaboração, pois consiste em ajudar no processo de resolução de problemas.
- Trata-se de um serviço indireto, que ocorre entre alguém que fornece ajuda e alguém que recebe a ajuda, tendo responsabilidade pelo bem-estar de uma terceira pessoa.
- Tanto quem oferece ajuda quanto quem a recebe compartilham a solução do problema.

Tendo em vista os princípios básicos do processo de consultoria, é importante que um programa de consultoria colaborativa em EFA seja organizado e desenvolvido em etapas. As indicações sobre o conteúdo de como cada etapa e a maneira como devem ser desenvolvidas podem variar de acordo com o referencial teórico.

ETAPAS PREVISTAS NO PROCESSO DE CONSULTORIA COLABORATIVA

Com base em aproximações extraídas da literatura,[23,25,29] sugere-se que o processo de consultoria colaborativa seja realizado em seis etapas:

1. Aproximação.
2. Identificação do problema.
3. Planejamento.
4. Desenvolvimento.
5. Avaliação.
6. Acompanhamento.

Aproximação

Esta é a fase inicial da coleta de informações, e consiste no contato com a instituição e na verificação da necessidade de receber o serviço. Contempla:

- O processo de entrar em contato com a escola e o professor a fim de verificar o interesse e necessidade de receber o serviço de consultoria.
- A apresentação da proposta para a comunidade escolar.
- A observação da dinâmica escolar.

Assim, por meio do diálogo cuidadoso e respeitoso com pais, professores, diretores e estudantes, o consultor precisa construir relações de confiança, estabelecendo vínculos, apreendendo sobre a realidade e conhecendo-a, observando e ouvindo o consultante e os demais envolvidos no processo.

Nesta etapa recomenda-se também verificar junto ao professor e à coordenação quais são os horários e locais mais apropriados para a realização dos encontros de consultoria. Outra sugestão é que o primeiro contato seja feito por telefone a fim de verificar a disponibilidade para uma possível reunião; é importante que a apresentação da proposta seja realizada por meio de reunião presencial agendada com os coordenadores e professores.

Sugestões de itens a serem observados durante esta etapa e de perguntas a serem realizadas para a administração escolar e os professores:

Itens a serem observados na etapa de aproximação

- Quantos professores atuam na escola? Dentre eles, quantos são da Educação Física?
- A escola oferece acessibilidade arquitetônica?
- A escola oferece serviços de apoio à inclusão? Em caso afirmativo, quais? (Sala de recursos, professor itinerante, ensino colaborativo, consultoria colaborativa, dentre outros.)
- Quantos alunos estão matriculados na escola?
- Quantos alunos com deficiência estão matriculados na escola?
- Quais deficiências esses alunos têm?
- Os alunos com deficiência recebem Atendimento Educacional Especializado (AEE) ou algum tipo de serviço de apoio?

Identificação do problema

Esta etapa tem como finalidade reunir informações de modo a auxiliar o consultante (professor que recebe o serviço) a definir os problemas que ele deseja que sejam sanados por meio do serviço de consultoria. Nesse momento se faz um diagnóstico inicial a fim de realizar um levantamento das demandas e de auxiliar na delimitação do problema a ser solucionado.

O diagnóstico das dificuldades pode ser realizado por meio da filmagem de uma aula, de entrevistas com o professor, da observação de algumas aulas, de conversa com os alunos, dentre outras possibilidades. Após a coleta de informações, o consultor e o consultante podem se reunir a fim de juntos identificarem os principais problemas. Depois de definirem as principais dificuldades enfrentadas no cotidiano escolar, eles poderão delimitar objetivos e planejar possíveis estratégias de intervenção.

Sugestões de itens a serem observados durante esta etapa e de perguntas a serem realizadas para o professor.

Itens a serem observados na etapa de identificação do problema

- Quais são os principais desafios que você encontra para ministrar suas aulas?
- Em relação aos seus alunos com deficiência, você encontra alguma dificuldade em trabalhar com eles? Quais?
- Você teve acesso ao laudo ou ao Plano de Ensino Individualizado (PEI) do aluno?
- Como você realiza a seleção de conteúdo para trabalhar nas aulas de Educação Física?
- O que você leva em consideração no momento de selecionar um conteúdo?
- Você realiza alguma adaptação no espaço físico durante suas aulas para facilitar a inclusão do seu aluno com deficiência. Em caso afirmativo, quais?
- O aluno com deficiência participa com qual frequência de suas aulas?

Planejamento

Nesta fase, o consultor e o consultante, com base nos problemas identificados na etapa anterior, elaboram em conjunto um plano de ação reunindo possíveis estratégias para sua solução. Por exemplo, se um dos problemas identificados na segunda etapa foi a falta de informação do consultante sobre o aluno, sobre deficiência ou estratégias de inclusão, no planejamento podem ser incluídas palestras expositivas, ou sugestões de leitura que possam auxiliar na superação desse problema. Em síntese, esta etapa envolve: a elaboração do plano de ação, com indicativos de estratégias e alternativas de intervenção e definindo frequência, duração, horário e local dos encontros.

É importante ressaltar que a definição do tempo total de serviço, da frequência (semanal ou quinzenal), bem como do tempo de duração de cada encontro e do local, deve ser realizada em conjunto com o professor consultante de acordo com sua grade de horários e em comum acordo com a administração escolar e coordenadores pedagógicos. Segundo Oliveira,[3] é interessante que a duração dos encontros seja de no mínimo 60 minutos; um tempo menor que esse inviabilizaria o aprofundamento das discussões e considerações realizadas em cada encontro.

Neste momento podem ser realizadas também avaliações diagnósticas a fim de coletar informações mais específicas sobre o aluno com deficiência, foco do serviço de consultoria. Essas avaliações podem auxiliar na identificação das necessidades e potencialidades do aluno com deficiência e nortear as futuras tomadas de decisão. Ademais, o consultor poderá fornecer sugestões para a facilitação do processo de inclusão nas aulas dos professores participantes. As informações podem ser coletadas de diferentes formas, contudo sugere-se o desenvolvimento de um Plano de Ensino Individualizado aplicado à Educação Física (PEI-EF),[****30] uma ferramenta importante de coleta de informações sobre o aluno direcionada à área.

****O Plano de Ensino Individualizado aplicado à Educação Física (PEI-EF), elaborado por Munster et al.,[30] consiste em um inventário próprio da área de Educação Física composto por informações sobre o estudante, avaliação do aluno, tipos de apoios necessários, nível de desempenho, sugestão de programa de Educação Física, adaptações no programa e necessidade de acompanhamento profissional nessa aula.

Desenvolvimento

Nesta etapa é realizada a aplicação do plano de ação, ou seja, é o momento de colocar em prática o que foi planejado. É importante que cada encontro seja registrado de forma sistemática pelo consultor, uma vez que as informações podem ajudar a verificar se a consultoria está sendo eficiente e se está surtindo ou não os resultados esperados. Block, Brodeur; Brady[26] e Pope[31] recomendam que algumas informações específicas sejam registradas.

Itens a serem observados na etapa de desenvolvimento

- Data do encontro.
- Nomes dos participantes.
- Problemas levantados.
- Sugestões direcionadas à resolução dos problemas.
- Indicação sobre se as recomendações foram ou não implantadas pelo consultante e possíveis motivos da não implementação.
- O que foi discutido durante os encontros e possíveis ações futuras.

Após o registro dos dados, é importante que as informações coletadas sejam compartilhadas com o professor de ensino comum, por meio do envio de uma cópia desse registro ao participante.

Avaliação

Nesta etapa é feita a análise do processo de consultoria por parte de todos os envolvidos, e a avaliação da efetividade, ou não, do plano que foi colocado em ação. O registro realizado ao longo do processo de intervenção poderá ajudar nesta fase, a fim de verificar o sucesso ou insucesso do programa.

A avaliação final pode considerar múltiplas perspectivas, podendo analisar a percepção dos professores de Educação Física escolar (consultantes), dos alunos com deficiência (que foram beneficiados indiretamente pelos serviços), dos professores de sala, dos professores de Educação Especial, da direção escolar e/ou dos pais, uma vez que estes são beneficiários indiretos desse tipo de serviço. Pode ainda ser direcionada apenas aos envolvidos diretos no processo.

Os dados da avaliação podem ser coletados de diferentes formas, por exemplo, por meio de questionário voltado ao professor consultante, como o sugerido por Calheiros (2015),[32] ou ainda por meio de entrevistas com os professores e/ou alunos,[3] rodas de conversa, filmagens e observação direta dos professores e estudantes, encontros com a equipe multidisciplinar e entrevistas com professores, profissionais de apoio/cuidadores e estudantes. Assim, considera-se que uma avaliação mais abrangente, baseada em diferentes perspectivas, possa fornecer informações mais aprofundadas sobre os impactos da prestação de serviço em consultoria.

Acompanhamento

Esta última etapa compreende a análise da necessidade de continuidade ou não do serviço de consultoria, ou ainda a verificação da necessidade de possíveis encontros de manutenção pós-consultoria, podendo ser realizada alteração ou descontinuidade da intervenção.

Neste ponto é importante ressaltar o processo cíclico do programa. Ainda que um problema ou dificuldade tenha sido solucionado, outras dificuldades podem surgir, e o ciclo inicia-se novamente. Assim, ao final do processo, a etapa de acompanhamento, que tem como finalidade avaliar a necessidade de continuação do serviço, é que vai determinar o reinício ou término do ciclo de prestação de serviço, uma vez que é o processo de resolução de problemas que acaba por determinar se o serviço de consultoria deve ser continuado ou interrompido.

CONSIDERAÇÕES FINAIS

Este capítulo pretendeu apresentar sugestões e estratégias para a implementação de um programa de consultoria colaborativa em EFA. As estratégias direcionadas ao trabalho colaborativo entre professores de Educação Física e professores especialistas em EFA podem constituir como uma possiblidade de serviço capaz de auxiliar na superação das angústias e inseguranças relacionadas à inclusão escolar, além de suprir demandas de formação.

Entretanto, para que tais ações sejam possíveis, observa-se a necessidade de criar políticas públicas que sustentem a presença de estratégias de apoio com base na colaboração nas redes de ensino municipal e estadual, a fim de tornar a consultoria colaborativa um serviço permanente de suporte ao professor e dando a este a oportunidade de requisitá-la sempre que julgar necessário.

O serviço de consultoria colaborativa, em combinação com outros tipos de suporte (salas de recursos multifuncionais, ensino colaborativo, professor itinerante, dentre outros) com diferentes características e baseado em uma abordagem multidimensional de suporte, pode surtir efeitos mais positivos na promoção de uma educação para todos.

Espera-se que o conhecimento sobre consultoria colaborativa em EFA aqui apresentado auxilie futuros pesquisadores ou profissionais que almejam planejar e implantar intervenções no campo da consultoria colaborativa em Educação Física escolar.

REFERÊNCIAS

1. Mendes EG. Colaboração entre ensino regular e especial: o caminho do desenvolvimento pessoal para a inclusão escolar. In: Manzini EJ (org.). Inclusão e acessibilidade. Marília: ABPEE; 2006. p.29-41.
2. Cruz GC, Ferreira JR. Processo de formação continuada de professores de educação física em contexto educacional inclusivo. Rev Bras Educ Fís Esp (São Paulo). 2005 Apr/Jun;19(2):163-80.
3. Oliveira PS. Consultoria colaborativa como estratégia para promover inclusão escolar em aulas de educação física. [Tese – Doutorado em Educação Especial]. São Carlos: Universidade Federal de São Carlos; 2018.
4. Emes C, Velde BP. Practicum in adapted physical activity. Champaign: Human Kinects; 2005.
5. Damiani MF. Entendendo o trabalho colaborativo em educação e revelando seus benefícios. Educar (Curitiba: UFPR). 2008;(31):213-30, 2008.
6. Gargiulo RM. Special education on contemporary society: an introduction to exceptionality. Thomson Learning; 2003.
7. Cook L, Friend M. Co-teaching: guidelines for creating effective practices. Focus on Exceptional Children. 1995;28(3):1-16.
8. Caetano NCSO, Mendes EG. Procedimento de ensino em consultoria colaborativa: estratégias propostas pelo psicólogo baseadas em análise do comportamento. In: Anais da 7ª Jornada de Análise do Comportamento. São Carlos: Universidade Federal de São Carlos; 2008.
9. Silva FKR, Fumes NLF. Possibilidades de colaboração entre a educação física escolar e AEE na visão dos professores envolvidos. In: Anais do VI Congresso Brasileiro de Educação Especial. 2014. Disponível em: https://proceedings.galoa.com.br/cbee. Acesso em: 2 jul. 2017.
10. Oliveira PS, Silva MT. Educação física e educação especial: a relação de parceria entre professores que trabalham no modelo de ensino colaborativo. 7º Congresso Norte Paranaense de Educação Física Escolar. 2015. Disponível em: https://www.researchgate.net/publication/320032666_EDUCACAO_FISICA_E_EDUCACAO_ESPECIAL_A_RELACAO_DE_PARCERIA_ENTRE_PROFESSORES_QUE_TRABALHAM_NO_MODELO_DE_ENSINO_COLABORATIVO Acesso em: 01 set. 2022.
11. Costa C, Oliveira PS, Munster MA. Análise das produções acadêmico-científicas brasileiras de educação especial sobre educação física e trabalho colaborativo. In: Anais do VII Congresso Brasileiro de Educação Especial. São Carlos: Universidade Federal de São Carlos; 2016. Disponível em: https://proceedings.science/cbee/cbee7/papers/analise-das-producoes-aca-

demico-cientificas-brasileiras-de-educacao-especial-sobre-educacao-fisica-e-trabalho-colaborati Acesso em: 01 set. 2022.

12. Costa CR, Manzini EJ. Parcerias entre o professor de educação física e outros profissionais: uma revisão da literatura. In: I Congresso Internacional de Educação Especial e Inclusiva e XIII Jornada de Educação Especial. Marília: Unesp; 2016.
13. Costa CR, Kirakosyan L, Seabra Junior M. O. trabalho colaborativo entre o professor do ensino comum na interface educação física e atendimento educacional especializado. Educação Online. 2016 Apr;(21):151-85. Disponível em: http://educacaoonline.edu.puc-rio.br/index.php/eduonline/article/view/210. Acesso em: 31 ago. 2022.
14. Oliveira VM. Ensino colaborativo e educação física: contribuições à inclusão escolar. [Tese – Doutorado em Educação]. Uberlândia: Universidade Federal de Uberlândia; 2016.
15. Oliveira ACS. Formação continuada na perspectiva colaborativa: subsídios para inclusão nas aulas de educação física. [Tese – Doutorado em Educação Especial]. São Carlos: Universidade Federal de São Carlos; 2017.
16. Ferreira RA. Trabalho colaborativo na educação física escolar: estratégias para a formação de professores e inclusão. [Tese – Doutorado em Educação]. Universidade Estadual Paulista; 2016.
17. Oliveira PS, Munster MA. A consultoria colaborativa como estratégia para inclusão de estudantes com deficiência na educação física escolar. In: Alves MLT, Fiorini MLS, Venditti Júnior R. Educação física, diversidade e inclusão: debates e práticas possíveis na escola. Curitiba: Appris; 2019. p.113-34.
18. Mendes EG, Vilaronga C, Zerbato AP. Ensino colaborativo como apoio à inclusão escolar: unindo esforços entre educação comum e especial. São Carlos: EdUFSCar; 2014.
19. Klavina A, Block ME. The effect of peer tutoring on interaction behaviors in inclusive physical education. Adapted Physical Activity Quarterly. 2008;25(2):132-58. doi:10.1123/apaq.25.2.1322008.
20. Souza JV. Tutoria: estratégias de ensino para inclusão de alunos com deficiência em aulas de educação física. [Tese – Doutorado em Educação Especial]. São Carlos: Universidade Federal de São Carlos; 2008.
21. Nabeiro M. O colega tutor na educação física inclusiva. In: Alves MLT, Fiorini MLS, Venditti Júnior R. Educação física, diversidade e inclusão: debates e práticas possíveis na escola. Curitiba: Appris; 2019. p.99-111.
22. Rodrigues DA. A educação física perante a educação inclusiva: reflexões conceptuais e metodológicas. Rev da Educação Física/UEM (Maringá). 2003 Jan/Jul; 14(1):67-73. Disponível em: http://www1.rc.unesp.br/ib/efisica/sobama/sobamaorg/EFeInclusaoDavidRodrigues.pdf Acesso em: 31 ago. 2022.
23. Idol L, Paolucci-Whitcomb P, Nevin A. Collaborative consultation. 3.ed. Austin: PRO-ED; 2000.
24. Goodwin DL, Fitzpatrick DA, Craigon I. Cut-backs to physical education consulting services: consequences and concerns. CAHPER Journal. 1996;62(2):4-44.
25. Block ME, Conatser P. Consulting in adapted physical education. Adapted Physical Activity Quarterly. 1999;16:9-26.
26. Block ME, Brodeur S, Brady W. Planning and documenting consultation in adapted physical education. Journal of Physical Education, Recreation & Dance. 2001;72(8):49-52.
27. Lytle R, Hutchinson GE. Adapted physical educators: the multiples roles of consultants. Adapted Physical Activity Quarterly. 2004;21:34-49.
28. Mendes EG, Almeida MA, Toyoda CY. Inclusão escolar pela via da colaboração entre educação especial e educação regular. Educar em Revista (Curitiba). 2011 Jul/Sep;(41):81-93.
29. Heikinaro-Johansson P, Sherrill C, French R, Huuhka H. Adapted physical education consultant service model to facilitate integration. Adapted Physical Activity Quarterly. 1995;12:12-33.

30. Munster M, Lieberman L, Samalot-Rivera A, Houston-Wilson C. Plano de ensino individualizado aplicado à educação física: validação de inventário na versão em português. Revista da Sobama (Marília). 2014 Jan/Jun;15(1):43-54.
31. POPE M. General physical education teachers' perceptions of adapted physical education consultation. 2009. [Thesis – Master of Arts in Kinesiology]. Chico: Faculty of California State University; 2009. Disponível em: http://docplayer.net/10283091-General-physical-education--teachers-perceptions-of-adapted-physical-education-consultation-a-thesis-presented.html. Acesso em: 20 set. 2018.
32. Calheiros DS. Consultoria Colaborativa à distância em tecnologia assistiva para professores de salas de recursos multifuncionais. 2015. 165f. Dissertação (Mestrado em Educação Especial) – Programa de Pós-Graduação em Educação Especial – Universidade Federal de São Carlos, 2015.

CAPÍTULO **4**

Coensino e sua implementação nas aulas de Educação Física

Melina Radaelli Gatti
Mey de Abreu van Munster

Você verá neste capítulo...

O coensino é um modelo de prestação de serviço incluído na perspectiva colaborativa, consistindo em uma parceria entre um professor do ensino comum e um professor especialista, que ministram instruções a um grupo diversificado de estudantes, incluindo aqueles com deficiência ou outras necessidades especiais, em um ambiente de educação geral. Também conhecida como ensino colaborativo, essa prática teve origem nos Estados Unidos e começou a ser utilizada no Brasil no início dos anos 2000, com a finalidade de efetivamente promover a inclusão dos estudantes público-alvo da Educação Especial no ensino regular.

O texto discorre sobre as possibilidades de utilização desse modelo de trabalho colaborativo no contexto da Educação Física. Para tanto, introduz o conceito, a origem, as etapas de implementação e os possíveis benefícios do ensino colaborativo voltado à inclusão de estudantes com deficiência nas aulas de Educação Física.

INTRODUÇÃO

Este capítulo se debruça sobre a possibilidade de utilizar o coensino como serviço de apoio para promover a inclusão de estudantes com deficiência no contexto da Educação Física escolar, sob a perspectiva da cultura colaborativa.[*]

Por meio do estudo de Carvalho[3] é possível observar a construção de aulas de Educação Física colaborativas mesmo em situações competitivas, que são comuns nessa disciplina. Com modificações nas atividades, por exemplo, nas regras do desporto, criou-se uma cultura de solidariedade e participação entre os estudantes, e estes passaram a perceber a importância dos jogos colaborativos para a inclusão de todos os colegas e a adotar uma atitude crítica em relação às atividades competitivas desenvolvidas em outras disciplinas.

O trabalho colaborativo apresenta potencial para auxiliar no enfrentamento dos sérios desafios propostos pela escola atual em nosso país.[4] Em específico, a inclusão no contexto da Educação Física Escolar no Brasil necessita descentralizar o foco no professor, em sua atuação e em seu processo de formação, para aderir a ações e dar suporte a novas formas de pensar.[5] Para que isso aconteça de maneira satisfatória, a sugestão deste capítulo é o coensino.

Mas o que é coensino? Bidocência e ensino colaborativo são sinônimos? Qual a origem desse modelo de trabalho colaborativo? Como aplicá-lo? Quais os resultados nas aulas de Educação Física? Essas e outras questões sobre o tema serão discutidas neste capítulo, que discorrerá sobre as possibilidades de utilização desse modelo de trabalho colaborativo no contexto da Educação Física.

O QUE É COENSINO?

A palavra "coensino" tem sua origem no inglês e vem da tradução de *co-teaching*, que, por sua vez, é a maneira abreviada de dizer *collaborative teaching*. Este último termo, traduzido para o português, significa ensino colaborativo. Assim, ensino colaborativo e coensino podem ser entendidos como sinônimos,

---

* Cultura colaborativa pode ser entendida como uma filosofia de vida[1] na qual os membros de um grupo se apoiam, visando atingir objetivos comuns negociados pelo coletivo e estabelecendo relações que tendem à não hierarquização, à liderança compartilhada, à confiança mútua e à corresponsabilidade pela condução das ações.[2] Assim, o coensino é uma estratégia de ensino que faz parte da cultura colaborativa.

e o termo simplificado foi utilizado pela primeira vez por Cook e Friend em 1995.

O coensino é definido como uma parceria entre dois professores que atuarão juntos, sendo um professor do ensino comum e o outro professor de Educação Especial ou outro especialista, com o propósito de ministrar instruções a um grupo diversificado de estudantes, incluindo aqueles com deficiência ou outras necessidades especiais, em um ambiente de educação geral de forma que atenda a suas necessidades de aprendizagem.[6]

Para Fatting e Taylor,[7] o coensino consiste na atuação em parceria entre dois professores habilitados ensinando juntos, ao mesmo tempo, em uma mesma sala de aula, sendo um professor de Educação Especial e o outro professor do ensino comum. Ambos decidem juntos o que o aluno deve saber, aprender e ser capaz de fazer.

Segundo Mendes, Vilaronga e Zerbato,[8] coensino é um dos modelos de prestação de serviço de apoio no qual um professor do ensino comum e um professor especializado dividem a responsabilidade de planejar, instruir e avaliar o ensino dado a um grupo heterogêneo de estudantes.

Cushman[9] afirma que são duas ou mais pessoas compartilhando a responsabilidade de ensinar alguns ou todos os estudantes de uma sala de aula. Envolve a distribuição de responsabilidades entre as pessoas pelo planejamento, desenvolvimento e avaliação para a sala de aula e os estudantes. Outra forma de dizer isso é que o coensino é uma maneira divertida de os estudantes aprenderem com duas ou mais pessoas que podem ter diferentes maneiras de pensar ou ensinar, além de ser uma forma criativa de se conectar e de apoiar os outros para ajudar todos a aprenderem.

Assim, pode-se dizer que o coensino é caracterizado pela intervenção conjunta de no mínimo dois profissionais, sendo um professor do ensino comum e um professor especialista, trabalhando em sistema de colaboração, sem hierarquia, em uma sala de aula, para atingir um objetivo comum: ensinar todos os estudantes. E os dois devem realizar todo o processo juntos, desde a elaboração do planejamento até o desenvolvimento e a avaliação.

DIFERENÇAS ENTRE COENSINO E BIDOCÊNCIA

Fontes[10] e Devens[11] tratam coensino e bidocência como sinônimos, enquanto Rabelo[12] e Mendes, Vilaronga e Zerbato[8] mostram a diferença entre os termos. Com base nestas últimas autoras, a ideia de coensino não é apenas trabalhar junto, mas trabalhar colaborativamente, o que transcende a proposta de bidocência, ou o fato de haver dois professores na mesma sala de aula.

O coensino é entendido como uma proposta pedagógica que congrega ações do professor especialista (geralmente o professor de Educação Especial) com as de outro professor, na maioria das vezes o do ensino comum, e ambos trabalham sempre em parceria no planejamento das aulas, no desenvolvimento destas e na avaliação dos alunos, principalmente daqueles com deficiência e/ou outras necessidades educacionais especiais.[13]

Já a bidocência pode ser definida como dois docentes atuando juntos. Com base em Beyer,[14] é exercida pelo professor "regente da turma" e por um segundo professor, concomitantemente ou não. É uma prática utilizada nas experiências europeias de inclusão, e ocorre quando o professor responsável conta com a parceria de um colega com conhecimento específico sobre deficiências ou outras necessidades especiais. É importante destacar que isso não significa a ação de apenas um especialista na área, porém é igualmente importante que os conhecimentos recíprocos, de ambos os docentes, sejam compartilhados entre ambos, e sejam disponibilizados a todos os estudantes em sala de aula, não apenas àquelas que apresentam necessidades educacionais especiais.[14]

Segundo Pinheiro e Mascaro,[15] a bidocência seria a atuação do professor especialista em parceria com o professor do ensino comum na escolarização de estudantes com deficiência. O prefixo "bi", de origem latina, traz a ideia de dois, duplo, duas vezes; "docência" também tem origem no latim e é a ação de ensinar; o ato de exercer o magistério; ministrar aulas.[16]

Portanto, para que haja coensino, são necessárias mais especificações, como existir a colaboração e as etapas do processo serem realizadas por ambos (desde o planejamento até a avaliação), como mencionado na definição de coensino. Mais especificações serão vistas adiante neste capítulo.

A bidocência é a ação exercida em sala de aula por dois professores na qual o planejamento, o desenvolvimento e a avaliação ocorrem separadamente e a aula ocorre com dois professores simultaneamente, podendo atuar juntos ou não nesse momento. Por sua vez, o coensino é uma estratégia de ensino utilizada por professores em sistema de colaboração, para desenvolver o processo de ensino-aprendizagem abordando todas as etapas conjuntamente, desde o planejamento até o desenvolvimento e a avaliação. A Figura 1 apresenta uma representação de ambos os conceitos.

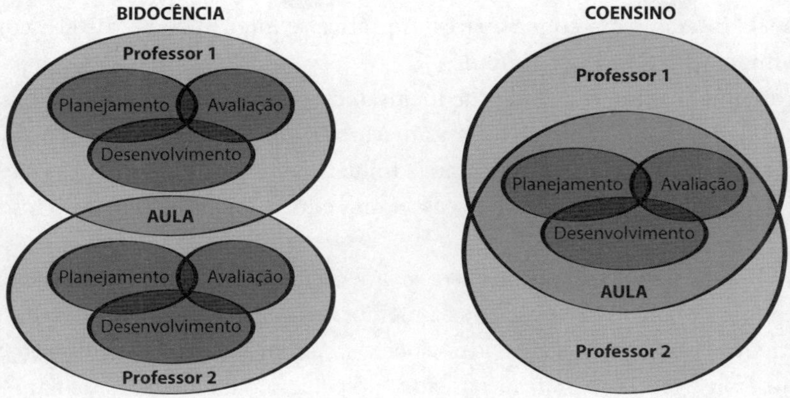

Figura 1 Diferença entre bidocência e coensino.
Fonte: elaborado pelas autoras.

ORIGEM DO COENSINO

Os primeiros registros acerca do coensino datam de 1960, quando essa prática foi disseminada nos EUA como exemplo de educação progressista.[17] A necessidade de contemplar as demandas educacionais de estudantes em condições diversificadas resultaram em reformas legislativas e, consequentemente, no fortalecimento do coensino como estratégia de ensino.

Bauwens, Hourcade e Friend foram os primeiros a descrever, em 1989, essa associação entre professores dos ensinos comum e especial. Progressivamente foram estabelecendo as características inerentes a uma verdadeira relação de coensino, que descrevem como dois ou mais profissionais dando instruções substantivas para um grupo de alunos diverso ou misto em um mesmo espaço físico.[18]

Na década de 1990, estudos sobre a efetividade de atividades colaborativas baseadas na escola apareceram na literatura com pesquisas e práticas. Assim, as pessoas envolvidas no ambiente escolar começaram a atribuir resultados satisfatórios ao coensino, sendo valorizados por alunos, professores, pais, comunidade escolar e conselhos de educação.[17] Nesse mesmo período, o coensino era justificado como uma das melhores maneiras de garantir que os alunos com deficiência interagissem com os pares. A prática se intensificou em 2001, com o movimento *No Child Left Behind*.[**19,20]

Movimentos internacionais de inclusão de pessoas com deficiência nas escolas regulares, tais como a Declaração Mundial de Educação para Todos[21] e a Declaração de Salamanca,[22] passaram a influenciar as políticas e práticas na área da educação para pessoas com necessidades educacionais especiais no mundo todo.

O Brasil estabeleceu metas básicas para melhorar seu sistema educacional, e dentre esses objetivos destaca-se a melhoria na educação de estudantes com deficiências ou outras necessidades especiais. Assim, começou-se a discutir com maior ênfase teorias e práticas baseadas no princípio da inclusão escolar.

Com base em Kasper, Loch e Pereira,[23] nos anos de 2003, 2004 e 2005 houve um avanço significativo nas matrículas desses alunos, o que demonstrou a necessidade urgente de providências quanto à inclusão de estudantes com deficiência nas escolas regulares e, principalmente, de preparar essas escolas no âmbito pedagógico, espacial e organizacional para que houvesse uma inclusão real.

Foram realizadas pesquisas na área educacional para avaliar como estavam a formação e a atuação dos professores para trabalhar com o público-alvo da Educação Especial, constatando-se que os cursos de curta duração para a preparação de professores para atuar com esse público não atingiam os resultados esperados. Isso porque os professores continuavam a referir uma sensação de isolamento, impotência e incompetência para lidar com os estudantes com deficiência nas salas de aula.[24]

Diante desse cenário, em 2004 iniciou-se o "Projeto S.O.S. Inclusão", implementado com a finalidade de identificar meios de oferecer suporte aos professores do ensino comum, visando à qualificação do trabalho pedagógico desenvolvido por eles com seus alunos com necessidades educacionais especiais.[25] As autoras foram buscar na literatura internacional modelos e práticas para auxiliar nesse processo. Federico, Herrold e Venn,[26] e Wood,[27] falavam sobre modelos de colaboração e equipes colaborativas (envolvendo professores, pais e demais profissionais para atender a diversidade dos estudantes), afirmando tratar-se de estratégias bem-sucedidas. Entre as formas de trabalho colaborati-

---

** Tradução livre: "Nenhuma criança deixada para trás".

vo na escola foram encontrados dois modelos: o coensino e a consultoria colaborativa.

Assim, o coensino começou no Brasil como um tipo de prestação de serviço para apoiar os professores do ensino comum que não sabiam como lidar com o público-alvo da Educação Especial que estava matriculado nas classes comuns e como alternativa aos modelos de sala de recursos, classes especiais e escolas especiais, a fim de incluí-los nas salas comuns. Os recursos necessários ao público-alvo da Educação Especial para estabelecer a equiparação de oportunidades devem acompanhar o alunado no contexto da sala de aula comum, incluindo-se entre tais recursos o professor especializado.[8]

PRINCÍPIOS DO COENSINO

Antes de iniciar sua aplicação, com base em Mendes, Vilaronga e Zerbato,[8] é importante considerar três pontos que definem a colaboração e o trabalho entre os profissionais que atuarão juntos:

1. Ter um objetivo comum – sempre em prol do aluno.
2. Paridade – manter uma relação horizontal, isto é, sem hierarquia.
3. Voluntarismo – é preciso que haja vontade dos dois profissionais para realizar essa parceria.

Para implementar o coensino, não basta a atuação conjunta entre um professor do ensino comum e um professor especialista na mesma sala de aula. São necessários alguns elementos indispensáveis para assegurar sua efetividade, e algumas etapas/fases do processo devem ser percorridas.

ELEMENTOS PARA A IMPLEMENTAÇÃO DO PROCESSO DE COENSINO

Argüelles, Hughes e Schumm[28] apresentam os seguintes elementos que devem estar presentes durante a implementação do coensino:

- Tempo para o planejamento comum: os professores devem ter um horário agendado específico para o planejamento conjunto.
- Flexibilidade: os professores e a gestão devem ter flexibilidade para trabalhar juntos. A gestão deve ser aberta a novas propostas, à alteração de roti-

nas, se necessário, e à alocação de funcionários. Os professores devem ser flexíveis em seu estilo de instrução e gerenciamento de sala de aula.

- Correr riscos: tanto a gestão como os professores envolvidos devem estar dispostos a correr riscos e abertos a novas propostas, pois a colaboração leva a práticas novas e inovadoras.
- Definição de papéis e responsabilidades: os professores devem alinhar de forma justa e explícita seus papéis e responsabilidades na colaboração. Ambos precisam ser igualmente responsáveis por todos os estudantes.
- Compatibilidade: deve haver compatibilidade entre os professores para compartilhar responsabilidades e trabalhar juntos. Para tanto, os gestores podem deixar os professores se voluntariarem para as equipes de coensino, e podem providenciar que passem tempo juntos explorando as filosofias e estilos de ensino um do outro.
- Habilidades de comunicação: os professores devem ter um bom diálogo entre si. Comunicar-se com antecedência, de forma clara e frequente, pode auxiliar no diálogo.
- Suporte administrativo: o apoio da gestão escolar é essencial antes e durante a implementação de programas como o coensino.

Segundo Murawski e Bernhardt,[29] para que ocorra a implementação do coensino e garantir a inclusão de todos os estudantes é imprescindível:

- Fornecer desenvolvimento profissional em inclusão, colaboração e coensino: é necessário ensinar juntos. Assim, ambos os professores deverão entender o conceito de inclusão para, junto com os gestores, estarem mais preparados e comprometidos com o coensino.
- Estabelecer estratégias de atendimento: sugere-se criar um cronograma adequado para atender os alunos da Educação Especial primeiro. Recomenda-se evitar que mais de 30% de uma sala de ensino regular comum seja designada para alunos com necessidades especiais. É importante limitar o número de áreas de conteúdo e de níveis de ensino em que os educadores especiais coensinam, e deve haver períodos de planejamento comuns para os professores.
- Associar os professores com bons relacionamentos entre si: os profissionais que irão trabalhar juntos devem ter um bom envolvimento. Para tanto, os professores devem escolher seus parceiros. Também devem ter a opção de escolher a sala coensinada e o perfil dela. Caso a gestão tenha de formar os

pares, deve-se considerar as preferências de aprendizagem, disposições pessoais e dinâmicas de cada um, além de criar meios para o corpo docente se conhecer e interagir.

- Supervisionar e avaliar estrategicamente: deve-se observar os profissionais com frequência para obter uma compreensão do que está ocorrendo na sala de aula e de quais abordagens da coinstrução estão sendo realizadas. É preciso ver desde o planejamento até o desenvolvimento e a avaliação. Importante avaliar os professores ao mesmo tempo e de maneira conjunta.
- Melhorar, aumentar e institucionalizar as práticas de coensino: pode-se aumentar as aplicação do coensino (conforme necessário) e institucionalizar o processo para que ele não seja dependente de uma gestão, de professores específicos ou de um currículo particular. Constrói-se, assim, um processo que se torna parte da cultura da escola.

ETAPAS PARA A IMPLEMENTAÇÃO DO COENSINO

Para Murawski e Lochner,[20] é importante observar três etapas para a implementação e do coensino (Figura 2).

Brown, Howerter e Morgan,[30] por sua vez, organizam o processo de implantação do coensino em quatro etapas semelhantes (Figura 3).

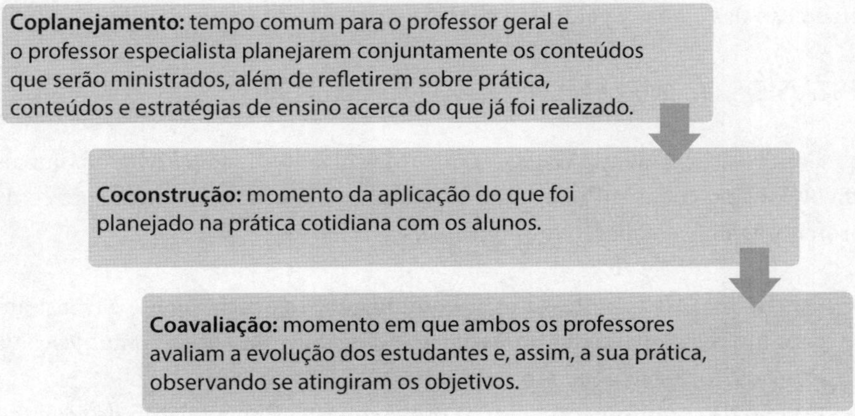

FIGURA 2 Etapas para a implementação do coensino, segundo Murawski e Lochner.
Fonte: adaptada de Murawski e Lochner, 2011.[20]

Comunicação: as equipes de coensino abordam suas crenças, filosofias e sentimentos com relação ao desempenho acadêmico dos estudantes, e também suas perspectivas sobre funções e responsabilidades que compartilharão.

Coplanejamento: delinear os objetivos e as atividades de aprendizagem da aula compartilhada para garantir que as partes interessadas trabalhem em conjunto, decidindo-se o modelo de coensino a ser implementado em cada situação.

Distribuição compartilhada de instrução e avaliação: análise de dados do estudante, orientada para o desenvolvimento de novas lições, tomada de decisão, monitoramento do progresso do aluno, avaliação e reflexão.

Resolução de conflito: abrange o desenvolvimento de um processo de resolução de conflito com o qual ambos concordem.

FIGURA 3 Etapas para a implementação do coensino, segundo Brown, Howerter e Morgan.
Fonte: adaptada de Brown, Howerter e Morgan, 2013.[30]

Pratt et al.[31] também mencionam a importância do cumprimento dessas etapas para a efetividade e o sucesso do coensino, propondo, além disso, o preenchimento de formulários, listas de checagens e planilhas para auxiliar na implementação das etapas e garantir a efetiva ocorrência do ensino colaborativo.

ESTÁGIOS DE IMPLEMENTAÇÃO DO COENSINO

Com base em Gately e Gately,[32] o nível de colaboração entre os profissionais envolvidos no coensino acontece em três estágios principais: inicial, de comprometimento e colaborativo (Figura 4).

- Estágio inicial: os professores se comunicam superficialmente e transitam para um relacionamento profissional, no qual geralmente a comunicação é educada, formal e pouco frequente.[32]
- Estágio de comprometimento: os professores têm uma relação de trabalho mais aberta e com uma comunicação mais interativa, mais frequente e aberta às trocas. O comprometimento de ambos nesse nível é evidente, o que aju-

da no fortalecimento da confiança. O professor especialista passa a ter um papel mais ativo, porém deve estar disposto a ceder.[32]

- Estágio colaborativo: os professores se comunicam e interagem abertamente, de forma descontraída, intensificando a relação de complementaridade entre os professores, os estudantes e toda a comunidade escolar.[32]

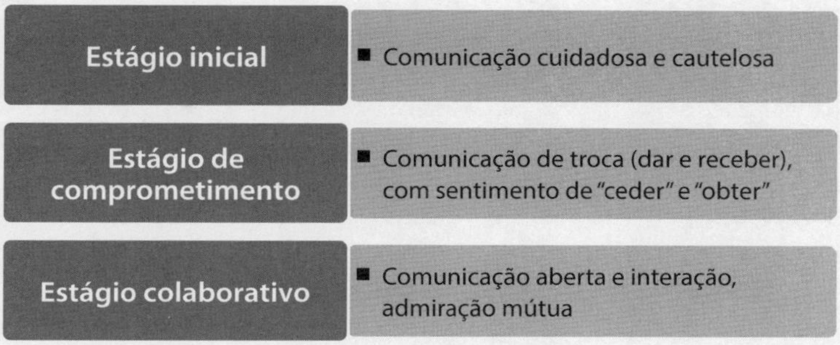

FIGURA 4 Estágios do coensino.[32]

Gately e Gately[32] trazem relatos de que em alguns casos o estágio colaborativo foi atingido em seis semanas pelos professores participantes, e já em outros demorou até dois anos para que saíssem do estágio inicial. Outros autores, como Magiera e Zigmond,[33] Strogilos e Tragoulia,[34] também relatam que muitas vezes os professores não ultrapassam o estágio básico mesmo depois de vários meses e até mesmo anos de aplicação do coensino, não conseguindo explorar de forma aprofundada todas as possibilidades de interatuação.

MODELOS DE COENSINO

O estudo de Gatti[35] demonstrou que os seis modelos de atuação no coensino (Figura 5) apresentados por Friend e Cook[19] e descritos por Brown, Howerter e Morgan[30] são passíveis de aplicação nas aulas de Educação Física, tendo sido transpostos do ambiente da sala de aula para a quadra esportiva.

- Um ensina e o outro observa: o professor de Educação Física ministra aula para todos os estudantes e o professor especialista observa e faz anotações.

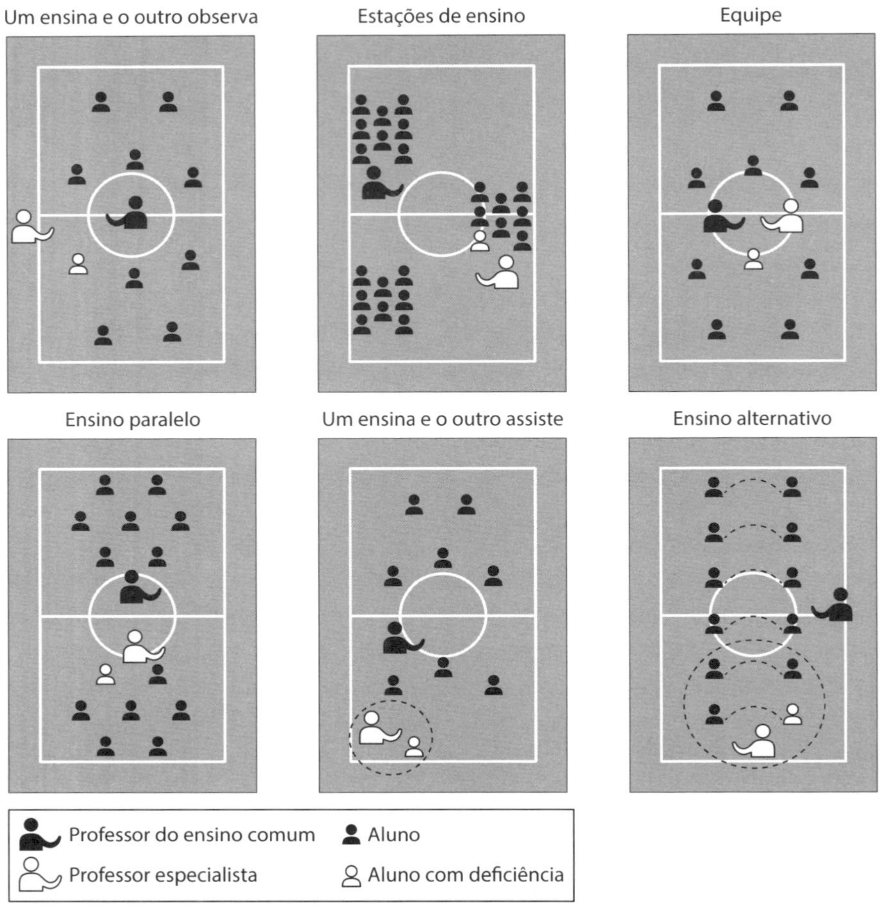

FIGURA 5 Modelos de atuação do coensino na Educação Física.
Fonte: adaptada de Gatti, 2020.[35]

- Estações de ensino: nesse modelo são criadas estações, e cada grupo recebe uma instrução diferenciada; cada professor orienta um dos grupos, e os grupos alternam as estações conforme o comando dos professores.
- Equipe: os dois professores compartilham o ensino simultaneamente, colaborando na instrução a todo o grupo de estudantes.

- Ensino paralelo: os professores dividem a turma em dois grupos proporcionais em número de estudantes. Cada professor assume a docência de um dos grupos, cujos conteúdos e atividades são comuns.
- Um ensina e o outro assiste: nesse modelo um professor se responsabiliza pelo ensino de todo o grupo, enquanto o outro oferece assistência. De acordo com o tipo de atividade a ser realizada, o aluno poderá necessitar de assistência física, verbal ou de demonstração. A intensidade do auxílio de que o estudante necessita pode ser de três tipos: assistência contínua, durante todo o tempo de realização da atividade; assistência apenas em alguns momentos específicos; e assistência individualizada.
- Ensino alternativo: nesse modelo, o professor de Educação Física ministra a instrução para a maioria dos estudantes em um grande grupo, enquanto o professor especialista ministra a instrução para um grupo reduzido deles. A instrução fornecida ao grupo reduzido pode ser caracterizada por três situações:
  - Reensino, quando o professor especialista reforça um conteúdo ou atividade ensinado previamente pelo professor de Educação Física.
  - Pré-ensino, quando o professor especialista antecipa o ensino do conteúdo ou atividade que será passado pelo professor de Educação Física.
  - Enriquecimento, uma complementação do que está sendo desenvolvido pelo professor de Educação Física com algumas adaptações ou variações na instrução.

A diferença entre os estudos sobre coensino no ambiente da sala de aula comum e nas aulas de Educação Física dá-se na conformação e utilização do espaço, uma vez que essas aulas costumam acontecer em locais mais amplos e espaçosos, geralmente na quadra, no pátio, em um gramado e no campo. Gatti[35] ressalta que cada um dos modelos de coensino desenvolvidos nas aulas de Educação Física pode variar quanto à configuração e distribuição dos estudantes pelo espaço: círculo, estafeta, duplas ou dispersos, por exemplo, no modelo "um ensina e o outro assiste" utilizando as quatro configurações (Figura 6).

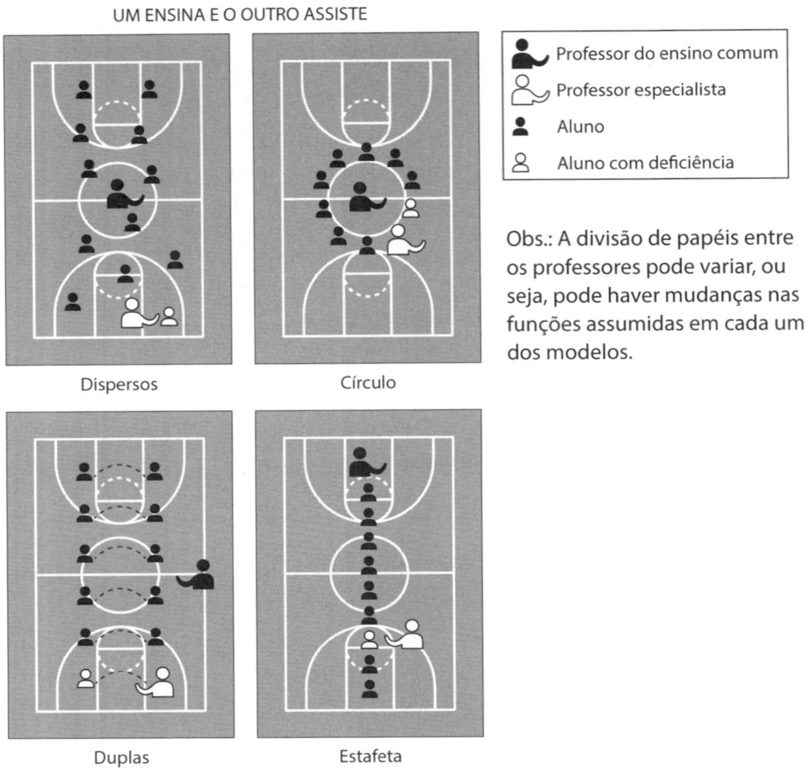

FIGURA 6 Diferentes configurações de ensino no modelo "um ensina e o outro assiste".
Fonte: adaptada de Gatti, 2020.[35]

PESQUISAS SOBRE O COENSINO NAS AULAS DE EDUCAÇÃO FÍSICA

Conderman e Hedin[36] mencionam que, apesar da popularidade do coensino e da ampla literatura descrevendo práticas exemplares, pode-se aumentar a eficácia do ensino colaborativo por meio de uma contribuição a mais significativa dos professores de Educação Especial. Os autores propõem que esses profissionais assumam o papel de líderes de estratégia na sala de aula coensinada. Os autores não desenvolvem estratégias para cada área de conteúdo; os professores podem precisar adaptá-las de outras áreas curriculares ou desenvolver suas próprias estratégias.

Nesse sentido, a implantação do coensino nas aulas de Educação Física deve seguir os mesmos princípios, e procurar envolver a atuação e o envolvimento desse profissional sempre que possível. A dificuldade, no entanto, está no fato de que no Brasil a atuação dos professores do Atendimento Educacional Especializado ocorre no turno inverso ao da escolarização. Devido a essa situação, vários estados americanos contratam um professor especialista em Educação Física Adaptada (EFA)*** para oferecer suporte no turno escolar, ou seja, durante a aula de Educação Física.

O estudo de Munster e Fiorini[37] envolveu as interações entre um professor de Educação Física, um especialista em EFA e três turmas que continham estudantes com deficiências em situação de inclusão, em uma escola de Ensino Fundamental no estado de Nova York. Foram identificadas seis diferentes modalidades de apoio prestado pelo especialista em EFA aos estudantes com deficiências em ambientes inclusivos, descrevendo as formas de interação antes, durante ou após as aulas de EF.

Embora o estudo de Munster e Fiorini[37] não tenha sido baseado na perspectiva do coensino, vários dos cenários apresentados nas modalidades de apoio indicadas no Quadro 1 se espelham nessa prática, considerando que havia a atuação conjunta de um professor especialista (no caso o professor de EFA) e do professor de Educação Física (que desempenhou o papel do professor do ensino comum). Assim, as modalidades de apoio identificadas podem ser utilizadas como base para os modelos de aplicação do coensino nas aulas de Educação Física.

QUADRO 1 Modalidades de apoio prestado pelo especialista em Educação Física Adaptada[37]

Pré-ensino	O especialista em EFA se reúne com o estudante com deficiência antes da aula para antecipar informações sobre conteúdo e habilidades que serão necessárias durante a aula de Educação Física.
Mesclado	O especialista em EFA oferece assistência a todos os alunos, incluindo o estudante com deficiência, monitorando e compartilhando a atenção entre todo o grupo.
Assistência individual	Especialmente nas atividades baseadas no ensino de habilidades motoras, o especialista em EFA provê instruções individualizadas para garantir que o estudante com deficiência atinja resultados satisfatórios.

(continua)

*** Especialista em Educação Física Adaptada é o termo utilizado para se referir ao profissional com formação em Educação Física que tem pós-graduação e/ou capacitação para atuar com pessoas com deficiência.

QUADRO 1 Modalidades de apoio prestado pelo especialista em Educação Física Adaptada[37] *(continuação)*

Interação entre pares	O especialista em EFA pode formar pares envolvendo outros estudantes na atividade, de forma a incentivar a interação social entre o estudante com deficiência e seus colegas.
Observador	Quando o estudante com deficiência está envolvido satisfatoriamente em uma atividade ou quando a assistência não é necessária, o especialista em EFA não interfere, apenas observa.
Feedback	O especialista em EFA reforça a aprendizagem, responde a perguntas e incentiva o estudante com deficiência após o término da aula.

EFA: Educação Física Adaptada.

O trabalho de Nagahama,[38] realizado na cidade de Naha, no Japão, teve como objetivo considerar a significância das aulas de Educação Física envolvendo alunos com e sem necessidades especiais por meio do ensino colaborativo, e detectar fatores que impedem a participação do estudante com necessidades especiais nas aulas de Educação Física. Os participantes foram: 33 estudantes do Ensino Médio, entre eles um com deficiência física (paralisia cerebral, usuário de cadeira de rodas), seu tutor (pais) e três professores de Educação Física, sendo um professor para as aulas de Educação Física escolar e outros dois professores de Educação Física para a turma de treinamento das modalidades de natação e outra de festivais e eventos. As modalidades coensinadas foram o basquete e a natação. Os resultados foram:

1. Estudantes sem necessidades especiais mudaram sua impressão positivamente para as aulas de Educação Física envolvendo um aluno com necessidades especiais e eles próprios.
2. Falta de recursos humanos e orçamentais para ensinar pessoas com e sem necessidades especiais em conjunto.
3. Falta de conhecimento e experiência dos professores para o ensino de estudantes com necessidades especiais.
4. Avaliações subestimadas e impressões equivocadas sobre um estudante com necessidades especiais por insuficiência na preparação desses profissionais.

O estudo de Grenier:[39]

- Investigou os papéis e responsabilidades de ensino de dois professores de Educação Física assistidos por um professor de EFA na manutenção de um programa direcionado a estudantes do Ensino Médio.

- Examinou os comportamentos de apoio mútuo entre os professores que contribuíram para um programa de Educação Física inclusivo.
- Explorou o impacto do coensino nas relações estudantis durante o módulo de escalada, em turmas nas quais estavam matriculados dois estudantes com síndrome de Down.

A evolução de todos os estudantes foi notória, e o envolvimento dos estudantes com e sem deficiência, a socialização e a inclusão também.

Concluiu-se que o modelo social pode ser utilizado como ferramenta para a EFA e para a Educação Física por professores a fim de operacionalizar práticas colaborativas. As práticas colaborativas e a atuação conjunta do professor do ensino comum e de especialistas ofereceram experiências positivas e envolventes aos estudantes, promovendo a inclusão.[39]

Gatti[35] realizou um estudo com três professores de Educação Física e suas respectivas turmas que continham estudantes com deficiência. O objetivo foi analisar as possibilidades e limitações do coensino como serviço de apoio para a inclusão de estudantes com deficiência no contexto da Educação Física escolar, sob a perspectiva colaborativa. Como resultado, foi possível a aplicação do coensino com dois dos professores participantes, e, por meio deles, confirmou-se a possibilidade de aplicar esse serviço de apoio para as aulas de Educação Física, a aceitação e o apoio aos professores participantes, a inclusão e a participação de todos os alunos nas aulas. Como limitação viu-se a necessidade de mais tempo para desenvolver a paridade e a importância do planejamento para a aplicação do coensino. Sem uma etapa de implementação (no caso da dificuldade de planejar e de seguir o planejamento), mostra-se inviável a sequência das demais etapas para a efetividade do coensino.

POSSIBILIDADES E LIMITES DO COENSINO

Vários estudos destacam o sucesso da prática e os pontos positivos do coensino, assim com as dificuldades para sua implementação e situações de insucesso relacionadas a essa estratégia colaborativa. Os achados são semelhantes em pesquisas em diferentes locais:

O estudo de Strogilos e Tragoulia[34] indicou que a legislação da Grécia (Lei 2817/2000) assegurou aos estudantes com deficiência leve frequentarem escolas regulares sob um processo de alocação de um professor especialista para cada estudante com deficiência, em tempo integral e em todos os componentes curriculares. Dezoito pares de professores participaram do estudo, no entanto não houve êxito na implementação do coensino, devido à imposição desse modelo, sem a observância dos princípios e etapas necessários para haver a colaboração entre os profissionais.

Um estudo na Finlândia teve como objetivo verificar como os professores gerenciam sua sala de aula em lições coensinadas. A influência mais importante da colaboração no gerenciamento de sala de aula foi o apoio emocional de outro adulto, assim como a oportunidade de usar diferentes funções de modo flexível na sala de aula.[40]

Vilaronga e Mendes[8] realizaram um estudo no Brasil que teve como objetivo analisar as experiências práticas do coensino com os professores de Educação Especial do Município de São Carlos, SP, que participaram de uma formação na temática em 2011. Os dados trazem exemplos de coensino em diferentes estágios e reflexões sobre os fatores que podem contribuir para essa realidade na escola. Concluiu-se que a prática é uma estratégia promissora, porém carece de mais estudos sobre a colaboração entre o professor do ensino comum e o de Educação Especial.

QUADRO 2 Possibilidades e limites do coensino

Possibilidades	Limites
Melhorar a qualidade na atenção aos alunos em salas de aula superlotadas	Tempo escasso para desenvolver a paridade
Gerenciar os desafios de comportamento	Tempo em comum para o coplanejamento
Projetar currículo para atender a maior variedade de necessidades dos alunos	Falta de apoio da gestão para a implementação
Compartilhar responsabilidades de sala de aula, incluindo avaliação, fornecendo *feedback* aos alunos e comunicando-se com as famílias	Falta de definição na legislação

Fonte: elaborado pelas autoras.

CONSIDERAÇÕES FINAIS

O coensino mostra-se uma possibilidade de serviço de apoio para as aulas de Educação Física no contexto da inclusão de estudantes com deficiência nessa disciplina, além de trazer benefícios para os demais estudantes envolvidos nesse processo e para toda a comunidade escolar.

Este capítulo visou ampliar o conhecimento sobre a cultura colaborativa, em específico sistematizar o modelo de serviço denominado coensino, e proporcionar mais uma possibilidade de apoio aos professores de Educação Física para a inclusão de estudantes com deficiência, pensando em estratégias para a educação inclusiva.

Espera-se que novos estudos sejam realizados utilizando o conteúdo aqui abordado para lapidar sua aplicação, destacando sua relevância. Quem sabe a cultura colaborativa seja uma opção para a inclusão de pessoas com deficiências nas escolas brasileiras, assegurada por lei como opção de trabalho.

REFERÊNCIAS

1. Torres PL, Alcântara PR, Irala EAF. Grupos de consenso: uma proposta de aprendizagem colaborativa para o processo de ensino-aprendizagem. Revista Diálogo Educacional (Curitiba). 2004;4(13):129-45.
2. Costa R. Por um novo conceito de comunidade: redes sociais, comunidades pessoais, inteligência coletiva. Interface – Comunic, Saúde, Educ (Botucatu). 2005 Mar/Aug;9(17):235-48. Disponível em: https://doi.org/10.1590/S1414-32832005000200003. Acesso em: 15 jul. 2019
3. Carvalho ER. Educação inclusiva: com os pingos nos "is". 4.ed. Porto Alegre: Mediação; 2006
4. Damiani MF. Entendendo o trabalho colaborativo em educação e revelando seus benefícios. Rev Educar. 2008;(31):213-30. Disponível em: https://www.scielo.br/pdf/er/n31/n31a13.pdf. Acesso em: 17 jun. 2018.
5. Oliveira PS, Nunes JPS, Munster MA. Educação física escolar e inclusão: uma revisão sistemática da produção discente na pós-graduação brasileira. Práxis Educativa (Ponta Grossa). 2017 May/Aug;12(2):570-90. Disponível em: https://doi.org/10.5212/PraxEduc.v.12i2.0016. Acesso em: 16 set. 2017.
6. Friend M. Co-teaching: a simple solution that isn't simple after all. Journal of Curriculum and Instruction (JoCI). 2008 Jul;2(2). Disponível em: https://silo.tips/download/co-teaching-a-simple-solution-that-isn-t-simple-after-all-marilyn-friend-univers. Acesso em: 19 set. 2022
7. Fatting GML, Taylor MT. Co-teaching in the differentiated classroom: successful collaboration, lesson design, and classroom management. San Francisco: Jossey-Bass; 2008.
8. Mendes EG, Vilaronga CAR, Zerbato AP. Ensino colaborativo como apoio à inclusão escolar: unindo esforços entre educação comum e especial. São Carlos: EdUFSCar; 2014.
9. Cushman S. Whats is co-teaching?. In: Villa RA, Thousand JS, Nevin AI (org.). A guide to co-teaching: practical tips for facilitating student learning. 2.ed. A Joint Publication, 2008. p.214.
10. Fontes RS. A educação inclusiva no município de Niterói (RJ): das propostas oficiais às experiências em sala de aula – o desafio da bidocência. [Tese – Doutorado em Educação]. Rio de Janeiro: Universidade do Estado do Rio de Janeiro; 2008. Disponível em https://docplayer.com.br/9052326-Aeducacao-inclusiva-no-municipio-de-niteroi-rj-das-propostas-oficiais-asexperiencias-em-sala-de-aula-o-desafio-da-bidocencia.html. Acesso em: 19 set. 2022.
11. Devens WM. O trabalho colaborativo crítico como dispositivo para práticas educacionais inclusivas. [Dissertação – Mestrado em Educação]. Vitória: Universidade Federal do Espírito Santo; 2007.
12. Rabelo LCC. Ensino colaborativo como estratégia de formação continuada de professores para favorecer a inclusão escolar. [Dissertação – Mestrado em Educação Especial]. São Carlos: Universidade Federal de São Carlos; 2012.

13. Honnef C. Trabalho docente articulado: a relação entre a educação especial e o ensino comum. In: Reunião Nacional da ANPEd, 37, Universidade Federal de Santa Catarina, Florianópolis, outubro de 2015. Anais [...]. Florianópolis, 2015. Disponível em: https://anped.org.br/sites/default/files/trabalho-gt15-3987.pdf. Acesso em: 17 jun. 2018.
14. Beyer H. O. Inclusão e avaliação na escola de alunos com necessidades educacionais especiais. Porto Alegre: Mediação; 2005.
15. Pinheiro VC, Mascaro CAC. Assessoria para inclusão na formação profissional. Journal of Research in Special Educational Needs. 2016;16(1):197-200. Disponível em: https://doi.org/10.1111/1471-3802.12123. Acesso em: 3 jan. 2023.
16. Dicio – Dicionário Online de Português. Porto: 7Graus; 2020. Disponível em: https://www.dicio.com.br/bi/ e em https://www.dicio.com.br/docencia. Acesso em: 3 jan. 2023.
17. Jarry E. Why co-teach? What history, law, and research say. In: Villa RA, Thousand JS, Nevin AI (org.). A guide to co-teaching: practical tips for facilitating student learning. 2.ed. A Joint Publication, 2008. p.11-8.
18. Cook L, Friend M. Co-teaching: guidelines for creating effective practices. Rev Focus on Exceptional Children. 1995 Nov;28(3):1-16. Disponível em: https://eric.ed.gov/?id=EJ545936. Acesso em: 15 maio 2018.
19. Friend M, Cook L, Hurley-Chamberlain D, Shamberger C. Co-teaching: an illustration of the complexity of collaboration in special education. Journal of Educational and Psychological Consultation. 2010;20(1):9-27.
20. Murawski WW, Lochner WW. Observing co-teaching: what to ask for, look for, and listen for. Rev Intervention in School and Clinic. 2011;46(3):174-83. Disponível em: https://www.researchgate.net/publication/254108186_Observing_Co-Teaching_What_to_Ask_For_Look_For_and_Listen_For. Acesso em: 19 set. 2022.
21. Unesco. Declaração Mundial de Educação para Todos. Jomtien, 1990. Disponível em: : https://www.unicef.org/brazil/declaracao-mundial-sobre-educacao-para-todos-conferencia-de-jomtien-1990. Acesso em: 19 set. 2022.
22. Brasil. Ministério da Educação. Secretaria de Educação Especial. Declaração de Salamanca. Brasília, 1994. Disponível em: http://portal.mec.gov.br/seesp/arquivos/pdf/salamanca.pdf. Acesso em: 3 jan. 2023.
23. Kasper AA, Loch MVP, Pereira VLDV. Alunos com deficiência matriculados em escolas públicas de nível fundamental: algumas considerações. Educ Rev. 2008(31):231-43. Disponível em: https://doi.org/10.1590/S0104-40602008000100014. Acesso em: 3 jan. 2023.
24. Mendes EG, Almeida MA, Yoshie C. Inclusão escolar pela via da colaboração entre educação especial e educação regular. Rev Educar (Curitiba). 2011 Jul/Sep;(41):80-93. Disponível em: http://www.scielo.br/scielo.php?script=sci_arttext&pid=S0104-40602011000300006. Acesso em: 3 jan. 2023.
25. Mendes EG, Toyoda CY. Projeto S.O.S. Inclusão: consultoria colaborativa para favorecer a inclusão escolar num sistema educacional municipal. Relatório Final (MEC/SESu Processo 269/03/PRO-EX/UFSCAR). Universidade Federal de São Carlos. Mimeo, 2005.
26. Federico MA, Herrold WG Jr, Venn J. Helpful tips for successful inclusion. Teaching Exceptional Children. 1999;32(1):76-82. Disponível em: https://doi.org/10.1177/004005999903200111. Acesso em: 3 jan. 2023.
27. Wood M. Whose job is it anyway? Educational roles in inclusion. Exceptional Children. 199
28. Argüelles ME, Hughes MT, Schumm JS. Co-teaching: a different approach to inclusion. Principal Reston (Florida). 2000;79(4):50-1.
29. Murawski WW, Bernhardt P. Guide to co-teaching. Educational Leadership. 2015;73(4):30-4.
30. Brown NB, Howerter CS, Morgan JJ. Tools and strategies for making co-teaching work. Rev Intervention in Schooland Clinic. 2013;49(2):84-91.
31. Pratt SM, et al. Co-planning in co-teaching: a practical solution. Rev Intervention in School and Clinic. 2007;52(4):243-9. Disponível em: https://www.researchgate.net/publica-

tion/305803239_Co-planning_in_Co-teaching_A_Practical_Solution. Acesso em: 19 set. 2022.

32. Gately SE, Gately FJ. Understanding coteaching components. Rev Teaching Exceptional Children. 2001 Mar/Apr;33(4):40-7.
33. Magiera K, Zigmond N. Co-teaching in middle school classrooms under routine conditions: does the instructional experience differ for students with disabilities in co-taught and solo-taught classes? Journal Learning Disabilities Research & Practice. 2005;20(2):79-85.
34. Strogilos V, Tragoulia E. Inclusive and collaborative practices in co-taught classrooms: roles and responsibilities for teachers and parents. Rev Teaching and Teacher Education. 2013;(35):81-91.
35. Gatti MR. Coensino e educação física escolar: perspectivas colaborativas para a inclusão de estudantes com deficiência. [Dissertação – Mestrado em Educação Especial]. São Carlos: Universidade Federal de São Carlos; 2020.
36. Conderman G, Hedin L. Co-teaching with strategy instruction. Rev Intervention in School and Clinic. 2014;49:156-63. Disponível em: https://journals.sagepub.com.ez31.periodicos.capes.gov.br/doi/pdf/10.1177/1053451213496158. Acesso em: 20 nov. 2018.
37. Munster MA, Fiorini ML. Support modalities offered by adapted physical education specialists for students with disabilities. In: North American Federation of Adapted Physical Activitys – NAFAPA, Oregon State University, Corvallis, Oct, v. 1-3, p.153, 2018.
38. Nagahama A. Um estudo prático para um aluno com necessidades especiais na aula de educação física em Naha, Okinawa: através de um estudo de caso de ensino colaborativo e aprendizagem. Osaka Kyoiku. 2010;58(2):43-56. Disponível em: https://cir.nii.ac.jp/crid/1390572175834872576. Acesso em 26 set. 2022.
39. Grenier, M. A. Coteaching in physical education: a strategy for inclusive practice. Adapted Physical Activity Quarterly, vol. 28, n.2, p. 95-112, 2011.
40. Rytivaara A. Collaborative classroom management in a co-taught primary school Classroom. International Journal of Educational. 2012;53:182-91.

CAPÍTULO **5**

Tutoria por pares nas aulas de Educação Física: um programa de preparação de colegas tutores

Tarcísio Bitencourt dos Santos
Maria da Piedade Resende Costa

Você verá neste capítulo...

A inclusão do estudante com deficiência nas aulas de Educação Física geralmente é pontuada por dificuldades, como turmas numerosas, despreparo dos professores e espaço físico inadequado. O professor de Educação Física necessita estabelecer estratégias e selecionar recursos pedagógicos adequados para que todos os estudantes realizem as atividades propostas.

Entre as possibilidades, existe a tutoria por pares, um modelo de trabalho colaborativo que pode ser implementado desde o 1º ano do Ensino Fundamental e que possibilita a estudantes com desenvolvimento típico prestar auxílio ao colega com deficiência.

Este capítulo apresenta as etapas de um programa de preparação de tutores nas aulas de Educação Física: recrutamento dos tutores, planejamento, conteúdos a serem abordados e modo de aplicação dos conteúdos.

A tutoria por pares, quando adequadamente aplicada, pode ser benéfica para o desenvolvimento das aulas de Educação Física, possibilitando a inclusão e a interação do estudante com deficiência junto aos colegas.

INTRODUÇÃO

Rotineiramente os professores de Educação Física encontram dificuldades no que diz respeito à inclusão do estudante com deficiência em suas aulas. O movimento em direção à educação inclusiva aumenta a complexidade do ensino, exigindo que os professores forneçam instruções para um grande número de estudantes com níveis diferentes de aptidão e/ou necessidades comportamentais especiais.[1]

Os professores de Educação Física, cotidianamente, necessitam estabelecer estratégias de ensino e selecionar recursos pedagógicos adequados e/ou adaptados para que o alunado realize as atividades propostas.[2] Um tipo de recurso que poderá ser utilizado pelos professores nas aulas de Educação Física é a tutoria por pares, modelo de trabalho colaborativo que vem sendo difundido por pesquisadores tanto na literatura internacional como na nacional.[3-6]

A tutoria, muito utilizada no meio educacional, não é um modelo exclusivo da Educação Especial. Seu intuito é atender as dificuldades de aprendizagem do estudante de modo geral, tenha ele algum tipo de deficiência ou não. Inclusive, esse suporte pode ser prestado por professores e até mesmo por estudantes, desde que estejam devidamente capacitados.

A tutoria por pares é um modelo de trabalho colaborativo bastante acessível à realidade brasileira, pois, apesar de não envolver profissionais especializados, possibilita a estudantes com desenvolvimento típico prestar auxílio ao colega com deficiência, permitindo que ele participe das aulas e, juntamente com o restante da turma, desenvolva com sucesso suas tarefas escolares.[7] Não é por acaso que, entre os modelos de trabalho colaborativo, é a mais explorada na Educação Física escolar no Brasil.[4-6,8,9]

Sabe-se que a tutoria por pares pode gerar benefícios aos estudantes envolvidos, como a melhora da aprendizagem, o aumento do vocabulário técnico, o desenvolvimento do pensamento crítico e o aprimoramento de habilidades para resolução de problemas, além de fomentar e aprimorar o trabalho em equipe.[10]

Contudo, é necessário alertar que a tutoria por pares necessita de um processo sistemático, isto é, o simples fato de se designar um estudante para auxiliar o parceiro nas aulas de Educação Física não garantirá o êxito. Houston-Wilson et al.[11] evidenciaram em sua pesquisa que, no protocolo 1 (utilização de tutores não treinados), os colegas tutores que não passaram pelo treinamento não tiveram resultados satisfatórios no que diz respeito à melhoria do desempenho motor dos estudantes com deficiência. Já no protocolo 2 (utilização de colegas tutores treinados), os resultados apontaram que a utilização de colegas tutores treinados mostrou-se um método viável para auxiliar os estudantes com deficiência a melhorar seu desempenho nas aulas de Educação Física.

Percebe-se que a utilização da tutoria por pares nas aulas de Educação Física é um meio de suporte importante de acordo com os estudos apresentados, contudo ficou claro também que, para obter sucesso nas intervenções, os tutores precisam passar por um treinamento prévio.

Assim, os programas de treinamento precisam ser ministrados de maneira cuidadosa, e em linguagem adequada à faixa etária dos estudantes, para que estes possam entender o conteúdo e, consequentemente, reproduzi-lo na prática. Para tanto, o professor precisará adotar uma série de cuidados para garantir a organização do programa de preparação de tutores (PPT), visando facilitar a execução e, consequentemente, a implementação da tutoria por pares.

PROGRAMA DE PREPARAÇÃO DE TUTORES

É essencial levar em consideração a satisfação de todos os envolvidos no processo, inclusive a dos tutores. Pensando nisso, uma opção interessante seria o rodízio, ou seja, ao término de cada atividade é realizado um revezamento entre os tutores. Segundo Santos,[9] essa estratégia pode evitar o desgaste e permitir que os tutores participem das atividades desenvolvidas nas aulas, sem deixar o tutorado desamparado. Cervantes et al. (2013)[12] seguiram esse padrão de alternar o tutor a cada atividade e o resultado relatado foi positivo.

Orlando[5] elucida ainda que, para que um PPT seja bem desenvolvido e resulte em benefícios para todos os envolvidos, é necessário não somente preparar com cuidado as estratégias, materiais, equipamentos e atividades a serem executadas como também cuidar de aspectos relacionados aos participantes, que são essenciais ao trabalho exitoso. Vale ressaltar que um PPT precisa de identidade,[13] e para tanto o professor/pesquisador precisará conhecer a realidade na qual estará inserido, pois um bom planejamento depende da clareza nas ações a serem desenvolvidas.

Saupe e Geib[14] destacam em sua pesquisa que cada PPT deve construir sua proposta com base nas necessidades e especificidades dos estudantes, conforme as condições e a realidade de cada lugar. Todavia, é de suma importância se fundamentar em experiências de outros pesquisadores.

Nesse sentido, são encontrados na literatura trabalhos desenvolvidos com a tutoria por pares tanto na sala de aula – a exemplo da pesquisa de Santos e Mendes,[15] que trabalharam com crianças com deficiência intelectual o reconhecimento e a nomeação de vogais do alfabeto – como na Educação Física, com o objetivo de incluir estudantes com diferentes tipos de deficiências nas aulas juntamente com seus colegas.[4,5,9]

Houston-Wilson et al.[11] apresentam em seu trabalho dois modelos de PPT que podem ser usados nas aulas de Educação Física. O primeiro modelo é baseado nas formas mais tradicionais da tutoria por pares, em que os colegas de mesma idade ou mais velhos desempenham o papel de tutores, auxiliando seus pares com deficiência. Já o segundo modelo, conhecido como *classwide peer tutoring* (CWPT), "tutoria para toda a turma" em português, permite que todos os estudantes desempenhem tanto o papel de tutores como o de tutorados, independentemente de seu nível de habilidade. Topping et al.[16] utilizaram a *cross aged peer tutoring*[*] para avaliar os ganhos cognitivos e afetivos entre tutores e tutorados.

Souza[4] e Souza et al.[17] aplicaram um PPT com base no modelo tradicional elaborado por Houston-Wilson et al.,[11] desenvolvendo adaptações de acordo com a realidade da escola/estudantes envolvidos na pesquisa. Os resultados demonstraram que a intervenção dos colegas tutores, como modelo de trabalho colaborativo, culminou no aumento do nível de participação do estudante com deficiência, contribuindo para o processo de inclusão nas aulas de Educação Física.

Wiskochil et al.,[18] por sua vez, observaram os efeitos dos colegas tutores treinados no tempo de aprendizagem acadêmica nas aulas de Educação Física (ALT-PE) em dezenas de crianças com deficiência visual. Além de um aumento no ALT-PE, foi constatado que os colegas tutores treinados foram mais efetivos do que aqueles que não receberam treinamento. Destaca-se que o ALT-PE diz respeito à mensuração da porção de tempo em que o estudante esteve envolvido em uma aula de Educação Física.[19]

Em relação à interação entre os estudantes, Klavina e Block[20] avaliaram o efeito da tutoria por pares em comportamentos físicos, instrucionais e de interação social entre estudantes do Ensino Fundamental com deficiências múltiplas e graves e seus colegas sem deficiência. Na pesquisa de Klavina et al.,[21] os autores avaliaram o impacto da tutoria por pares na interação entre estudantes do Ensino Fundamental com deficiência moderada e seus pares sem deficiên-

---

* Tradução livre: tutoria por pares de idade cruzada.

cia nas aulas de Educação Física. Klavina e Rodionova[22] analisaram em seu estudo o efeito da tutoria por pares em comportamentos físicos, instrucionais e de interação social entre estudantes do Ensino Médio com deficiências graves e múltiplas e seus colegas sem deficiência e professores.

Com base nesses estudos sobre interação, um ponto que precisa ser esclarecido é o de que os estudantes com deficiência não são os únicos beneficiados com a chegada da tutoria por pares. Vale lembrar que a diversidade de uma turma escolar engloba estudantes com baixa autoestima, problemas familiares, dificuldade de socialização, entre outras questões que interferem diretamente na participação nas aulas. A tutoria por pares potencializa a aproximação e a interação entre esses estudantes, motiva e estimula a aprendizagem e até mesmo a quebra de paradigmas relacionados às pessoas com deficiência. Contudo, cada classe deve ser tratada de acordo com suas especificidades.

As pesquisas apresentadas evidenciam que não há fórmula para organizar um PPT, tendo em vista que a tutoria por pares pode ser aplicada em diferentes contextos, por exemplo, segundo os níveis de ensino. Fiorini e Nabeiro[23] realizaram sua pesquisa com estudantes do 1º ano do Ensino Fundamental; pode haver variação na faixa etária dos tutores, no tipo de deficiência e no nível de comprometimento dos tutorados, assim como na estrutura física e material da escola. O indicado é pensar em uma maneira de suprir a falta de algo, seja relacionado à participação nas aulas, à interação ou a outro aspecto. O professor/pesquisador deve se adequar às demandas que vão surgindo no dia a dia. É importante buscar sempre não a forma mais rápida, e sim a mais segura para chegar ao objetivo principal, que é incluir o estudante com deficiência, mas sem privar os tutores de participarem de parte das atividades.

Este capítulo tem como objetivo relatar as etapas de um PPT, considerando que a tutoria por pares é um modelo colaborativo cuja principal característica é possibilitar a estudantes com deficiência a participação nas aulas, no caso desse estudo, as de Educação Física.

DESENVOLVIMENTO DO PROGRAMA DE PREPARAÇÃO DE TUTORES

Esse programa foi desenvolvido levando em consideração uma sistematização de ações com base em diversos estudos envolvendo a tutoria por pares e que ao longo do capítulo serão devidamente creditados. A Figura 1 descreve as etapas necessárias para a elaboração e a aplicação do PPT de forma eficaz.

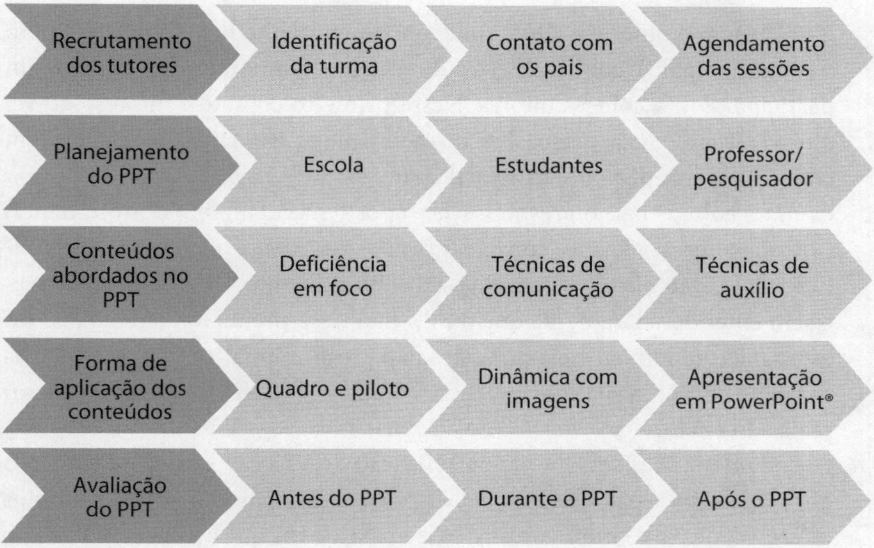

FIGURA 1 Etapas necessárias para a elaboração e a criação do programa de preparação de tutores.

PPT: programa de preparação de tutores.

Fonte: elaborada pelos autores.

Recrutamento dos tutores

A primeira parte do PPT tem como característica principal o recrutamento dos tutores, e para isso o professor/pesquisador que deseja implementar um programa de tutoria por pares deve, de início, identificar uma turma em potencial, isto é, uma turma que tenha um estudante com deficiência que aceite participar.

Em seguida, é feito um convite para participar do PPT; é interessante convidar todos os colegas de turma do estudante com deficiência. Com a lista dos interessados em mãos, os responsáveis dos potenciais tutores e tutorados são contatados, visando obter permissão para o envolvimento de seu tutelado. Só após esses procedimentos é recomendado o agendamento das sessões.[4,11,24] Detalhadamente, são descritas as três etapas:

1. Recrutamento dos tutores: nesta etapa, o professor/pesquisador identifica a turma que tem o estudante com deficiência. Em seguida o professor/pesquisador apresenta aos estudantes aspectos relacionados à tutoria por pares (O

que é? Qual o objetivo? Qual função é desempenhada pelo tutor? Quem pode participar?), com o objetivo de recrutar estudantes interessados em participar como colegas tutores. Nesse primeiro contato é imprescindível que o recrutador seja persuasivo, de modo que os estudantes se sensibilizem com a ideia e se disponham a participar.

2. Contato com os pais ou responsáveis: após o recrutamento dos estudantes (futuros tutores), deve-se conversar com os pais (pai e mãe) sobre o significado da função e a necessidade de seu consentimento. Os responsáveis precisam entender claramente que o PPT não trará prejuízos ao dia a dia dos estudantes, tendo em vista que estes não precisarão faltar a aulas e/ou deixar de se dedicar a suas obrigações acadêmicas, pois o programa deverá ser realizado em horários vagos e/ou alternativos.
3. Agendamento das sessões para a aplicação do PPT: após o consentimento dos responsáveis pelos estudantes, o professor/pesquisador deverá reunir os interessados para combinar os dias e horários em que acontecerão as sessões (aulas). Recomenda-se que essas sessões do PPT não substituam as aulas rotineiras de Educação Física. Sugere-se o agendamento no contraturno e/ou em horários vagos. É importante conversar com a direção da escola para saber sobre a disponibilidade de salas, quadra e horários.

Planejamento do programa de preparação de tutores

O planejamento e o desenvolvimento dessas etapas é crucial para a execução do PPT, e com isso se torna importante atentar a fatores relacionados à escola, aos estudantes e ao próprio professor/pesquisador, ou seja:

- No que diz respeito à escola, o professor/pesquisador precisa conversar com a coordenação com certa antecedência, visando saber se existem exigências por parte da escola (não atrapalhar o rendimento escolar dos estudantes/futuros tutores por conta de outras atividades; informar aos pais os dias e horários do PPT), como funciona a reserva de uma sala (p. ex., normalmente só existe uma sala multimídia na escola) etc. Essas precauções podem evitar surpresas indesejadas como atrasos no cronograma das sessões previstas para o PPT (principalmente se o programa estiver vinculado a uma pesquisa). A demora pode desestimular os estudantes (quanto maior o número de estudantes, maior será o alcance do PPT).

- Tratando-se dos estudantes, sabe-se que o PPT preferencialmente não pode substituir as aulas de EF. Assim, precisa-se saber dos estudantes os dias e horários que melhor se encaixam em suas rotinas (turno oposto às aulas; aulas vagas; intervalo). Se necessário, organizar mais de uma turma a depender da quantidade de interessados, entre outras demandas que surgirão e cuja solução dependerá das pessoas envolvidas no processo.
- Tratando-se do professor/pesquisador, deve-se atentar à flexibilização dos horários. Por vezes será necessário desmarcar outros compromissos para atender a agenda dos participantes da pesquisa, além de intercorrências particulares que poderão influenciar no cronograma da pesquisa e que precisam ser tratadas com cuidado para não prejudicar seu desenvolvimento.

Portanto, é interessante antecipar-se a possíveis imprevistos, pois são situações que podem comprometer o desenvolvimento do PPT. É imprescindível estar atento aos mínimos detalhes.

Conteúdos a serem abordados no programa de preparação de tutores

Souza[4] expõe de maneira geral a importância de alguns conteúdos para a execução do PPT, visando qualificar de forma mais completa seus participantes. Recomenda-se que essa preparação tenha informações sobre a deficiência do tutorado, formas de comunicação, técnicas de orientação e *feedback*.[18] A seguir são apresentados conteúdos essenciais para um PPT:

- Deficiência em foco: momento em que os tutores se informarão acerca da deficiência de seu colega. É importante que o professor/pesquisador aproveite esse conteúdo para abordar também aspectos relacionados à deficiência em geral, por exemplo, falar sobre mitos e verdades; como se comportar diante do colega com deficiência (como abordar um colega com deficiência, como auxiliá-lo no dia a dia, como evitar constrangimentos); entre outras questões.
- Técnicas de comunicação: momento em que os tutores aprenderão formas de se comunicar de maneira adequada com seu colega com deficiência. Em cada tipo de deficiência existem particularidades, por isso o tutor precisa ter ciência dos meios que podem ser utilizados para melhor interagir com seu tutorado.

- Técnicas de auxílio: neste item, utiliza-se um sistema de transmissão de informações com menor dependência (*system of least prompts*), fator que sequencia as ações do tutor, fazendo com que ele auxilie seu tutorado apenas quando necessário.

QUADRO 1 Técnicas de auxílio prestadas pelo tutor

Dica verbal	Consiste em dizer o que fazer quando o estudante não realiza a tarefa proposta pelo professor. Exemplo: o tutorado não realiza o arremesso quicando a bola no chão; o tutor diz "tente arremessar a bola para tocar no chão". Depois disso ele tentará executar o movimento novamente.
Demonstração	Se, após dica verbal, o estudante com deficiência continuar com dificuldade em realizar o movimento ou até mesmo não conseguir, o tutor deverá realizar o movimento proposto para seu colega de modo que ele possa ver a forma da execução adequada. Ressalta-se que, na situação da deficiência visual, não haverá esse tipo de instrução por parte do tutor.
Assistência física I	O tutor realizará o movimento e pedirá ao tutorado, que, por meio do tato, tente identificar a forma de execução do movimento. Exemplo: o tutorado tocará no tutor enquanto ele realiza o movimento de arremessar. Depois disso ele tentará executar o movimento novamente.
Assistência física II	Utilizada quando o estudante com deficiência, após a assistência física I, não consegue realizar o movimento. Por meio de contato físico, o tutor toca no seu colega com deficiência e realiza nele o movimento desejado. Exemplo: em pé atrás do colega, por meio de assistência física, ajuda com o movimento de braço um lançamento.
Feedback	Utilizado para corrigir ou motivar o estudante durante a realização das atividades. Exemplo: "Parabéns, bom arremesso!"; "Tente tocar a bola com menos força".
Análise das habilidades	Basicamente o professor/pesquisador estabelecerá o conteúdo a ser trabalhado e treinará o tutor para que ele consiga analisar a execução da tarefa. Exemplo: arremesso em pé: "flexione as pernas; mantenha o pé de apoio na frente; estenda os braços acima da cabeça".

Fonte: elaborado pelos autores.

Esse conjunto de técnicas, tanto as de comunicação quanto as de auxílio, é relevante para uma participação fidedigna do estudante com deficiência, tendo em vista que o colega tutor só irá auxiliá-lo nas atividades em que estiver tendo dificuldade e/ou das quais não estiver conseguindo participar. Garante-se assim maior autonomia aos tutorados.

Formas de aplicação dos conteúdos

Essa etapa basicamente irá definir a qualidade do PPT, pois, mesmo que os conteúdos abordados sejam de total relevância, se o professor/pesquisador não souber a melhor maneira de repassá-los, provavelmente os estudantes não auxiliarão seu tutorado da melhor maneira.

Cabe ao professor/pesquisador avaliar o contexto do local da pesquisa, que inclui o espaço físico onde o PPT será realizado, recursos materiais disponíveis, características gerais dos participantes e, a partir disso, planejar adequadamente meios que facilitem a aprendizagem do conteúdo. Souza et al.[17] menciona que o emprego de métodos diversificados pode favorecer a assimilação dos conteúdos e resultar em maior envolvimento dos colegas tutores durante o período preparatório.

Segundo Houston-Wilson et al.,[11] a escolha de tarefas apropriadas de acordo com a idade dos participantes, atrelada ao tempo adequado para a prática das atividades, é importante. A adaptação de palavras e termos técnicos em linguagem mais próxima do repertório exibido pelos estudantes pode facilitar a aprendizagem.[5] A observação das aulas antes de planejar intervenções é importante justamente por conta de fatores perceptíveis apenas *in loco*.

Desse modo, estas são algumas possibilidades que poderão ser utilizadas pelo professor/pesquisador em suas aulas:

- Quadro e piloto: talvez essa seja a maneira mais simples de levar o conteúdo aos estudantes, já que demanda pouca utilização de recursos e os materiais são encontrados nas escolas. Contudo, tem como ponto negativo a monotonia, já que a pouca utilização de recursos poderá deixar o estudante tutor entediado, o que dificultará a aprendizagem.
- Dinâmica com imagens: recurso interessante, pois servirá para ilustrar o que já foi explanado verbalmente pelo professor/pesquisador, além de ser um novo estímulo, o que acaba facilitando a fixação do assunto. Orlando[6] relata que em sua pesquisa foi muito difícil manter a atenção e a concentração dos estudantes, e a solução encontrada foi a utilização de desenhos. A autora esclarece que elaborou desenhos com a finalidade de transmitir, de forma mais clara, as informações técnicas sobre como ajudar uma pessoa com deficiência. Segundo a autora, esses desenhos resgataram e deixaram mais claras as informações transmitidas no treinamento dos colegas tutores.

- Apresentações em PowerPoint®: recurso muito comum atualmente, por se tratar de um meio de transmissão de conteúdo muito completo, permitindo em uma mesma apresentação a exibição de animações, imagens e vídeos. Esse recurso talvez não seja tão acessível, pois normalmente as escolas só têm uma sala multimídia, e a concorrência pelo espaço é grande.
- Sensibilização sobre as deficiências por meio de jogos e brincadeiras: nas aulas de Educação Física, quando o professor aborda assuntos de forma teórica e posteriormente os complementa com atividades práticas, torna a aula bem mais rica e empolgante para os estudantes. Assim, se o professor/pesquisador conseguir planejar atividades práticas que façam os estudantes relacioná-las ao conteúdo tratado em sala, isso se torna uma forma a mais de estímulo. Exemplificando, Fiorini e Nabeiro[22] realizaram em sua pesquisa uma dinâmica em grupo realizada por meio de uma vivência para que todos os estudantes da turma passassem por situações práticas com os olhos vendados, uma vez que o colega de sala apresentava deficiência visual.

Sabe-se que um bom planejamento e diversificação das aulas demanda um dispêndio maior de tempo e de trabalho. Entretanto, o aprendizado dos estudantes claramente poderá ser mais eficaz, o que talvez resulte em melhor desempenho dos tutores nas aulas.

Avaliação do programa de preparação de tutores

Outro aspecto importante é a avaliação. Quando se ministra um PPT, é interessante saber se os participantes estão absorvendo o conteúdo e se a didática do professor/pesquisador está sendo efetiva, tendo em vista que a qualidade com que as informações são explanadas reflete diretamente nos participantes e no exercício de suas funções. De acordo com Lieberman et al. (2000), para determinar a eficácia de um programa de treinamento, os tutores precisam ser submetidos a exames teóricos e práticos acerca dos conteúdos abordados durante o PPT.

Assim, ao final de cada bloco de conteúdo, recomenda-se a aplicação de uma avaliação (p. ex., ao final do bloco sobre técnicas de auxílio, aplica-se um teste). Essa avaliação não tem o intuito de reprovar o participante, e sim de mensurar seu aprendizado. Lieberman et al. (2000) recomenda um escore de 90% de acerto na avaliação teórica, e na prova prática esse escore deve ser de 100%. Esse nível alto de acerto é reflexo da grande responsabilidade que um colega tutor carrega, portanto a qualidade do PPT deve ser alta, juntamente com o comprometimento dos participantes.

Destaca-se que, quando o participante não obtiver a nota estipulada, deve-se convidá-lo a participar de novas sessões de treinamento, até que esteja apto a participar de um novo teste. No estudo de Santos,[9] dois participantes apresentaram rendimento abaixo do recomendado, fato que demandou a organização de uma sessão extra de reforço, à qual apenas uma participante compareceu. De acordo com o autor, na sessão seguinte, após a aula de reforço, foi aplicada uma nova avaliação. Dessa vez a participante obteve o rendimento recomendado por Lieberman et al. (2000), fato que lhe permitiu prosseguir no PPT sem precisar de novas sessões de reforço.

As avaliações, tanto teóricas quanto práticas, ficam a critério do professor/pesquisador, isto é, ele decidirá qual a forma mais adequada de chegar a tal objetivo, levando em consideração preferências pedagógicas, faixa etária dos estudantes, recursos didáticos e espaços físicos disponíveis, além de sensibilidade/percepção (às vezes o planejamento não funciona, sendo necessárias mudanças ao longo do processo).

É possível aplicar avaliações tanto mais simples, como provas com questões de múltipla escolha, quanto avaliações mais complexas, como questões interpretativas (orais ou escritas). O uso das imagens é interessante, principalmente com crianças. Para estas a interpretação de seu conhecimento pode ser feita por meio da representação das figuras. Para os adolescentes, estimular a capacidade de reflexão e de tomada de decisões pode ser mais enriquecedor. É claro que cabe ressalva aos exemplos, devido às particularidades dos estudantes.

Em um PPT é sensato avaliar não apenas a fase de preparação, mas mensurar também a participação dos colegas tutores no exercício de suas funções, além de saber se o estudante com deficiência está se sentido acolhido nas aulas. Santos,[9] dentre outros instrumentos, utilizou em sua pesquisa roteiros de observação a fim de analisar a participação e escalas para mensurar a satisfação dos colegas tutores e do estudante com deficiência, visando obter um *feedback* dos participantes em relação à viabilidade do PPT.

O roteiro de observação ilustrado pelo Quadro 2 foi utilizado durante as aulas em que o estudante com deficiência participou (antes e após o PPT).

QUADRO 2 Roteiro de observação: participação do estudante com deficiência nas atividades

ATIVIDADE: ESTUDANTE COM DF:	Se SIM, marcar com um "X" a(s) alternativa(s)													
Realiza o movimento sozinho, sem ajuda do colega tutor.														
Realiza o movimento sozinho, após a dica verbal.														
Realiza o movimento sozinho, após a demonstração.														
Realiza o movimento sozinho, após a assistência física II.														
Realiza o movimento junto com o colega tutor.														
Não realiza o movimento.														
Obs.:														

DF: deficiência física.

Fonte: adaptado de Souza, 2008.[4]

O roteiro de observação representado pelo Quadro 3 foi utilizado nas aulas em que os colegas tutores intervieram (após o PPT).

QUADRO 3 Roteiro de observação: participação dos colegas tutores nas aulas de Educação Física

ATIVIDADE: NOME DO TUTOR:	Se SIM, marcar com um "X" a(s) alternativa(s)																
Usa a dica verbal																	
Usa a demonstração																	
Usa a assistência física II																	
Usa o *feedback*																	
Não utilizou nenhuma das alternativas																	
Não necessitou utilizar nenhuma das alternativas																	
Obs.:																	

Fonte: adaptado de Souza, 2008.[4]

No Quadro 4 é exposta a escala utilizada por Santos[9] para mensurar a satisfação do colega tutor em suas participações durante as aulas em que foi prestado auxílio ao estudante com deficiência:

QUADRO 4 Escala de mensuração da satisfação do colega tutor[9]

NOME DO ESTUDANTE:

Ser tutor é muito ruim (0%)	Ser tutor é ruim (25%)	Ser tutor não é bom nem ruim (50%)	Ser tutor é bom (75%)	Ser tutor é muito bom (100%)

Santos[9] utilizou também uma escala para mensurar a participação do estudante com deficiência nas aulas de Educação Física antes do PPT, e também após o PPT, com o auxílio prestado pelos colegas tutores. A escala é ilustrada pelo Quadro 5.

QUADRO 5 Escala de mensuração do nível de participação do estudante com deficiência[9]

NOME DO ESTUDANTE:

Não participei das atividades (0%)	Participei de poucas atividades (25%)	Participei da metade das atividades (50%)	Participei da maioria das atividades (75%)	Participei de todas as atividades (100%)

Avaliar um PPT não é algo complexo, entretanto é preciso que o professor/pesquisador tenha em mente os objetivos que o levaram a aplicá-lo, bem como que conheça a turma e seus anseios. Entre os meios utilizados para avaliar um programa existem formas mais simples e outras mais elaboradas; o importante é obter os dados necessários.

Vale ressaltar que os instrumentos aqui apresentados são exemplos (foram aplicados em outros trabalhos); o professor/pesquisador tem total autonomia para replicar e/ou criar novos métodos de avaliação.

CONSIDERAÇÕES FINAIS

Algo a destacar quando se discute a inclusão escolar é o fato de não bastarem apenas boas ideias ou intenções. Se as atitudes não forem positivas para esse processo, o estudante com deficiência permanecerá à parte nas aulas. Assim, para a consolidação de um ambiente escolar inclusivo é necessária significativa transformação, seja ela de natureza estrutural ou atitudinal.

Sabendo que o processo inclusivo tem como base a união e o trabalho em conjunto entre as partes constituintes de uma instituição escolar, a utilização do colega tutor é um tipo de recurso que pode diminuir distinções de papéis existentes entre os estudantes envolvidos, a fim de que cada um possa fazer o melhor uso possível de seus saberes. Desse modo, o desafio basicamente é estruturar as aulas de Educação Física visando utilizar melhor o recurso do colega tutor e, consequentemente, potencializar a participação de todos os estudantes.

O referencial teórico apontou que a tutoria por pares, quando utilizada como modelo de trabalho colaborativo, mostrou-se positiva em diferentes aspectos: no que diz respeito ao treinamento de estudantes para serem tutores; na utilização desses tutores para incluir estudantes com deficiência nas aulas de Educação Física; ao proporcionar maior interação entre os estudantes com e sem deficiência; além de proporcionar confiança aos professores para propor novas atividades.

Precisa-se esclarecer que turmas de EF têm seu contexto e estudantes distintos. Assim, os resultados tendem a variar, e não seria nenhuma surpresa se estudos envolvendo a tutoria por pares não tivessem os resultados esperados. Contudo, é imprescindível que haja pessoas buscando a melhoria do ambiente escolar e, consequentemente, das aulas de Educação Física.

De modo geral, todos os envolvidos no processo de tutoria por pares podem ser beneficiados de alguma forma. Em relação aos estudantes, ela possibilita interação, companheirismo, atenção, cuidado e novos conhecimentos. O professor, por sua vez, pode ganhar possibilidades de mudar o panorama de suas aulas. Enfim, é fundamental que todos estejam motivados.

Espera-se que deste trabalho sobre o PPT possam surgir novas ideias e estudos objetivando a inclusão e a interação de estudantes com deficiência não apenas nas aulas de Educação Física, mas sim na escola como um todo, até porque a inclusão é escolar, devendo envolver a escola e todos os que nela estão inseridos.

REFERÊNCIAS

1. Ayvazo S, Aljadeff-Abergel E. Classwide peer tutoring for elementary and high school students at risk: listening to students' voices. Support for Learning. 2014;29(1):76-92.
2. Seabra Júnior MO, Manzini EJ. Recursos e estratégias para o ensino do aluno com deficiência visual na atividade física adaptada. Marília: ABPEE; 2008.
3. Block ME, Obrusnikova I. Inclusion in physical education: a review of the literature from 1995-2005. Adapted Physical Activity Quarterly. 2007;24(2):103-24.
4. Souza JV. Tutoria: estratégias de ensino para inclusão de alunos com deficiência em aulas de educação física. [Tese – Doutorado em Educação Especial]. São Carlos: Universidade Federal de São Carlos; 2008.
5. Orlando P d'A. O colega tutor de alunos com deficiência visual nas aulas de educação física. [Dissertação – Mestrado em Educação Especial]. São Carlos: Universidade Federal de São Carlos; 2010.
6. Nabeiro M. O colega tutor na educação física inclusiva. In: Alves MLT, Fiorini MLS, Venditti Junior R (org.). Educação física, diversidade e inclusão: debates e práticas possíveis na escola. Curitiba: Appris; 2019. p.99-111.
7. Freddrickson N, Turner J. Utilizing the classroom peer group to address children's social needs: an evaluation of the circle of friends intervention approach. The Journal of Special Education. 2003;36(4):234-45.
8. Orlando P d'A. A inclusão e a educação física: colega tutor como estratégia de ensino. [Trabalho de conclusão de curso – Graduação em Educação Física]. Bauru: Universidade Estadual Paulista; 2007.
9. Santos TB. Efeito da tutoria por pares na participação de um estudante com deficiência física nas aulas de educação física. [Dissertação – Mestrado em Educação Especial]. São Carlos: Universidade Federal de São Carlos; 2018.
10. Cardozo-Ortiz CE. Tutoría entre pares como una estrategia pedagógica universitaria. Educación y Educadores. 2011;14(2):309-25.
11. Houston-Wilson C, Lieberman L, Horton M, Kasser S. Peer tutoring: a plan for instructing students of all abilities. Journal of Physical Education, Recreation & Dance. 1997;68(6):39-44.
12. Cervantes CM, et al. Peer tutoring: Meeting the demands of inclusion in physical education today. Journal of Physical Education, Recreation & Dance 2013;84(3):43-8.
13. 13. Botomé S. Objetivos comportamentais no ensino: a contribuição da análise experimental do comportamento. [Tese]. São Paulo: Universidade de São Paulo; 1980.
14. 14. Saupe R, Geib LTC. Programas tutoriais para os cursos de enfermagem. Revista Latino-Americana de Enfermagem. 2002;10(5):721-6.
15. Dos Santos T, Mendes EG. O efeito da tutoria de colegas sobre o desempenho de alunos com deficiência em classes inclusivas. Revista Educação Especial. 2008;21(32):211-24.
16. Topping KJ, Stephen P, Peter C, Whale M. Cross-age peer tutoring of science in the primary school: influence on scientific language and thinking. Educational Psychology. 2004;24(1):57-75.
17. Souza JV, Munster MAV, Costa MPR. Programa de formação de colegas tutores: a tutoria no processo de inclusão escolar nas aulas de educação física. Práxis Educativa. 2017;12(2).

18. Wiskochil B, Lieberman LJ, Houston-Wilson C, Petersen S. The effects of trained peer tutors on the physical education of children who are visually impaired. Journal of Visual Impairment & Blindness. 2007;101(6):339.
19. Klavina A, Block ME. The effect of peer tutoring on interaction behaviors in inclusive physical education. Adapted Physical Activity Quarterly. 2008;25(2):132.
20. Parker M. Academic Learning Time-Physical Education (ALT-PE). In: Darst PW, Zakrajsek DB, Mancini VH (Eds.). Analyzing Physical Education and Sport Instruction. Champaign: Human Kinetics; 1989. pp. 195-206.
21. Klavina A, Jerlinda K, Kristén L, Hammar L, Soulie T. Cooperative oriented learning in inclusive physical education. European Journal of Special Needs Education. 2013;29(2):119-34.
22. Klavina A, Rodionova K. The effect of peer tutoring in physical education for middle school students with severe disabilities. European Journal of Adapted Physical Activity. 2015;8(2).
23. Fiorini MLS, Nabeiro M. Um estudo sobre a intervenção com o professor de educação física para a inclusão educacional do aluno com deficiência visual. Revista da Sociedade Brasileira de Atividade Motora Adaptada. 2013; p.21-6.
24. Barfield JP, Hannigan-Downs S, Lieberman LJ. Implementing a peer tutor program: strategies for practitioners. Physical Educator. 1998;55(4):211.

CAPÍTULO **6**

Adaptações curriculares voltadas ao ensino de estudantes com deficiência visual em Educação Física: sugestões e possibilidades

Camila de Moura Costa
Mey de Abreu van Munster

Você verá neste capítulo...

As sugestões apresentadas no texto baseiam-se nas proposições da literatura, aliadas às necessidades educativas identificadas no contexto inclusivo dos estudantes com deficiência visual nas aulas de Educação Física, que participaram da pesquisa de dissertação desenvolvida pela primeira autora.

Trata-se de sugestões e possibilidades de adaptações curriculares e metodológicas voltadas à inclusão de estudantes com deficiência visual nas aulas de Educação Física.

As adaptações curriculares visam proporcionar uma equiparação de oportunidades de acesso dos estudantes com deficiência ao currículo escolar. Nesse sentido, o capítulo aborda os seguintes temas:

- Adaptações curriculares.
- Deficiência visual e Educação Física.
- Aulas teóricas.
- Recursos pedagógicos.
- Ambiente e espaço físico.
- Tipos de instrução.
- Método de ensino.
- Estilos de ensino.

INTRODUÇÃO

O currículo escolar tem como principal finalidade organizar e orientar as dimensões pedagógicas do processo educativo.[1,2] Seus elementos mais relevantes são os objetivos, os conteúdos, as metodologias de ensino e a avaliação.[1,3-5]

Os currículos inclusivos apresentam constituição semelhante à dos currículos comuns; seu diferencial está na busca constante pela satisfação das necessidades de aprendizagem dos estudantes com deficiência em conjunto com a turma.[3] Para tanto, é necessário que sejam abertos, flexíveis e adaptáveis às condições educativas individuais, priorizando o menor distanciamento possível em relação à referência curricular comum.[3,5,6]

As adaptações curriculares visam proporcionar uma equiparação de oportunidades de acesso dos estudantes com deficiência ao currículo escolar, de modo a favorecer melhor aproveitamento em seu processo educativo. Essas adaptações podem ser definidas, segundo Heredero,[5] como "toda e qualquer ação pedagógica que tenha a intenção de flexibilizar o currículo para oferecer respostas educativas às necessidades especiais dos alunos, no contexto escolar" (p.197).

Essas adaptações também são caracterizadas como um conjunto de tomadas de decisões, que devem estar sempre vinculadas ao contexto educativo, portanto não se trata de um modelo de proposta educativa previamente moldado.[3] O público-alvo dessas ações, os estudantes com necessidades educativas especiais,[3,6] sobretudo os estudantes com deficiência, não apresentam as mesmas características, muito menos a mesma maneira e tempo de aprendizagem, daí a razão para que as adaptações curriculares não sejam passíveis de generalizações.

A adaptação do currículo pode ocorrer em três níveis:[1,3]

1. No âmbito do projeto pedagógico (currículo escolar).
2. No currículo desenvolvido na sala de aula.
3. No nível individual de cada aluno.

As adaptações curriculares no nível do projeto pedagógico têm como propósito analisar quais modificações na organização e nos serviços de apoio são necessárias para o processo educativo dos estudantes com deficiência, devendo tais mudanças ser efetuadas pela comunidade escolar.[1]

Quanto às adaptações relativas ao currículo da classe, centra-se na programação das atividades da sala de aula, sendo o professor o principal responsável por essa ação.[1]

No nível individual do currículo, as adaptações são direcionadas à contemplação das necessidades educativas dos alunos com deficiência, por meio de um planejamento individualizado de ensino.[1,3] Cabe salientar que não se trata do planejamento de um currículo segregado em relação ao que é proposto para a turma; pelo contrário, as adaptações curriculares individuais devem basear-se sempre na proposta curricular comum, distanciando-se o mínimo possível dela.[3]

As adaptações curriculares individuais são consideradas medidas extraordinárias, por isso devem ser implementadas apenas quando as propostas de adaptações em grupo não sejam suficientes para contemplar as necessidades educacionais do aluno com deficiência.[1,3,5]

As propostas para o currículo diferenciam-se em dois tipos de adaptações:

1. De acesso ao currículo, ordinárias, não significativas ou de pequeno porte: trata-se de modificações nos elementos de acesso (espaços, tempo, agrupamentos, materiais, recursos), na metodologia didática (ritmo de instruções) e da não alteração do currículo básico da matéria (objetivos, conteúdos e critérios de avaliação).[1,3,5,6] Os agentes responsáveis pela implementação desse tipo de adaptação são os professores.[5]
2. Adaptações curriculares extraordinárias, significativas ou de grande porte: consistem principalmente na eliminação de conteúdos principais e de objetivos gerais dos currículos básicos e da modificação dos respectivos critérios de avaliação.[1,3,5,6] Os agentes responsáveis pela implementação desse tipo de adaptação são a equipe de professores, todos os órgãos gestores e serviços educativos complementares.[5] Por isso são consideradas medidas excepcionais, devendo ser adotadas somente após a verificação de que todas as ações possíveis para a inclusão do estudante com deficiência tenham sido executadas.

As propostas que serão apresentadas neste capítulo caracterizam-se como uma base para a reflexão sobre as possibilidades de adaptações curriculares voltadas à inclusão de estudantes com deficiência visual nas aulas de Educação Física. Ressalta-se que cabe ao professor dessa disciplina efetuar o diagnóstico educacional das necessidades do educando, a fim de determinar quais são as adaptações curriculares mais indicadas a cada caso. Não se trata, portanto, de modelos padronizados ou universais, pois são baseados na instrução diferenciada.

Cabe salientar que a organização dos tipos de adaptações vinculadas às condições visuais do estudante com deficiência visual consiste em um mero procedimento didático, buscando facilitar o entendimento do leitor. Acredita-se que as adaptações possam facilitar a aprendizagem dos pares sem deficiência.

DEFICIÊNCIA VISUAL E EDUCAÇÃO FÍSICA

A educação constitui um dos principais pilares responsáveis pela formação integral do estudante. Tendo em vista a perspectiva educacional, a deficiência visual é classificada com base nas necessidades inerentes ao processo de ensino-aprendizagem desses estudantes.[7,8]

É considerada uma pessoa com baixa visão aquela que tem dificuldade em desempenhar tarefas visuais, mesmo com auxílio óptico, mas que consegue realizar tais tarefas com a utilização de estratégias visuais compensatórias e de outros recursos e modificações ambientais.[8]

A pessoa cega é aquela que, apesar de em alguns casos ter a possibilidade de desfrutar da percepção luminosa para auxílio de movimentos e orientação, não é capaz de basear seu processo de ensino-aprendizagem por meios visuais, necessitando utilizar o sistema Braille.[8]

As possíveis características associadas à deficiência visual podem estar associadas a aspectos psicomotores, fisiológicos, psicológicos e educacionais, como pode ser visto no Quadro 1.

Tutt, Lieberman e Brasher[9] destacam que a participação de estudantes com deficiência nas aulas de Educação Física contribui para o desenvolvimento cognitivo, afetivo e psicomotor.

Munster e Almeida[10] ratificam ainda a importância da participação das pessoas com deficiência visual em atividades motoras e esportivas, devido às contribuições diretas dessas atividades no desenvolvimento global do participante, por meio da vivência de situações sociais. A Educação Física no ambiente escolar consiste no meio mais democrático de promover o acesso e oportunidades de vivências motoras diversificadas ao estudante com deficiência visual.

QUADRO 1 Possíveis características psicomotoras associadas à deficiência visual

			Causas	Implicações
CARACTERÍSTICAS	Psicomotoras	Percepção tátil e auditiva	Mecanismo de compensação ocasionado pela ausência da visão, quando estimuladas adequadamente	Sentidos remanescentes mais aguçados
		Orientação espacial	Dificuldade na compreensão das relações espaciais entre o próprio corpo, os objetos e o meio ambiente	Dificuldade na localização
		Postura	Ausência de reações de busca visual e resistência a manter a cabeça em sustentação	Alterações posturais
		Equilíbrio	Calibração incompleta dos sistemas proprioceptivo e vestibular	Disfunção no equilíbrio
		Desenvolvimento motor	Reduzidas oportunidades de vivências motoras	Desenvolvimento motor tardio
		Imagem corporal	Déficit na integração dos sistemas sensoriais	Déficit no desenvolvimento do esquema corporal

Fonte: adaptado de Anjos, 2000[24]; Craft e Liberman, 2004[25]; Oliveira Filho, 2003[27]; Oliveira Filho, 2006[28]; Munster e Almeida, 2010[26]; Munster, 2012[7]; Munster e Almeida, 2013[10].

AULAS TEÓRICAS

As aulas teóricas têm como característica um grande volume de informações escritas, seja na lousa (Figura 1) ou em apostilas, aliadas a explicações verbais. Portanto, a clareza e a objetividade na oralidade dos professores, bem como a descrição dos elementos lecionados em sala de aula e de acontecimentos corriqueiros dentro da sala, são essenciais para que os estudantes com deficiência visual tenham acesso a essas aulas.

FIGURA 1 Descrição das atividades escritas na lousa.

Portanto, uma possibilidade para tornar acessíveis as atividades que envolvam respostas a questões definidas pelas apostilas é enfatizar a leitura do enunciado pelo próprio professor, solicitando que todos os alunos respondam à atividade oralmente. Essa é uma alternativa válida para a escolarização de estudantes com deficiência visual, independentemente da condição visual que detenham.[11]

Além disso, o professor pode propor que os alunos formem duplas (Figura 2) para responder em conjunto à atividade. No caso de um estudante com cegueira, o colega poderá ler as questões, descrever as figuras e depois ouvir e escrever a resposta emitida pelo outro.[11]

Também pode ser disponibilizado o material em Braille,[11] ou então as questões requeridas podem ser fornecidas em texto em formato digital (Figura 3), para que o estudante com cegueira possa ouvi-las e responder com o auxílio do computador, sugestão que também pode ser aplicada aos textos escritos na lousa. O estudante com baixa visão poderá se beneficiar de recursos ópticos e/ou tecnológicos para ampliação da fonte, ou de material impresso com tipos ampliados. Os conteúdos escritos na lousa também podem ser descritos oralmente pelo professor para a turma inteira.

FIGURA 2 Atividade em dupla.

FIGURA 3 Audiodescrição da imagem da apostila digital.

Quando as atividades envolverem figuras ou ilustrações, o próprio professor poderá descrevê-las, ou então demonstrar posições ou movimentos que estejam contidos nas figuras, caso seja possível para a turma inteira analisá-la. Outra opção é utilizar figuras ampliadas, impressão ampliada, exibir as imagens na tela do computador ou desenhá-las no quadro pensando nos estudantes com baixa visão. É possível ainda utilizar objetos concretos (Figura 4) que representem as imagens referidas, no caso de estudantes com cegueira e baixa visão.[11]

RECURSOS PEDAGÓGICOS

O recurso pedagógico é todo e qualquer material utilizado pelos professores de Educação Física durante as aulas que tenha por finalidade a mediação entre o conteúdo e a tarefa proposta a fim de possibilitar o aprendizado, por exemplo, bolas, cones, cordas e livro didático.[12,13]

Diante da ausência de materiais específicos na instituição, os professores podem adaptar os recursos pedagógicos tradicionais disponíveis – por exemplo, bolas de futebol, de basquetebol ou de voleibol – envolvendo-os em papel-celofane para facilitar sua identificação pelos estudantes com baixa visão. Sacolas

FIGURA 4 Uso de objetos concretos (maquete).

plásticas também podem ajudar na identificação sonora, assim como guizos colocados no interior de bambolês ou de bolas de isopor; pode-se ainda pendurar guizos na parte central de uma corda para possibilitar a identificação sonora pelos estudantes com cegueira.[11,14-17]

Além disso, os professores podem propor a construção de materiais em conjunto com a turma, a fim de facilitar o acesso dos estudantes com deficiência visual a suas tarefas. Como exemplo, bolas de isopor com um guizo em seu interior podem ser envolvidas em meias para serem utilizadas em um pré-desportivo para o *goalball*, e também em outras atividades.[18] Outra possibilidade é o uso de garrafas PET com pedrinhas em seu interior para a vivência de uma atividade de boliche (Figura 5).

Healy[17] recomenda ajustar as dimensões (tamanho), a velocidade (peso) e a superfície (cor, textura), além de adicionar som e suporte aos recursos pedagógicos. A variação do tamanho do objeto influencia na realização de determinadas atividades, principalmente nas que envolvem iniciação e naquelas que demandam dos estudantes uma habilidade ainda pouco desenvolvida em relação

FIGURA 5 Adaptação de materiais.

ao conteúdo. Por exemplo, o "bolão" pode ser empregado na iniciação do passe em voleibol (Figura 6), para que os alunos com baixa visão iniciem a execução do fundamento passe. Isso porque esse recurso aumenta a superfície de contato da bola, proporcionando maior tempo para a organização interna durante a realização do movimento. Por ser leve, essa bola leva mais tempo para percorrer uma trajetória aérea em comparação com as bolas oficiais, no caso de estudantes com baixa visão e seus pares.

Quanto aos educandos com cegueira, ao propor um jogo de boliche como pré-desportivo para o *goalball* e atividades de atletismo, é necessário adequar o tamanho do objeto ao nível de aprendizagem motora do estudante. O uso de recursos pedagógicos em tamanho reduzido para o arremesso, por exemplo, uma bola pequena, pode tornar a atividade mais fácil para os alunos que estão desenvolvendo a capacidade de preensão dos objetos.

Além disso, os professores podem ainda recorrer a maquetes das quadras para explicar a composição do espaço de jogo, posições de jogadores e táticas,

FIGURA 6 Iniciação de alunos com baixa visão no voleibol com o uso do "bolão".

possibilitando assim o desenvolvimento da orientação espacial. Essa prática também pode ser utilizada como recurso alternativo em aulas em que conteúdos ainda não adaptados para as pessoas com deficiência visual sejam trabalhados, como o voleibol.

AMBIENTE E ESPAÇO FÍSICO

Compreende-se com como ambiente e espaço físico o local destinado para o acontecimento das aulas de Educação Física, seja quadra, piscina, sala de aula, salão, pátio etc.

As adaptações do ambiente e do espaço físico em que são realizadas as aulas de Educação Física voltadas à inclusão dos estudantes com deficiência visual podem residir em seis principais fatores:

1. Demarcação do espaço.
2. Delimitação do espaço de jogo.
3. Pontos de referência.
4. Alvos.
5. Condição sonora.
6. Condição de iluminação.

Com a finalidade de estimular a locomoção independente dos estudantes com baixa visão nas tarefas, o percurso pode ser demarcado com fitas de cores fortes e contrastantes com o solo, ou delimitado com cones. Para os estudantes com cegueira podem ser utilizados colchonetes, cordas suspensas ou no solo.[15]

Visando possibilitar que os educandos com deficiência visual se localizem no espaço de jogo de forma independente, ou que o suporte prestado sobre essa informação seja mínimo e, consequentemente, possibilite a constituição do mapa mental, as demarcações da quadra podem ser reforçadas com fitas coloridas, com cores vibrantes para estudantes com baixa visão; o barbante pode ser empregado para demarcações em alto relevo voltadas aos alunos com cegueira.[15]

Quanto aos pontos de referência, podem ser colocados cones coloridos nos principais pontos que devam ser percorridos durante as atividades (p. ex., atividades que envolvam circuitos), no caso de estudantes com baixa visão.[11,15] Pode-se ainda solicitar que os colegas se localizem nesses pontos para emissão sonora por meio de palmas, do chamado do nome ou do balançar de objetos que emitam sons, quando se tratar da inclusão de alunos com cegueira.[11,15]

FIGURA 7 Explicação do espaço de jogo por meio da percepção tátil.

Quanto aos alvos dos jogos, as traves, os aros e os postes de voleibol podem ser envolvidos com fita zebrada, ou fita amarela, para facilitar a identificação visual por estudantes com baixa visão. Ainda, os alunos podem produzir ruídos tocando objetos nos alvos, de modo que sons sejam emitidos, e até mesmo colocar-se atrás dos alvos, batendo palmas, chamando o nome dos colegas, entre outros, para que seja permitida a identificação dos objetos por meio da percepção sonora.[15]

TIPOS DE INSTRUÇÃO

Os tipos de instrução estão relacionados ao modo como o professor de Educação Física transmite as informações:[16,19]

- Dica verbal: a atividade é explicada somente por meio da verbalização (Figura 8).
- Assistência física I* – a atividade é explicada por meio da percepção tátil. O estudante com deficiência visual toca o professor para entender o movimento (Figura 9).

---

* Lieberman e Houston-Wilson[16] denominam esse tipo de instrução assistência física ou orientação.

- Assistência física II – a explicação ocorre por meio da cinestesia: o professor reproduz o movimento desejado conduzindo o corpo do estudante.

Sugere-se que a dica verbal[16,19-21] seja utilizada preferencialmente em atividades em que o aluno apresente um nível de desempenho ainda pouco condizente com o esperado. Todavia, esse tipo de apoio pode ser utilizado em todas as atividades, servindo como parâmetro para a necessidade de modificação ou não da instrução.

Os apoios demonstração visual, assistência física parcial e assistência física total[16,19-21] são necessários em atividades desconhecidas ou naquelas em que o estudante com deficiência visual apresente dificuldade para seu entendimento ou desenvolvimento. Por exemplo, ao solicitar que o estudante com deficiência visual realize uma sequência de movimentos da ginástica, o professor pode explicar verbalmente que o movimento inicial da sequência será a posição grupado, seguido de um rolamento e finalizado com o movimento estendido.

Caso o aluno com baixa visão não saiba como se realizam esses movimentos, o professor inicialmente poderá demonstrá-lo visualmente ou solicitar que um dos pares efetue os movimentos, preferencialmente de forma fracionada, para que o aluno com cegueira possa compreendê-los por meio da percepção tátil. Se ainda assim os educandos com deficiência visual não tiverem compreen-

FIGURA 8 Uso da dica verbal.

FIGURA 9 Uso da assistência física I.

dido plenamente a atividade, o professor poderá fazer uso da assistência física II, que se dá por meio da condução do movimento no corpo do estudante com deficiência visual pelo próprio professor ou por colegas de classe.

O ideal é que esses tipos de instruções sejam oferecidos, na medida do possível, em uma progressão rumo à autonomia do aluno.

MÉTODO DE ENSINO

O método para a explicação de atividades práticas pode variar entre o parcial, o misto e o global.[22]

O método global é aplicado quando o professor utiliza o "todo" para explicar a atividade (geralmente é empregado o jogo), informando aos estudantes somente qual atividade deve ser realizada, mas sem informar como ela deve ser feita.[22] Por exemplo, o professor diz que a atividade do dia será um jogo de futebol (Figura 10) e entrega a bola para os estudantes, mas não explica regras, técnica, tática etc.

O método parcial consiste na explicação da atividade de forma fragmentada, por exemplo, a realização somente da manchete do voleibol.[22]

Quanto ao método misto, geralmente o professor se utiliza do método parcial e depois parte para o global.[22]

Indica-se o emprego do método parcial para facilitar a aprendizagem de atividades complexas, pois a explicação fragmentada do movimento ou habilidade que se deseja apender, por exemplo, exercitar somente um passo da dança, permite que o estudante com deficiência visual se concentre somente no movimento solicitado, para depois aplicá-lo ao contexto geral, que é a coreografia como um todo. O mesmo expediente pode se estender à prática de modalidades esportivas e de jogos.

Todavia, caso os estudantes com deficiência visual já detenham um conhecimento prévio consolidado em determinada tarefa, por exemplo, apresentando um ótimo desempenho dos fundamentos e habilidades requeridos para a prática do jogo de futebol, a proposta do método de ensino parcial pode se tornar desinteressante; nesse caso, sugere-se que sejam priorizadas atividades desenvolvidas com base no método global.

FIGURA 10 Emprego do método global por meio de um jogo de futebol de cinco.

Caso o professor ainda detenha pouco conhecimento quanto às habilidades e conhecimentos prévios do educando com deficiência visual sobre as atividades que deseja propor em suas aulas, o emprego do método misto pode ser interessante nesse contexto. Inicialmente o professor poderá estimular que o jogo de handebol, por exemplo, seja realizado pelos alunos de forma menos estruturada, avaliar quais são as necessidades educativas apresentadas pelo estudante com deficiência visual durante a execução da tarefa, em seguida trabalhar os aspectos identificados isoladamente e por fim propor que o aluno vivencie o jogo novamente.

ESTILOS DE ENSINO

Os estilos de ensino propostos por Mosston e Ashworth[23] podem ser aplicados à escolarização dos estudantes com deficiência. Todos os estilos de ensino podem gerar diferentes contribuições, conforme o contexto educativo em que esse aluno está inserido. Todavia, alguns estilos de ensino merecem ser destacados.

O estilo de ensino por tarefa pode ser uma estratégia viável nessas aulas, pois o *feedback* dado para os alunos com e sem deficiência sobre seu desempenho nas atividades pode favorecer a aprendizagem. Além disso, em turmas que apresentem dificuldades de comportamento, a condução das aulas pelos professores torna-se necessária para que o excesso de autonomia dos alunos não prejudique a qualidade do desenvolvimento das aulas.

O estilo de ensino de inclusão sem dúvida é um dos mais propícios para que a inclusão dos estudantes com deficiência seja efetivada, na medida em que são propostas atividades com diferentes níveis de complexidade, a fim de que as características individuais de cada aluno sejam respeitadas.

Os estilos de ensino por solução de problemas convergentes e divergentes poderiam ser utilizados nas aulas com a finalidade de promover uma reflexão dos estudantes sem deficiência sobre as potencialidades e necessidades do estudante com deficiência visual.

O estilo de ensino por programação individualizada pode ser utilizado em aulas cujos conteúdos sejam esportes coletivos que ainda não se encontram adaptados às pessoas com deficiência visual, por exemplo, o voleibol. Assim, enquanto os colegas vivenciam o jogo, o aluno com deficiência visual pode aprender sobre as técnicas e táticas inerentes ao esporte.

CONSIDERAÇÕES FINAIS

A adequação do currículo às necessidades de aprendizagem dos estudantes com deficiência visual não implica necessariamente uma modificação drástica dos conteúdos curriculares, em todos os contextos de ensino.

Ao efetuar ajustes de pequeno porte, os professores de Educação Física podem proporcionar aos alunos com deficiência visual o acesso ao currículo desenvolvido na sala de aula, permitindo que usufruam do direito à inclusão escolar.

Considerando que cada realidade educativa e cada sujeito envolvido são únicos, as sugestões de adaptações curriculares devem ser centradas nos estudantes com deficiência, levando em consideração o contexto educativo em que estão inseridos.

REFERÊNCIAS

1. Brasil. Parâmetros Curriculares Nacionais: adaptações curriculares. Brasília: MEC; 1999.
2. Silva TT. Documentos de identidade: uma introdução às teorias do currículo. 3.ed. Belo Horizonte: Autêntica; 2010.
3. Blanco R. A atenção à diversidade na sala de aula e as adaptações do currículo. In: Coll C, Marchesi A, Palacios J (org.) Desenvolvimento psicológico e educação: transtornos de desenvolvimento e necessidades educativas especiais. 2.ed. Porto Alegre: Artmed; 2004.
4. Stainback W, Stainback S. O currículo nas salas de aula inclusivas: origens. In: Stainback S, Stainback W (orgs.). Inclusão: um guia para educadores. Porto Alegre: Artmed; 2006.
5. Heredero ES. A escola inclusiva e estratégias para fazer frente a ela: as adaptações curriculares. Acta Scientiarum Education (Maringá). 2010;32(2):193-208.
6. Coll C. Psicologia e currículo: uma aproximação pedagógica à elaboração do currículo escolar. 5.ed. São Paulo: Ática; 2007.
7. Munster MAV. Educação física especial e adaptada: caderno de referência de conteúdo. Batatais: Ceuclar; 2012.
8. Periano C. Blindness and low vision. In: Heward WL (org.). Exceptional children: an introduction to special education. 10.ed. Arlington: Pearson; 2012.
9. Tutt LM, Lieberman LJ, Brasher B. Physical education for students with visual impairments: a position paper of the division on visual impairments. Council of Exceptional Children, Arlington, 2012.
10. Munster MAV, Almeida JJG. Atividade física e deficiência visual. In: Greguol M, Costa RF (orgs.). Atividade física adaptada: qualidade de vida para pessoas com necessidades especiais. 3.ed. Barueri: Manole; 2013. p.30-77.
11. Fiorini MLS, Deliberato D, Manzini EJ. Estratégias de ensino para alunos deficientes visuais: a Proposta Curricular do Estado de São Paulo. Motriz (Rio Claro). 2013 Jan/Mar;19(1):62-73, jan./mar.
12. Seabra Junior MO. Estratégias de ensino e recursos pedagógicos para o ensino do aluno com deficiência visual na atividade física adaptada. [Tese – Doutorado em Educação]. Marília: Universidade Júlio de Mesquita Filho, Faculdade de Filosofia e Ciências; 2008.

13. Manzini EJ. Recursos pedagógicos adaptados e estratégias para o ensino de alunos com deficiência física. In: Manzini EJ, Fujisawa DS (orgs.). Jogos e recursos para comunicação e ensino na educação especial. Marília: Abepee; 2010. p.111-32.
14. Munster MAV. Estimulação perceptivo-motora em crianças portadoras de deficiência visual: proposta de utilização de material pedagógico. [Dissertação – Mestrado em Educação Física]. Campinas: Universidade Estadual de Campinas, Faculdade de Educação Física; 1998.
15. Seabra Junior MO, Manzini EJ. Recursos e estratégias para o ensino do aluno com deficiência visual na atividade física adaptada. Marília: ABPEE, 2008.
16. Lieberman LJ, Houston CW. Disabilitiy awareness program. In: Lieberman LJ, Houston CW. Strategies for inclusion: a handbook for physical educators. 2.ed. Human Kinetics, 2009. p. 157-70.
17. Healy S. Adapting equipment for teaching object control skills. Palaestra. 2013;4(27):37-42.
18. Almeida JJG, Oliveira Filho CW, Morato MP, Patrocínio RM, Munster MAV (orgs.). Goalball: invertendo o jogo da inclusão. Campinas: Autores Associados; 2008.
19. Souza JV. Tutoria: estratégias de ensino para inclusão de alunos com deficiência em aulas de educação física. [Tese]. São Carlos: Universidade Federal de São Carlos; 2008.
20. Almeida JJG. Estratégias para a aprendizagem esportiva: uma abordagem pedagógica da atividade motora para cegos e deficientes visuais. [Tese – Doutorado em Educação Física]. Campinas: Universidade Estadual de Campinas, Faculdade de Educação Física, 1995.
21. Connell M, Lieberman LJ, Petersen S. The use of tactile modeling and physical guidance as instructional strategies in physical activity for children who are blind. JVIB. 2006 Aug;100(8):1-15.
22. Tenroller CA, Merino E. Métodos mais utilizados para o ensino dos esportes. In: Tenroller CA, Merino E (eds.). Métodos e planos para o ensino dos esportes. Canoas: Ulbra; 2006. p.20-5.
23. Mosston M, Ashworth S. Teaching physical education (first online edition). Pearson Education, 2008.
24. Anjos DR. Goalball: um esporte idealizado para cegos. In: Freitas PS (org.). Educação. física e esporte para deficientes. Uberlândia: UFU; Brasília, DF: Ministério do Esporte e Turismo, Instituto Nacional do Desenvolvimento do Desporto; 2000. p.109-30.
25. Craft DH, Lieberman L. Deficiência visual e surdez. In: Winnick JP. Educação física e esportes adaptados. Barueri: Manole; 2004. p.181-206.
26. Munster MA, Almeida JJG. O esporte adaptado no contexto da extensão universitária. In: Mendes EG, Almeida MA (orgs.). Das margens ao centro: perspectivas para as políticas e práticas educacionais no contexto da educação especial inclusiva. Araraquara: Junqueira & Marin; 2010. p.457-67.
27. Oliveira Filho CW. Atividade físico-esportiva para pessoas cegas e com baixa visão. In: Duarte E, Lima SMT (org). Atividade física para pessoas com necessidades especiais: experiências e intervenções pedagógicas. Rio de Janeiro: Guanabara Koogan; 2003. p.23-32.
28. Oliveira Filho CW. Perfil antropométrico e desenvolvimento físico-motor de crianças e jovens com deficiência visual participantes do atletismo nos 1º Jogos Escolares da Confederação Brasileira de Desportos para Cegos. [Tese – Doutorado em Educação Física]. Campinas: Universidade Estadual de Campinas; 2006.

PARTE II

Programas de ensino em atividades físicas, expressivas e esportes adaptados

CAPÍTULO **7**

Natação para bebês com deficiências

Aline Basso Braz
Mey de Abreu van Munster

Você verá neste capítulo...

A natação é uma atividade rica em estímulos voltados à ampliação das capacidades e habilidades motoras, cognitivas, afetivas e sociais do bebê. Quando direcionadas aos bebês com deficiências, as atividades em meio líquido são importantes aliadas na busca de maior potencial de desenvolvimento.

Este capítulo descreve um programa de natação para bebês com deficiências, apresentando informações importantes para o professor sistematizar sua prática.

O capítulo traz ainda uma exposição da estrutura das aulas, identificando cada um dos momentos necessários para elaborar o plano de aula, além de sugestões de atividades e materiais usados na estimulação aquática.

INTRODUÇÃO

Este capítulo é um convite a um mergulho no universo de possibilidades que o ambiente aquático proporciona a todos que o exploram, principalmente aos bebês, pois o contato com o meio líquido, além de servir a interesses recreativos e terapêuticos, pode apresentar-se como um fecundo ambiente de aprendizagens motoras, que acompanham as experiências de percepção corporal.[1]

A natação é uma atividade aquática que tem a possibilidade de ser praticada sem restrições, desde o nascimento.[2] Munster e Foganholi[1] consideram que as experiências no meio líquido devem ser introduzidas aos bebês o mais precocemente possível, durante o banho de banheira, numa bacia ou numa piscina doméstica, tão logo o pediatra responsável autorize.

Alguns estudos mostram que os primeiros anos de vida são cruciais para o futuro desenvolvimento do bebê, uma vez que é durante esse período que eles dão enormes passos em crescimento e aprendizagem.[3] A importância de a estimulação ser proporcionada o quanto antes no bebê está relacionada ao fato de que é nos primeiros anos de vida que o cérebro mais se desenvolve, sendo fundamentais as experiências pelas quais ele passa nesse período.[4]

Todos os bebês precisam de estímulos apropriados. No entanto, quando destinados aos bebês com deficiência,* os estímulos têm importância ainda maior, uma vez que seu ritmo de aprendizagem é mais lento, apesar de eles passarem pelas mesmas etapas do desenvolvimento. Nesses casos, a estimulação essencial pode ampliar seu potencial de desenvolvimento.[6]

Considerando a importância da estimulação para o desenvolvimento de bebês e crianças com deficiências, proporcionar a eles uma variedade de experiências em diferentes ambientes e com diversos tipos de estímulos pode favorecer o processo de desenvolvimento integral. Nesse caso, por entender que as atividades aquáticas proporcionam vivências e experiências diferenciadas das realizadas fora do meio líquido, acredita-se que a natação possa auxiliar em seu desenvolvimento. Em seu estudo, Sigmundsson e Hopkins[7] descreveram que um programa de natação para bebês pode ter efeitos positivos no desenvolvimento de habilidades motoras.

Os programas de estimulação aquática direcionados ao público em seus primeiros meses de vida são usualmente chamados de natação para bebês. Munster e Foganholi[1] entendem a natação para bebês como "o processo de descoberta do corpo e do prazer de movimentar-se a partir da interação com o meio líquido, nos primeiros anos de vida" (p.2).

---

* Conforme o Estatuto da Pessoa com Deficiência (Lei Brasileira de Inclusão – Lei n. 13.146/2015), considera-se pessoa com deficiência aquela que tem impedimento de longo prazo de natureza física, mental, intelectual ou sensorial, o qual, em interação com uma ou mais barreiras, pode obstruir sua participação plena e efetiva na sociedade em igualdade de condições com as demais pessoas.[5]

NATAÇÃO PARA BEBÊS

Ao contrário do que as pessoas acreditam, não é correto comparar a natação para bebês com a natação destinada ao público adulto, pois, muito além de ter como finalidade a aquisição de um conjunto de habilidades fundamentais, o deslocamento autônomo na água ou o domínio de técnicas eficientes de nado, a natação para bebês deve estimular o desenvolvimento dos bebês nas mais diversas dimensões humanas, como social, cognitiva, afetiva e motora.[1]

Segundo Damasceno (citado por Leite e Andries Junior[8]), a natação para bebês deve ter como objetivos:

- Promover condições fisiológicas, educativas e recreativas, favorecendo seu desenvolvimento integral.
- Proporcionar os instrumentos básicos de estímulo à maturação e de aprendizagem nos aspectos cognitivo, afetivo e psicomotor.
- Orientar a curiosidade e a exploração do mundo para iniciá-los na compreensão e interpretação daquilo que os rodeia.

Quando o assunto é natação para bebês, uma das primeiras dúvidas que surgem é a faixa etária indicada para o início de sua prática, porém não existe na literatura um consenso sobre esse aspecto. Em programas de natação para bebês que apresentam atrasos no desenvolvimento, considera-se a faixa etária mais indicada a descrita por Barbosa,[9] compreendida entre 6 e 36 meses. Acredita-se que a partir dos 6 meses de idade os bebês já estejam mais preparados para a prática de atividades no meio líquido, uma vez que as principais vacinas já foram tomadas.

ENVOLVIMENTO DOS PAIS

Os profissionais que ministram aulas de natação para bebês têm a responsabilidade de obter informações sobre seus alunos e fornecer aos pais instruções sobre a prática.[10] Receber um bebê para a aprendizagem da natação requer o conhecimento das peculiaridades e características de cada um. Entrevistar os pais a respeito da causa da deficiência, o período de gestação da criança, o parto e as possíveis intervenções cirúrgicas é importante para estabelecer uma relação de confiança com o profissional que recebe seu filho.[11]

Nas aulas, é essencial que os participantes realizem as atividades acompanhados pela pessoa com maior vínculo afetivo, uma vez que, de acordo com Leite e Andries Junior,[8] a presença de alguém que tenha um forte laço afetivo com o bebê facilita a aprendizagem. Os acompanhantes têm um papel muito importante nas aulas, pois fornecem o apoio físico e emocional de que os bebês necessitam (Figura 1).

É apropriado, em alguns casos, que o professor conduza previamente as pessoas que irão acompanhar os bebês nas aulas, para que elas possam fazer um reconhecimento da piscina. Tal experiência possibilita aos acompanhantes o conhecimento da profundidade e das dimensões da piscina, o que proporciona mais segurança para recepcionar os bebês na água.

Durante as aulas, é importante também que o professor interaja diretamente com os adultos que acompanham os bebês. Além disso, antes de cada atividade os acompanhantes precisam ser informados a respeito de como será realizada a atividade, qual apoio deverá ser utilizado e quais os estímulos a serem oferecidos para os bebês.[12]

Os apoios realizados pelos acompanhantes se modificam a depender da atividade e do objetivo a que se propõe. Em todos os momentos, o apoio deverá ser realizado de forma a proporcionar segurança ao bebê para que ele realize as atividades com tranquilidade. Cabe ao professor orientar para que o acompanhante segure o bebê de forma que ele possa realizar as atividades com independência. A seguir serão apresentados alguns tipos de apoios que podem ser utilizados (Quadro 1) pelos pais que acompanham o bebê nas aulas de natação.

FIGURA 1 Apoio fornecido pela mãe.
Fonte: acervo das autoras.

QUADRO 1 Apoios utilizados nas aulas

Posicionamento responsável/bebê	Posição do bebê	Empunhadura fornecida ao bebê
Peito com peito	Recostado no corpo do responsável	Uma mão envolve o quadril, a outra oferece sustentação para as costas do bebê. Quando o bebê não tem sustentação da cabeça, a mão que fornece sustentação para as costas pode auxiliar nessa tarefa, com o apoio dos dedos indicadores.
Frente a frente (face a face)	Vertical	Duplo apoio sob as axilas. Alguns bebês necessitam de apoio da cabeça, que pode ser fornecido pelos dedos indicadores do responsável.
Frente a frente (face a face)	Prona	Duplo apoio sob as axilas. Alguns bebês que não têm sustentação da cabeça necessitam de apoio no queixo, que pode ser fornecido pelos polegares do responsável.
Diagonal	Vertical	Duplo apoio sob as axilas.
Diagonal	Vertical	Um dos braços oferece apoio axilar, e o outro apoia o quadril do bebê.
Costas do bebê apoiadas no tronco do responsável	Vertical	Duplo apoio sob as axilas.
Costas do bebê apoiadas no tronco do responsável	Vertical	Uma mão envolve o peito, a outra oferece sustentação ao quadril.
Cabeça do bebê apoiada no ombro do responsável	Supina	Uma mão envolve o peito, a outra oferece sustentação ao quadril.
Lado a lado	Supina	Duplo apoio sob as axilas.

Fonte: elaborado pelas autoras.

CUIDADOS RELATIVOS AO AMBIENTE DA PISCINA

Assim como não existe um consenso na literatura sobre a faixa etária indicada para o início de sua prática, a situação se repete em relação à duração das aulas para esse público. Madormo[13] e Silveira e Nakamura[14] concordam ao indicar o tempo máximo de 30 minutos. Foganholi,[15] por sua vez, considera que as aulas podem ter duração de até 35 minutos.

Para Cesari et al.,[10] a temperatura da água e a do ar são importantes fatores para fornecer um ótimo ambiente de aprendizagem. São aspectos que devem ser observados com cautela pelo professor. Na literatura, os autores também divergem nas opiniões em relação à temperatura ideal da água da piscina. Silveira e Nakamura[14] indicam que a ela deve estar entre 31 e 35 °C, considerada a mais apropriada para esse público.

A temperatura da água é um fator que deve ser levado em conta, principalmente quando há a presença de bebês com alterações de tônus muscular. Em bebês com hipertonia, em decorrência de paralisia cerebral, por exemplo, a água aquecida proporciona vasodilatação e consequente relaxamento das fibras musculares, fazendo com que haja diminuição do tônus muscular, o que favorece o melhor controle de movimentos.

Os bebês devem ser retirados da água se for observado tremor excessivo ou lábios roxos. Pelo fato de serem propensos a ficarem resfriados com mais facilidade, é importante que sejam envolvidos em uma toalha ao deixarem a piscina, para que sejam aquecidos durante o trajeto até os vestiários. Nesse sentido, é essencial que seja providenciado um local para serem pendurados roupões e toalhas em uma área próxima ao local onde os bebês realizam a saída da piscina.

Em relação ao vestuário, durante as aulas é aconselhável que os bebês utilizem fraldas e roupas apropriadas para o banho. Quanto aos adultos que acompanham os bebês nas aulas, é necessário que utilizem toucas, de forma a contribuir para a higiene da piscina.

A alimentação dos bebês deve receber atenção especial. É aconselhável que haja um intervalo entre a alimentação e o início das atividades, para diminuir a possibilidade de o bebê regurgitar na piscina.[12] O professor pode pedir que os pais ou responsáveis levem um chá, um suco ou outro alimento para que os bebês possam mamar e saciar a sede e a fome provocadas pelo cansaço, pela agitação e pela temperatura da água.[14]

PROGRAMA DE NATAÇÃO PARA BEBÊS COM DEFICIÊNCIAS

O programa de natação para bebês foi desenvolvido como parte das atividades de extensão denominadas "Projeto Atividades Físicas, Esportivas e de Lazer para Pessoas com Deficiências", desenvolvidas pelo Departamento de

Educação Física e Motricidade Humana da Universidade Federal de São Carlos. As informações descritas neste capítulo, e que são de suma importância para o professor que trabalha com bebês no ambiente aquático, foram elaboradas por Basso,[12] fruto de sua dissertação de mestrado.

O programa conta com a utilização de elementos lúdicos (esculturas em bexigas, fantoches, brinquedos, entre outros recursos e materiais) e musicais como auxiliares nas atividades desenvolvidas. Benda[16] considera relevante o emprego de brincadeiras e brinquedos no aprendizado da natação, pela grande descontração, motivação e prazer que o jogo oferece e proporciona ao ser humano.

ESTRUTURA DAS AULAS

A sessão de natação é dividida em 10 momentos, com diferentes objetivos e finalidades, com base em Munster e Foganholi.[1] Essa divisão é considerada importante somente para fins didáticos, uma vez que, durante as atividades, vários aspectos são trabalhados concomitantemente.

1. Acolhida

Este é o momento de entrada na piscina. É fundamental que a aula seja iniciada com uma mesma atividade, de forma a caracterizar o começo da rotina. No caso é importante escolher uma música que permita a aproximação e a nomeação dos bebês, para que eles possam se conhecer e se sentir acolhidos por todos. Além disso, este momento possibilita a interação dos bebês com o professor, logo no início das atividades.

Alguns bebês com deficiências podem apresentar resistência à aproximação de pessoas não familiares, ou ainda demonstrar hipersensibilidade e rejeição ao toque. Na acolhida, o contato, tanto físico quanto visual, deve ser priorizado pelo professor ao relacionar-se com os bebês, com o intuito de oferecer-lhes apoio, conforto e informação, de despertar seu sentimento de confiança e de melhorar a qualidade do processo ensino-aprendizagem.

Atividade: Alô, amiguinho	
Recursos necessários	Nenhum
Música	Alô, amiguinho,* Bom dia, amiguinho,* Que bom que você veio, Gosto muito de você! * Substituir pelo nome do bebê.
Desenvolvimento	■ O grupo é convidado a permanecer em círculo, acompanhantes abraçados aos bebês, voltados para o centro da roda, balançando-se no lugar, no ritmo da música. ■ O professor se posiciona em frente a um dos bebês e segura suas mãos enquanto a música "Alô, amiguinho" é cantada. ■ Ao final da música, o professor toca o rosto do bebê, a fim de possibilitar melhor aproximação entre eles. ■ A música é repetida várias vezes, até que todos os bebês tenham sido apresentados.
Sugestões	■ Esta música é utilizada em todas as aulas, para que, ao escutá-la, os bebês possam perceber o início da rotina na piscina. ■ Quando cantar a música, o bebê chamado pelo professor poderá também passear no centro do círculo, acompanhado pela pessoa que o acompanha na aula, e retornar ao seu lugar de origem.

2. Aquecimento

O aquecimento é constituído por diferentes atividades, a fim de preparar o corpo do bebê para as que virão a seguir. Neste momento é de suma importância priorizar a movimentação dos principais segmentos corporais, visando favorecer a amplitude/mobilidade articular e o aquecimento muscular.

Esse trabalho merece atenção em bebês com rigidez articular e/ou hipertonia muscular, como no caso de paralisia cerebral, de forma a auxiliar no ganho de amplitude articular. Vale ressaltar a importância de o professor respeitar o limite de movimento de cada um durante a realização das atividades.

Nas atividades de aquecimento, é necessário que a escolha das músicas e dos materiais visem proporcionar ao bebê um momento de alegria, desde o início da aula, para que ele se sinta estimulado a experimentar novas possibilidades de aprendizagem durante as atividades subsequentes.

Atividade: Movimentar é bom	
Recursos necessários	Nenhum
Música	Movimentar é bom! Movimentar é bom, bom-bom Bom-bom-bom-bom, bom-bom Por isso agora eu vou me movimentar, Que é pra não enferrujar! *Mãozinhas para cima! Para baixo!** – Repetir a estrofe/refrão, substituindo o último verso por uma das estrofes a seguir: ** Pezinhos para cima! Para baixo!* ** Corpinho para cima! Para baixo!* ** Uma voltinha para a direita! Para a esquerda!* ** Todos à frente! Para trás!*
Desenvolvimento	■ O grupo permanece posicionado em círculo. ■ As pessoas que acompanham os bebês os seguram com apoio subaxilar, voltados para o centro da roda. ■ Durante a estrofe/refrão, os bebês são embalados, de um lado para outro, seguindo o ritmo da canção. ■ Conforme a orientação do professor, os acompanhantes auxiliam o bebê a movimentar as partes do corpo solicitadas.
Atividade: Palhacinho	
Recursos necessários	Fantoche de palhaço
Música	*Bate palma,** palhacinho *Bate palma** sem parar! *Bate palma,** palhacinho Que é pro circo não fechar! – Repetir a estrofe, substituindo por uma das ações: ** Bate os pés!* ** Sobe e desce!* ** Roda, roda!* ** Frente e trás!*
Desenvolvimento	■ O professor solicita que o grupo se posicione em círculo. ■ As pessoas que acompanham os bebês oferecem apoio subaxilar, voltados para o centro da roda. ■ Conforme a orientação do professor, eles auxiliam os bebês a realizarem as ações solicitadas na música. ■ Para incentivar a participação de todos, pode ser utilizado um fantoche de palhaço confeccionado em EVA, como recurso lúdico.
Sugestões	Para despertar a motivação nos bebês, o professor pode sugerir que todos coloquem nariz de palhaço, que pode ser encontrado em lojas de artigos para festas.

3. Esquema corporal

Neste momento são utilizados diversos recursos materiais com a finalidade de nomear, tocar e auxiliar o bebê a reconhecer e identificar as diferentes partes de seu corpo. Durante essas atividades, o uso de fantoches de diferentes formas e texturas auxilia no processo de exploração das diferentes partes do corpo. Com o objetivo de estimular a participação dos bebês, cabe ao professor priorizar a utilização de personagens (fantoches de EVA) que despertem mais o interesse deles e pelos quais eles apresentem mais afeição.

Atividade: Jacaré	
Recursos necessários	Fantoche de jacaré
Música	Eu conheço um jacaré Que gosta de comer. Esconda *suas orelhas** Senão o jacaré Come *suas orelhas** E o dedão do pé. – Repetir a estrofe substituindo pelas partes do corpo por: * *seus pezinhos;* * *seus joelhos;* * *suas mãos;* * *sua barriga;* * *seu pescoço.*
Desenvolvimento	■ O grupo é convidado a se posicionar em círculo. ■ Os acompanhantes seguram os bebês, com apoio subaxilar, voltados para o centro. ■ Nas estrofes iniciais da música, as crianças são estimuladas a fazer com as mãos o gesto de uma boca abrindo e fechando. ■ Conforme a orientação do professor, os bebês são auxiliados, quando necessário, a esconder as partes do corpo solicitadas.
Sugestões	■ Durante essa atividade, alguns bebês podem apresentar dificuldade em realizar o gesto de uma mão abrindo e fechando, sendo necessária a ajuda dos pais ou do professor. ■ O professor pode mostrar para cada bebê o fantoche de jacaré e apresentar suas partes do corpo, a fim de facilitar o processo de aprendizagem do esquema corporal.

(continua)

(continuação)

Atividade: O sapo não lava...	
Recursos necessários	Fantoche de sapo, regadores e esponjas
Música	O sapo não lava o *pé*.* Não lava porque não quer. Ele mora lá na lagoa Não lava o *pé** porque não quer! – Repetir a estrofe substituindo por outras partes do corpo: * *a mão;* * *a cabeça;* * *a barriga;* * *as costas;* * *o rosto.*
Desenvolvimento	■ Em círculo, os acompanhantes seguram os bebês, com apoio subaxilar, voltados para o centro. ■ Conforme a orientação do professor, os acompanhantes auxiliam as crianças a tocarem nas partes do corpo solicitadas e a lavarem essas partes.
Sugestões	O professor pode utilizar as luvas para banho em formato de sapo e lavar algumas partes do corpo dos bebês solicitadas na música.

4. Estimulação sensorial

Neste momento são associados diferentes tipos de estímulos (táteis, visuais, auditivos, olfativo-gustativos) para incentivar as descobertas e as capacidades perceptivas. Dentre os estímulos auditivos, podem ser utilizados apitos que emitem diferentes tipos de sons, guizos e músicas (Figura 2). O sentido visual pode ser estimulado com o emprego de materiais de cores alegres, contrastantes e de diferentes formas e tamanhos. A capacidade perceptiva também pode ser estimulada com a utilização de estímulos táteis de diferentes texturas, temperaturas e densidades (Figura 3).

O tipo e a quantidade de estímulos a serem apresentados devem considerar possíveis déficits visuais, perdas auditivas, alterações de sensibilidade, dificuldade de atenção e outras necessidades associadas à condição do bebê. Por exemplo: determinados estímulos podem ser desconfortáveis a bebês com transtorno do espectro autista; bebês com baixa visão podem se sentir atraídos por materiais luminosos ou brilhantes.

Atividade: Espelho mágico	
Recursos necessários	Espelhos inquebráveis
Música	Nenhuma
Desenvolvimento	■ Em círculo, os adultos que acompanham os bebês fornecem a eles apoio subaxilar. ■ O professor distribui um espelho para cada bebê e estimula a experimentação de diferentes expressões faciais que podem ser realizadas por eles. ■ Quando os bebês não conseguem segurar os espelhos, é importante que os acompanhantes os auxiliem.
Sugestões	■ Esta atividade incentiva as descobertas e capacidades perceptivas a partir da utilização de estímulos visuais. ■ Ela auxilia no desenvolvimento do esquema corporal do bebê, uma vez que possibilita o reconhecimento das partes do rosto.
Atividade: Estimulação gustativa	
Recursos necessários	Bisnagas com sucos de frutas
Música	Nenhuma
Desenvolvimento	■ Os acompanhantes se posicionam voltados para o centro do círculo, oferecendo apoio subaxilar para os bebês. ■ O professor coloca algumas gotinhas de suco na boca de cada bebê, de forma que todos experimentem os diferentes estímulos gustativos (doce, amargo, salgado) e prestem atenção ao gosto.
Sugestões	■ O professor pode aproveitar esta atividade e proporcionar também a estimulação tátil-térmica, com a utilização de bexigas de ar, água e gelo. ■ Para tanto, o professor possibilita aos bebês o manuseio das bexigas de diferentes texturas.
Atividade: Estimulação tátil-cinestésica	
Recursos necessários	Toalha de banho
Música	Balança, caixão. Balança você. Dá um tapa no bumbum e vai se esconder.
Desenvolvimento	■ O professor e um auxiliar se posicionam um em frente ao outro e cada um segura um dos lados da toalha, a fim de formar uma espécie de balanço. ■ Os acompanhantes colocam um bebê de cada vez na toalha e, enquanto todos cantam a canção, ele é embalado de um lado ao outro, voltando para os braços dos acompanhantes ao final da música.

FIGURA 2 Estimulação auditiva com apito.
Fonte: acervo das autoras.

FIGURA 3 Estimulação tátil térmica com bexigas.
Fonte: acervo das autoras.

5. Domínio respiratório

Neste momento são realizadas atividades com o objetivo de proporcionar diferentes experiências para a aquisição de habilidades que favoreçam o domínio respiratório no meio líquido. A escolha de atividades com caráter lúdico deve ser priorizada, a fim de que a imersão na água seja realizada de maneira prazerosa, eliminando a possibilidade de os bebês sentirem medo.

Apesar de os bebês serem estimulados de diferentes modos durante as atividades ligadas ao domínio respiratório, não se considera seguro forçar a imersão do rosto na água, pois essa experiência pode gerar traumas e dificultar as aprendizagens posteriores.

Muitas vezes os acompanhantes relatam que os bebês fazem bolinhas na banheira enquanto tomam banho, mas ainda não se sentem preparados para realizar essa mesma atividade na piscina. É importante lembrar que cada bebê tem um tempo para realizar a imersão da face, cabendo ao professor trabalhar a expectativa dos adultos que os acompanham.

Atividade: Joaninha	
Recursos necessários	Fantoche de joaninha
Música	Joaninha é baixinha ha, ha, ha, ha. Arrasta a saia pelo chão ha, ha, ha, ha. Ela é meu bem, ela é meu bem. Se ela faz bolinhas, vou fazer também! (Melodia da música "Pai Francisco".)
Desenvolvimento	■ Todos os acompanhantes, posicionados em círculo, voltados para o centro, com apoio subaxilar, embalam os bebês de um lado para o outro, seguindo o ritmo da canção. ■ Ao final da música, os bebês são convidados a fazer bolhas de ar na água.
Sugestões	O professor pode estimular os bebês soltando bolhas de ar pela boca em várias partes do corpo deles.
Atividade: Bolhas de sabão	
Recursos necessários	Bolhas de sabão
Música	Nenhuma
Desenvolvimento	■ Os acompanhantes, dispostos em círculo, seguram os bebês com apoio subaxilar. ■ O professor distribui um pote para a confecção de bolhas de sabão para cada bebê, e eles são estimulados a fazer bolhas.
Sugestões	Alguns bebês têm dificuldade em realizar a expiração. Nesse caso, é importante que o professor e os acompanhantes demonstrem o movimento a ser realizado.

6. Movimentação de braços e pernas

Nesse momento, o objetivo é incentivar a movimentação coordenada de membros superiores e inferiores, voltada à preparação para a flutuação e o deslocamento no meio líquido.

Durante os exercícios, a autonomia dos bebês deve ser preconizada, sendo oferecidos apoios somente quando o participante necessitar.

Atividade: Janelinha	
Recursos necessários	Regador e bacia com furos no fundo
Música	A janelinha fecha Quando está chovendo. A janelinha abre se o sol está aparecendo. Fechou, abriu Fechou, abriu, fechou. Abriu, fechou Abriu, fechou, abriu.
Desenvolvimento	■ O professor sugere aos acompanhantes que se posicionem em círculo, voltados para o centro, oferecendo apoio subaxilar para seus bebês. ■ Nesta atividade o professor trabalha membros superiores e inferiores. ■ Para trabalhar a movimentação de braços, os bebês realizam movimentos de abdução e adução de ombros, e, para trabalhar a movimentação de pernas, eles realizam movimentos de abdução e adução de quadril em decúbito dorsal. ■ Quando o bebê apresentar dificuldade em realizar os movimentos propostos, há a necessidade de auxiliá-lo.
Sugestões	■ Os acompanhantes podem se deslocar pela piscina enquanto os bebês realizam os movimentos, como uma forma de modificar a estratégia. ■ Inicialmente o professor pode realizar o trabalho de membros superiores e inferiores em momentos diferentes e, conforme os bebês evoluem, a combinação de ambos.
Atividade: Cavoca	
Recursos necessários	Peixinhos de brinquedo, fantoche de tubarão.
Música	*Cavoca, cavoca** Para achar uma minhoca. Fazer um buraquinho, para achar um peixinho. Fazer um buracão, para achar um tubarão! * Alternar movimentos de mãos e braços, iniciando a braçada do nado cachorrinho.

(continua)

(continuação)

Desenvolvimento	■ Nesta atividade, os acompanhantes seguram os bebês na lateral do corpo e oferecem apoio subaxilar. ■ Todos se posicionam em uma das laterais da piscina enquanto o professor distribui um peixinho para cada bebê, para que ele o jogue e seja incentivado a ir buscá-lo. ■ Durante a música, os bebês movimentam as mãos e os braços, deslocando-se em decúbito ventral, até o outro lado da borda da piscina.
Sugestões	■ Os peixinhos servem de incentivo para despertar o interesse dos bebês em se deslocar pela piscina. ■ Durante as aulas, os peixinhos podem ser substituídos por bolinhas de pingue-pongue, bichinhos que flutuam na água, barquinhos de papel ou algum objeto que desperte a atenção do grupo.

7. Deslocamentos

Neste momento são estimuladas diferentes formas de deslocamento no meio líquido, tanto em decúbito ventral quanto no dorsal.

Com o objetivo de estimular a realização dos deslocamentos, o professor pode utilizar diferentes tipos de materiais, como peixinhos de plástico, brinquedos de corda e barquinhos. Em alguns casos, quando os bebês não aceitam realizar as mudanças de decúbito, é importante que não sejam forçados a fazer as atividades, mas que sejam estimulados, por meio de materiais lúdicos, para que posteriormente se sintam confortáveis em realizá-las nas diferentes posições solicitadas.

Atividade: Cavalinho	
Recursos necessários	Aquatubs, cavalo de EVA
Música	Toc, toc, toc, toc, Faz meu cavalinho assim. Toc, toc, toc, toc, No caminho vai. Toc, toc, toc, toc, toc, toc, toc, toc, Vai trotando tão feliz. Toc, toc, toc, toc, toc, toc, toc, toc, Segue até chegar.

(continua)

(continuação)

Desenvolvimento	■ Nesta atividade, os bebês utilizam o aquatub como se estivessem montando em um cavalo. ■ Os acompanhantes oferecem apoio subaxilar, com o bebê posicionado na lateral do corpo. ■ Durante a música, os bebês são elevados e abaixados na água, enquanto movimentam as pernas.
Atividade: Serpente	
Recursos necessários	Nenhum
Música	Essa é a história da serpente, que desceu do morro para procurar o pedaço do seu rabo. Você também, você também, Você também faz parte desse rabão!
Desenvolvimento	■ O professor sugere aos acompanhantes que formem uma fila, posicionando os bebês na lateral de seus corpos com apoio subaxilar. ■ Durante a música, eles se deslocam pela piscina enquanto os bebês movimentam braços e pernas.
Sugestões	Existem alguns apitos de serpente que podem ser utilizados durante esta atividade.

8. Equilíbrio

Estas atividades consistem em rolar, sentar, engatinhar ou andar (com ou sem apoio) sobre diferentes superfícies flutuantes, solicitando-se a regulação e o ajuste do tônus muscular, o que pode favorecer o controle postural.

O deslocamento da água faz a superfície flutuante se movimentar em várias direções: anteroposterior, laterolateral, para cima e para baixo. A instabilidade sobre a superfície flutuante leva os bebês a buscarem um ajuste interno de forma a permanecer por mais tempo nas diferentes posturas. Tais estímulos são imprescindíveis a bebês que têm atrasos no desenvolvimento neuropsicomotor.

Atividade: Indiozinhos	
Recursos necessários	Tapete flutuador e cocares de EVA
Música	1, 2, 3 indiozinhos 4, 5, 6 indiozinhos 7, 8, 9 indiozinhos 10 e um pequeno bote. Iam navegando pelo rio abaixo Quando o jacaré se aproximou. E o pequeno bote dos indiozinhos quase, quase virou. quase, quase virou, Mas não virou!
Desenvolvimento	■ Nesta atividade, os bebês são colocados sentados no tapete flutuador com os cocares na cabeça e recebem dos acompanhantes o apoio necessário. ■ Durante a música, o professor e os acompanhantes movimentam o tapete pela piscina e, com o balanço das ondas que se formam, os bebês são estimulados a promover a manutenção da postura constantemente.
Sugestões	Esta atividade pode ser realizada pelos bebês em pé, caso tenham equilíbrio para manter tal postura.

Atividade: Desfile	
Recursos necessários	Tapete flutuador
Música	Eu vou, eu vou para casa agora eu vou parara-tim-bum parara-tim-bum eu vou (5x)
Desenvolvimento	■ Nesta atividade, um bebê de cada vez é convidado a andar pelo tapete flutuador. ■ O percurso é realizado com ou sem apoio, dependendo da necessidade do bebê, e ao final os acompanhantes os recebem. ■ Alguns bebês, que ainda não iniciaram a marcha, podem realizar esta atividade engatinhando.
Sugestões	Nos casos em que o bebê ainda não consegue engatinhar, com ele em decúbito ventral, o professor pode trabalhar o fortalecimento de músculos do pescoço e de membros inferiores, ao fornecer apoio nos pés para que ele possa realizar a extensão do joelho.

9. Mergulho

Neste momento são exploradas diferentes modos de entrar na água, visando à descontração e à autonomia. Este normalmente é um dos momentos mais esperados pelos bebês nas aulas, e, para deixá-lo mais agradável e prazeroso, além de estimular a imersão do rosto na água, diferentes tipos de materiais e músicas podem ser utilizados.

É importante que o professor escolha um momento em que o bebê se sinta preparado para realizar a imersão do rosto na água, a fim de evitar experiências desagradáveis, que possam dificultar o processo de aprendizagem.

Atividade: Pula, pula, seu sapão	
Recursos necessários	Pranchas e tapete flutuador
Música	Pula, pula, seu sapão O *bebê** Vai dar um pulão! * Substituir pelo nome de cada bebê.
Desenvolvimento	■ Nesta atividade, os bebês sentam no tapete flutuador ou em uma pranchinha posicionada na borda da piscina. ■ Os acompanhantes fornecem o apoio de que cada um necessita. ■ Durante a música, todos são convidados a bater palmas, e, ao final, o bebê realiza o mergulho.
Sugestões	Em alguns momentos da aula, o mergulho pode ser realizado por todos ao mesmo tempo, uma vez que um bebê pode fornecer estímulo para os outros.
Atividade: Pipoquinha	
Recursos necessários	Pranchas e tapete flutuador
Música	Pula, pula, pipoquinha Pula, pula sem parar Pula, pula pipoquinha Para estourar e mergulhar
Desenvolvimento	■ Nesta atividade, os bebês sentam no tapete flutuador ou em uma pranchinha posicionada na borda da piscina. ■ Os acompanhantes fornecem o apoio de que cada bebê necessita. ■ Durante a música, todos são convidados a bater palmas, e, ao final, o bebê realiza o mergulho.

10. Despedida

No encerramento da aula, os bebês são estimulados a se despedirem com alegria do professor e dos companheiros. Para a prática da despedida é importante utilizar sempre a mesma música, a fim de que os participantes possam perceber o final das atividades daquele dia na piscina.

É essencial que esse momento seja realizado com alegria e descontração.

Atividade: Tchau	
Recursos necessários	Nenhum
Música	Tchau, tchau, tchau Nossa aula terminou Tchau, tchau, tchau Pro chuveiro agora eu vou Tchau, tchau, tchau Meus brinquedos já guardei Tchau, tchau, tchau *Terça-feira** voltarei * Substituir pelo dia da aula seguinte.
Desenvolvimento	O professor anuncia o término da aula e agradece a participação de todos, solicitando que cantem a música de despedida, acompanhada por palmas e acenos.

MATERIAIS

Durante as aulas, o uso de materiais diversificados favorece o processo de ensino-aprendizagem da natação. É importante que os professores recorram a materiais de diferentes texturas, tamanhos, cores e formas, visando à estimulação dos órgãos dos sentidos e ao exercício das capacidades perceptivas do bebê. Além disso, deve-se a escolher materiais que sejam compatíveis com o nível de desenvolvimento dos bebês e que lhes garantam segurança durante a realização das atividades.

Os recursos materiais que podem ser utilizados durante as aulas são:

- Aquatubs (ou espaguetes), pranchas, flutuadores.
- Esponjas de diferentes texturas.
- Barquinhos.
- Fantoches variados (palhaço, elefante, jacaré, formiguinha, sapo, joaninha, passarinho, tubarão, aranha, borboleta).
- Bolas de diversos tamanhos.
- Bolhas de sabão.
- Apitos.
- Brinquedos de plástico.
- Regadores infantis.
- Bexigas.

- Dobraduras de barquinhos.
- Espelhos.
- Guarda-chuva infantil.

A Figura 4 ilustra alguns exemplos desses materiais.

FIGURA 4 Sugestões de materiais a serem utilizados.
Fonte: elaborada pelas autoras.

Apesar de a estrutura das aulas ser constante, mantendo a rotina necessária ao processo ensino-aprendizagem, as atividades e estratégias de ensino devem ser diversificadas.

Na elaboração das aulas, o professor pode intercalar atividades que utilizem materiais com outras em que esses recursos não sejam necessários, pois, da mesma forma que os diferentes tipos de materiais são importantes para estimular os participantes, quando são utilizados em excesso podem excitá-los demasiadamente.

AVALIAÇÃO

A avaliação é um aspecto muito importante a ser considerado no programa de natação para bebês com deficiências. Com base em uma avaliação inicial o professor adquire dados essenciais sobre os bebês, que o auxiliam no planejamento e organização de aulas que consideram as necessidades e possibilidades de cada um. Após um período de aula, é essencial que o professor reavalie seus alunos, para analisar o progresso individual dos bebês.

Como instrumento de coleta de dados, será descrito o Protocolo de Análise do Desenvolvimento de Bebês no Meio Líquido.[12] Ele foi elaborado com o objetivo de possibilitar a descrição da evolução no desenvolvimento dos bebês em cada um dos momentos das aulas. Nesse protocolo são apresentados, em cada um dos itens, os comportamentos a serem avaliados nos bebês, descrevendo desde a ausência do aspecto avaliado até a realização adequada dele, com ou sem assistência física.

O Protocolo de Análise do Desenvolvimento de Bebês no Meio Líquido pode ser acessado na plataforma digital.

CONSIDERAÇÕES FINAIS

Diante da importância da estimulação para o desenvolvimento de bebês com deficiências e dos benefícios proporcionados pelas atividades aquáticas, acredita-se que a natação para bebês possa auxiliar no processo de seu desenvolvimento.

Em geral, os bebês com deficiências apresentam a mesma sequência de desenvolvimento daqueles com desenvolvimento típico, ou seja, cefalocaudal e próximo-distal. Pode haver prevalência de movimentos reflexos por mais tempo, e o tempo de permanência em determinados estágios de desenvolvimento pode se prolongar. Eventualmente alguns marcos de desenvolvimento podem demorar ou mesmo não ser atingidos. No entanto, quando são oferecidos os estímulos adequados às necessidades de cada um, esse processo pode ser potencializado.

A natação, por contribuir para a manutenção da saúde e do bem-estar, assim como para a melhoria da autoestima, pode ser muito significativa para o processo de desenvolvimento do bebê.

REFERÊNCIAS

1. Munster MAV, Foganholi C. Mergulhando na diversidade: uma proposta pedagógica de natação para bebês com necessidades especiais. In: Congresso Brasileiro de Educação Especial, 3., 2008, São Carlos. Anais..., 2008. Disponível em: http://cbee3.nit.ufscar.br/trabalho/buscar_achados.php.

2. Rosa GKB, et al. Desenvolvimento motor de criança com paralisia cerebral: avaliação e intervenção. Revista Brasileira de Educação Especial (Marília). 2008;14(2).
3. Blacklin JS. O desenvolvimento de seu filho. In: Geralis E (org.). Crianças com paralisia cerebral: guia para pais e educadores. Porto Alegre: Artmed; 2007. p.126-49.
4. Tisi L. Estimulação precoce para bebês. 2.ed. Rio de Janeiro: Sprint; 2010.
5. Brasil. Lei n. 13.146, de 6 de julho de 2015. Institui a Lei Brasileira de Inclusão da Pessoa com Deficiência (Estatuto da Pessoa com Deficiência). Brasília, 2015. Disponível em: http://www.planalto.gov.br/ccivil_03/_ato2015-2018/2015/lei/l13146.htm. Acesso em: 6 jan. 2023.
6. Mauerberg-Decastro E. Desenvolvimento e características neuroperceptivo-motoras de pessoas com deficiência. In: Mauerberg-Decastro E. Atividade física adaptada. Ribeirão Preto: Tecmedd; 2005. p.135-60.
7. Sigmundsson H, Hopkins B. Baby swimming: exploring the effects of early intervention on subsequent motor abilities. Child: Care, Health and Development (Exeter). 2009;36(3):428-30.
8. Leite CT, Andries Júnior O. O meio líquido como estímulo para os bebês. Movimento & Percepção (Espírito Santo do Pinhal). 2009;10(15):34-53. Disponível em: http://ferramentas.unipinhal.edu.br/movimentoepercepcao/viewarticle.php?id=296. Acesso em: 6 jan. 2023.
9. Barbosa T. Para uma clarificação dos objetivos dos programas de natação para bebês. Revista Educación Física y Deportes (Buenos Aires). 1999 Aug;(15). Disponível em: http://www.efdeportes.com/efd15/natacao.htm. Acesso em: 6 jan. 2023.
10. Cesari J, et al. Teaching infant and preschool aquatics. United States: Autswim; 2001.
11. Munster MA, Alves CF. Natação adaptada: natação para pessoas com deficiências ou simplesmente natação. In: Costa PHL (org.). Natação e atividades aquáticas: subsídios para o ensino. Barueri: Manole; 2010. p.111-38.
12. Basso A. Natação para bebês com necessidades especiais: efeito de um programa de estimulação aquática. [Dissertação]. São Carlos: Universidade Federal de São Carlos, Programa de Pós-Graduação em Educação Especial; 2011.
13. Madormo SR. Natação e bebês: um capítulo especial. In: Velasco CG. Natação segundo a psicomotricidade. 2.ed. Rio de Janeiro: Sprint; 1997. p.89-133.
14. Silveira RHS, Nakamura OFN. Natação para bebês. São Paulo: Ícone; 1998.
15. Foganholi C. Natação para bebês com síndrome de Down. In: Déa VHS, Duarte E. Síndrome de Down: informações, caminhos e histórias de amor. São Paulo: Phorte; 2009. p.223-8.
16. Benda CAP. A utilização dos jogos, brinquedos e brincadeiras na aprendizagem da natação. Revista Mineira de Educação Física (Viçosa). 1999;7(1):51-63.

Educação Física para jovens e adultos com deficiência intelectual: ênfase em aspectos psicomotores

Elizabeth de Cássia Bianconi
Mey de Abreu van Munster

Você verá neste capítulo...

O texto fornece subsídios para estruturar um programa de Educação Física com ênfase em aspectos psicomotores voltado a jovens e adultos com deficiência intelectual.

Introduzindo conceitos acerca dessa deficiência, os autores abordam estratégias de ensino voltadas a esse público.

Com base na interface entre a Educação Física e a psicomotricidade, o capítulo apresenta os principais elementos psicomotores e oferece sugestões de atividades dentro do conteúdo proposto.

Como forma de avaliação da evolução dos participantes, propõe a Escala de Desenvolvimento Motor.

INTRODUÇÃO

O conceito de deficiência intelectual vem mudando ao longo da história, influenciado por questões sociais, econômicas e culturais próprias de cada sociedade. O conceito atual define a deficiência intelectual como "uma incapacidade caracterizada por importantes limitações, tanto no funcionamento intelectual quanto no comportamento adaptativo, [que] está expresso nas habilidades adaptativas conceituais, sociais e práticas. Essa incapacidade tem início antes dos 18 anos" (Associação Americana de Deficiência Intelectual e Desenvolvimento – AAIDD).[1]

Ao propor esse novo conceito de deficiência intelectual, a AAIDD tem como intuito desvincular a deficiência dos aspectos puramente individuais, que concentram a origem de eventuais "problemas" no próprio participante, ou seja, passa a dar atenção maior às necessidades do indivíduo e a todo o seu entorno, e não somente ao nível de deficiência que ele possa apresentar.

Ao longo da história foram criadas inúmeras instituições de ensino especial, que, embora se apresentassem com caráter assistencialista e cumprissem apenas a função de auxílio às pessoas marginalizadas, exercem papel importante no contexto de desenvolvimento da Educação Especial no Brasil, que lentamente vem ganhando espaço, mesmo com escassos investimentos na área e até mesmo descaso político.[2]

O movimento de inclusão das pessoas com deficiência desencadeou um aumento de estudos voltados para o desenvolvimento de programas educacionais enfocando o público infantil. Assim, crianças com deficiências que recebem atendimentos educacionais e clínicos adequados apresentam maiores chances de desenvolver suas potencialidades, diminuindo a probabilidade de surgirem problemas de saúde e relativos à interação social na fase adulta. Mediante a intervenção precoce, as famílias provavelmente estarão mais bem preparadas para acompanhar cada etapa de desenvolvimento da criança.[3]

Embora se reconheçam a legitimidade e a importância dos investimentos junto a pessoas com deficiência na idade infantil, é preocupante a realidade de uma grande parcela de indivíduos com deficiência intelectual que durante a infância não tiveram acesso a serviços especializados ou que, mesmo recebendo atendimento anterior, passaram para a fase adulta sem concretizar a tão esperada e efetiva inclusão. Esses indivíduos encontram-se ainda assistidos por escolas especiais, muitas vezes segregados do sistema social, ficando fora do mercado de trabalho, de atividades de lazer e do convívio na sociedade, entre outros, o que pode levá-los a um futuro provável de reclusão em casas, abrigos ou asilos e, consequentemente, à perda do contato com seus familiares.[3]

Diante de tantas privações, a pessoa com deficiência intelectual que atualmente se encontra na fase adulta encontrou em seu processo histórico mais um obstáculo: a não inserção no sistema regular de ensino, que é muito importante na formação do ser, pois a escola recepciona e insere o indivíduo na esfera das relações sociais. A escola é uma das principais responsáveis pela preparação do aluno para a vida adulta e para sua futura inserção no mercado de trabalho.

Araujo[4] destaca a ênfase da literatura, especialmente a internacional, sobre a necessidade de um planejamento sistematizado para a transição da pessoa com deficiência para a vida adulta. A autora defende que um dos recursos de suporte fundamental para o enfrentamento do problema consiste na elaboração de um planejamento para a vida futura. Segundo seus enunciados, esse planejamento deveria considerar objetivos voltados para que o adulto com deficiência intelectual seja mais independente, produtivo, aceito e feliz na comunidade em que vive.

Estudos mostram que muitos jovens e adultos com deficiência intelectual que não tiveram a oportunidade de frequentar um ambiente que visasse à estimulação e à aprendizagem de tarefas diversificadas podem apresentar padrões de movimentos fundamentais ainda em estágio inicial, com fluência rítmica e coordenação pobres. A integração espaçotemporal do movimento também pode não ter sido desenvolvida. Além disso, esses indivíduos apresentam pouco equilíbrio, locomoção deficitária e dificuldades de coordenação durante a realização de movimentos mais complexos.[5,6]

Assim, por conta da trajetória da história da Educação Especial no Brasil, em cujo início eram poucas as pessoas aceitas no sistema regular de ensino, e também pela falta de oportunidade no mercado de trabalho, muitas pessoas com deficiência intelectual, principalmente jovens e adultos, buscam apoio para seu desenvolvimento tanto cognitivo como motor nas escolas especiais, que acabam por se tornar os principais meios disponíveis para o processo de inclusão desses indivíduos na sociedade.

Diante desse cenário, é preciso propor a essa população práticas de Educação Física que estimulem e promovam o desenvolvimento motor, cognitivo, afetivo e social, visando ao desenvolvimento global, que, por sua vez, pode proporcionar uma qualidade de vida melhorada.

Nesse sentido, um programa de Educação Física bem estruturado deve proporcionar ao aluno com deficiência intelectual o conhecimento de seu corpo, levando-o a usá-lo como instrumento de expressão consciente na busca da independência e na satisfação de suas necessidades. Além disso, tal programa oportuniza a evolução do aprendizado como consequência natural da prática das atividades propostas. Quanto mais espontâneas e prazerosas forem essas atividades, maiores benefícios trarão para o desenvolvimento integral do aluno.[7]

No caso da deficiência intelectual, o programa de Educação Física deve considerar o conhecimento acerca das características mais comuns apresentadas por essas pessoas, sendo de fundamental importância pensar e planejar o trabalho, respeitando o indivíduo sem que, contudo, deixe de desenvolver as necessidades cognitivas e motoras apresentadas por ele.

PSICOMOTRICIDADE E EDUCAÇÃO FÍSICA

O termo "psicomotricidade" é definido pela Associação Brasileira de Psicomotricidade[8] como uma ciência que tem por objetivo o estudo do homem, por meio de seu corpo em movimento, nas relações com seu mundo interno e externo. Está relacionado ao processo de maturação, no qual o corpo é a origem das aquisições afetivas, cognitivas e orgânicas.

Portanto, psicomotricidade é a área que se ocupa do corpo em movimento, explorando a ideia de que o desenvolvimento pode ser alcançado pela superação de desafios. O corpo é o instrumento mais valioso que o indivíduo possui, pois é por meio dele que percebemos e expressamos nossas ideias, conhecimentos, sentimentos e emoções.

A Educação Psicomotora, que será abordada neste capítulo, está dividida em duas abordagens: psicomotricidade funcional e psicomotricidade relacional.[9]

Lapierre[10] e Negrine[11] assinalam que o ponto fundamental da passagem da psicomotricidade funcional à relacional é a utilização de jogos e exercícios que se manifestam em um contexto de características lúdicas como elemento pedagógico para o desenvolvimento e a aprendizagem do participante. Para Negrine,[11] a psicomotricidade funcional* compreende o desenvolvimento psicomotor a partir de bases teóricas da neuroanatomia funcional. Essas bases sustentam os diagnósticos do perfil psicomotor e a prescrição de exercícios para sanar possíveis descompassos do desenvolvimento motriz.

Nessa proposta, a estratégia pedagógica baseia-se na repetição de exercícios funcionais, criados e classificados constituindo famílias de exercícios para as finalidades de equilíbrios estáticos e dinâmicos, de flexibilidade, agilidade, des-

---

* Entre os autores que estudam e aplicam a psicomotricidade funcional, estão Picq, Vayer, Le Boulch, Costallat e outros. Falkenbach (2003) explica que a psicomotricidade funcional é seguida por professores de Educação Física, e que o desenvolvimento dessa prática se assemelha muito à forma tradicional de uma aula de ginástica, pois a intervenção educativa se dá por programas de exercícios.

treza e outras funções psicomotoras.[12] Por sua vez, a psicomotricidade relacional** foi criada a partir da percepção de que os exercícios psicomotores referidos careciam de dimensões lúdicas e de elementos motivadores que provocassem o desenvolvimento daqueles indivíduos que apresentavam dificuldades de ordem psicomotora ou pouco interesse pelo movimento.[10,11,18]

Dessa forma, Negrine[11] e Franch[16] explicam que a psicomotricidade relacional, valorizando a qualidade dos relacionamentos interpessoais, utiliza-se da ação do brincar como elemento principal para provocar o desenvolvimento psicomotor da criança, pois entendem que a ação de brincar pode ser usada para impulsionar a execução dos movimentos necessários para a aprendizagem infantil com mais êxito do que um conjunto de exercícios desprovidos de significado para a criança. Segundo Negrine,[17] esse brincar não é o brincar diretivo utilizado na psicomotricidade funcional, mas consiste em um brincar estimulado e provocado, a partir das intervenções do professor, de um conjunto de materiais, de um espaço específico para isso e do respeito às dificuldades, habilidades e interesses do público a ser trabalhado.

A psicomotricidade é uma ciência que tem importância cada vez maior no desenvolvimento global do indivíduo em todas as suas fases, principalmente por estar articulada com outros campos científicos como a neurologia, a psicologia e a pedagogia. Isso acontece porque a psicomotricidade preocupa-se com a relação entre o homem e seu corpo, considerando não só aspectos psicomotores, mas os aspectos cognitivos e socioafetivos que constituem o participante.

Os aspectos envolvidos e relacionados à psicomotricidade podem envolver várias classificações e terminologias para denominar suas funções. Nota-se que os conceitos são basicamente os mesmos; o que muda é a forma de classificar e agrupar esses conceitos. De acordo com Gorreti,[19] "as terminologias mais utilizadas no Brasil são: esquema corporal, imagem corporal, tônus, coordenação global ou motricidade ampla, motricidade fina, organização espaçotemporal, ritmo, lateralidade e equilíbrio" (p.3).

Esses elementos básicos do desenvolvimento psicomotor podem ser mais bem definidos da seguinte maneira:

** Entre os autores que apostam na psicomotricidade relacional, estão Sánches, Martinez e Penãlver[13], Lapierre e Aucouturier[14], Falkenbach[15], Franch[16] e Negrine.[17] Esses autores apontam para o jogo infantil como recurso estruturador da Educação Psicomotora.

- Esquema corporal: saber pré-consciente a respeito de seu próprio corpo e de suas partes, que permite ao sujeito relacionar-se com espaços, pessoas e objetos que o cercam. Esse saber é construído por informações proprioceptivas ou cinestésicas, e, à medida que o corpo se desenvolve, ajustes e alterações no esquema corporal podem ser notados.[22]
- Imagem corporal: pode ser entendida como o resultado complexo de toda a atividade cinética, sendo a imagem do corpo a síntese de todas as mensagens, de todos os estímulos e de todas as ações que permitam ao indivíduo se diferenciar do mundo exterior e fazer do "eu" o participante de sua própria existência.[20]
- Tônus: tensão fisiológica dos músculos capaz de garantir equilíbrio estático e dinâmico, coordenação e postura nas diversas posições adotadas pelo corpo.[19]
- Coordenação global ou motricidade ampla: tem como objetivo a realização e a automação dos movimentos globais complexos, que se desenrolam em certo período e que exigem a atividade conjunta de vários grupos musculares.[21] A motricidade global envolve movimentos de grandes grupos musculares em ação simultânea, com vistas à execução de movimentos voluntários mais ou menos complexos.
- Coordenação motora fina: capacidade de realizar movimentos coordenados utilizando pequenos grupos musculares.[19] Para Canfield,[22] a motricidade fina envolve a coordenação oculomanual e requer alto grau de precisão no movimento para o desempenho da habilidade específica, em grande nível de realização. Pode-se citar como exemplo da necessidade dessa habilidade a realização de tarefas como escrever, tocar piano, passar a linha na agulha, entre outros.
- Organização espaçotemporal: orientação adequada que o indivíduo desenvolve com relação a sua posição no espaço e no tempo. De acordo com Assunção e Coelho,[23] a organização espaçotemporal é a capacidade que o indivíduo tem de situar-se e orientar-se em relação aos objetos, às pessoas e a seu próprio corpo em determinado espaço. É saber localizar o que está à direita ou à esquerda, à frente ou atrás, acima ou abaixo de si, ou, ainda, um objeto em relação a outro. É ter noção de longe, perto, alto, baixo, longo e curto.
- Ritmo: capacidade de realizar um ato motor de forma ordenada, constante e periódica.[19] O ritmo do movimento é uma alternância entre a contração e

o relaxamento e pode ser forte ou fraco, rápido ou lento, acelerando ou diminuindo a velocidade, súbito ou hesitante e de durações diferentes.

- Lateralidade: confundida muitas vezes com a dominância lateral, deve ser entendida como a capacidade de um indivíduo de vivenciar os movimentos utilizando ambos os lados de seu corpo (direito e esquerdo).[19]
- Equilíbrio: podem-se considerar dois tipos de equilíbrio: o estático, que é a capacidade de manter o corpo sobre uma base de sustentação reduzida, ou melhor, a capacidade de a pessoa manter o corpo em uma posição determinada sem qualquer tipo de deslocamento; e o dinâmico, conseguido com o corpo em movimento. Este último tipo de equilíbrio é mais complexo, porque o indivíduo está condicionado a forças externas que atuam sobre ele.[24]

É sabido que algumas pessoas com deficiência intelectual podem apresentar pouco equilíbrio, locomoção deficitária e dificuldades de coordenação durante a realização de movimentos mais complexos, e a falta de estímulo pode acarretar piora nesses aspectos, impossibilitando a pessoa de se tornar independente e de buscar uma qualidade de vida melhorada. Assim, seria interessante trabalhar com essa população os aspectos psicomotores, visando ao aprendizado de padrões e habilidades motoras fundamentais.

A psicomotricidade aliada à Educação Física pode trazer uma grande contribuição para o desenvolvimento da pessoa, pois a psicomotricidade ajuda o indivíduo a viver em grupo, aprendendo a aceitar e a respeitar as regras do convívio social, o que vai refletir em sua vida adulta. Já no âmbito da Educação Física, pode-se observar que os jogos contribuem para vida em sociedade, possibilitando à pessoa descobrir os limites e os pontos fortes de cada companheiro de atividades, vivenciando o respeito mútuo, a espera pela vez, a autoconfiança em relação aos companheiros e a organização e mostrando-lhes como coordenar as atividades com o tempo.[25]

A Educação Física assume um papel importantíssimo, na medida em que pode estruturar o ambiente adequado para o indivíduo, oferecendo experiências que auxiliem e promovam o desenvolvimento integral do aluno, a partir do trabalho de suas habilidades motoras e de sociabilização, sendo possível, assim, trabalhar o corpo harmoniosamente em seus aspectos físico, cognitivo e psicossocial.[26]

Para que as habilidades psicomotoras sejam desenvolvidas é necessário que se dê ao participante oportunidade de desempenhá-las. O movimentar-se tem grande importância biológica, psicológica, social e cultural, pois é através da execução dos movimentos que as pessoas interagem com o meio ambiente, relacionando-se com os outros, apreendendo sobre si, seus limites, capacidades e solucionando problemas.[27]

Dessa forma, a Educação Física deve proporcionar aos alunos melhor adaptação ao meio, fazendo com que se sintam valorizados e se integrem à sociedade. Isso pode ser realizado por meio da adequação de metodologias, da adaptação de materiais e técnicas às diferenças próprias de cada indivíduo, de melhorias no nível motor, afetivo e cognitivo, bem como da interação e integração dos alunos com as demais pessoas.[25]

Com o trabalho e a consequente aprendizagem dos aspectos psicomotores, um indivíduo pode certamente alcançar o desenvolvimento global, que, por sua vez, pode proporcionar uma qualidade de vida melhorada. Atrelados a esses resultados, muitos avanços na relação sujeito-mundo são conquistados.

ESTRUTURAÇÃO DO PROGRAMA DE EDUCAÇÃO FÍSICA COM ÊNFASE EM PSICOMOTRICIDADE

O primeiro passo para estruturar um programa deve ser a busca pelos participantes e/ou pela instituição interessada em fazer parte de um estudo. No caso desta pesquisa essa etapa se tornou um pouco mais fácil devido à prévia atuação profissional da primeira autora em uma escola de Educação Especial e ao interesse demonstrado pela própria escola em participar do estudo.

Foi realizada uma reunião com os responsáveis legais das pessoas envolvidas no estudo, com o intuito de explicar o projeto e esclarecer possíveis dúvidas. Além disso, foi entregue aos responsáveis um termo de consentimento livre e esclarecido, que eles assinaram.

PARTICIPANTES E LOCAL DO PROGRAMA DE EDUCAÇÃO FÍSICA

O programa de psicomotricidade foi desenhado para jovens e adultos com deficiência intelectual, de ambos os sexos, com idade cronológica entre 18 e 42 anos, pertencentes a uma escola de Educação Especial.

O programa foi desenvolvido em dois ambientes:

1. Na sala de aula da instituição de Ensino Especial frequentada pelos participantes.
2. No ginásio poliesportivo da Universidade Federal de São Carlos.

O desenvolvimento da proposta em locais distintos justifica-se:

- pela disponibilidade de agenda dos próprios alunos e da instituição.
- pela necessidade de partir de um ambiente familiar para os sujeitos participantes do estudo e pelo interesse em demonstrar a viabilidade de realização da proposta de intervenção na própria instituição, mesmo apresentando um ambiente físico restrito para a prática de atividades físicas e recursos materiais limitados.
- pela intenção de oferecer aos participantes a oportunidade de vivenciar um espaço físico, equipamentos, estímulos e conceitos sociais diferenciados daqueles aos quais estavam habituados.

ESTRATÉGIAS DE ENSINO VOLTADAS A PESSOAS COM DEFICIÊNCIA INTELECTUAL

É essencial que o professor tenha conhecimento de seus alunos e das características mais comuns apresentadas por eles. De acordo com Pedrinelli e Rosadas,[29] a pessoa com deficiência intelectual pode apresentar:

- Desatenção.
- Dificuldade em relacionar conceitos ligados a números, formas, tamanhos e cores, entre outros.
- Teimosia.
- Automatismo.
- Descoordenação visuomotora, bilateral e global.
- Catatonia.
- Desorganização de lateralidade e direcionalidade.
- Desorganizações da imagem corporal.
- Desorganizações espaçotemporais.
- Desorganizações no ritmo de movimento.
- Reação lenta nos movimentos sem locomoção.
- Descoordenação quando solicitados movimentos que exigem agilidade.

Sabendo que as pessoas com deficiência intelectual podem apresentar déficit de atenção, Gimenez[30] relaciona alguns recursos que o professor pode utilizar para atrair a atenção de seus alunos durante as atividades a serem realizadas:

- Mudança no tom de voz.
- Uso de brincadeiras durante a orientação.
- Apresentação de novidade ou desafio.
- Posicionamento adequado do professor.
- Uso de materiais coloridos e/ou que emitam som.

Outras questões importantes a considerar são as dificuldades de comunicação e os problemas cognitivos decorrentes da deficiência que influenciam na compreensão e, consequentemente, na aprendizagem de conceitos. Gimenez[30] apresenta estratégias que podem ser utilizadas na tentativa de amenizar tais dificuldades:

- Clareza na apresentação de informações (as pessoas com deficiência intelectual podem apresentar dificuldade com a memória de curto prazo, portanto instruções objetivas são importantes).
- Uso de diferentes canais sensoriais para transmissão da mesma informação.
- Aproximação de conceitos e informações da realidade dos alunos (utilizar exemplos concretos para associar fatos e conceitos novos em relação ao que o aluno/participante já conhece).

Todas essas estratégias poderão ser utilizadas conforme as necessidades apresentadas no decorrer das aulas.

Para promover o ensino e a aprendizagem deve-se considerar as individualidades, respeitando o potencial cognitivo e motor de cada aluno. Com base no conhecimento da população a ser trabalhada inicia-se o planejamento e o desenvolvimento de estratégias de ensino que auxiliem nesse processo.

ORGANIZAÇÃO DO CONTEÚDO PROGRAMÁTICO

Para elaborar o programa de Educação Física, alguns fatores devem ser considerados, como as características da população à qual será direcionado, desde o conhecimento a respeito do aluno como ser integral, da deficiência (o tipo de deficiência, em que idade ocorreu, as funções e estruturas que estão prejudicadas) e das implicações de ordem motora e cognitiva, até as potencialidades a serem trabalhadas por meio das aulas.

Para a estruturação do programa as atividades devem ser adequadas ao nível de desenvolvimentos motor, cognitivo e à idade dos alunos, entretanto as adaptações devem ser feitas somente quando necessárias.

No programa de Educação Física, foram trabalhadas atividades psicomotoras diversificadas que visassem desenvolver ou reeducar os elementos básicos da psicomotricidade: motricidade fina, coordenação global, equilíbrio, esquema corporal, organização espacial e organização temporal.

Esses elementos da psicomotricidade foram trabalhados nas aulas de Educação Física por meio de exercícios, jogos e brincadeiras, desenvolvidos de forma lúdica e educativa, permitindo a exploração corporal e espacial, dos objetos e materiais, facilitando a comunicação, potencializando atividades grupais e favorecendo a liberação das emoções e conflitos por intermédio das atividades lúdicas.

As atividades foram desenvolvidas de modo a iniciar com exercícios mais simples que progressivamente foram se tornando mais complexos. Esse aumento na complexidade das atividades deve ocorrer quando o professor detecta que houve assimilação do conteúdo trabalhado anteriormente. Por exemplo, caso se deseje trabalhar o equilíbrio, deve-se primeiramente iniciar com atividades que exijam equilíbrio estático e no decorrer do processo de ensino-aprendizagem acrescentar exercícios e/ou atividades que exijam o equilíbrio dinâmico.

Os movimentos devem ser ensinados respeitando os princípios pedagógicos e se desenvolvendo no sentido do mais simples para o mais complexo; em muitas ocasiões é necessário fragmentar o movimento. Também é uma estratégia interessante iniciar uma aula, por exemplo, com aspectos já conhecidos pelos alunos, ou trabalhados anteriormente, pois a dificuldade da tarefa pode ocasionar constrangimento para o executante, levando-o a recusar a participação.

O professor percebe que houve aprendizado quando o aluno adquiriu a capacidade de responder, adequadamente, a uma situação que antes não havia sido enfrentada empregando formas de reação mais simples, eficazes e econômicas.[31]

É interessante que toda atividade proposta contemple desafios e possibilidades de sucesso, tornando-se atraente para o aluno. Uma atividade pode se tornar significante quando exige do participante algum esforço em direção ao objetivo proposto.

Para a elaboração do programa de Educação Física, as aulas foram didaticamente divididas em três momentos (parte inicial, principal e final), com diferentes objetivos e finalidades, conforme pode ser observado na estrutura a seguir:

- Parte inicial: forma introdutória da sessão, que prepara o indivíduo para o desenvolvimento das atividades. A parte introdutória deve ser composta por exercicícos de alongamento e aquecimento criteriosamente planjeados para fazer sentido com as atividades subsequentes, ou seja, devem ser adequados ao objetivo da aula. Deve priorizar a movimentação dos principais segmentos corporais, visando favorecer a amplitude/mobilidade articular e o aquecimento muscular. Além do alongamento, foram realizados exercícios de equilíbrio estático, objetivando a capacidade de o aluno assumir e sustentar qualquer posição do corpo contra a força da gravidade e mantendo-se sobre uma base.
- Parte principal: momento em que os indivíduos irão se exercitar, brincar e/ou jogar em grupo ou individualmente. As atividades desenvolvidas nesse momento trabalharam aspectos psicomotores, como motricidade fina, motricidade global, equilíbrio, esquema corporal, organização espacial e organização temporal, com o objetivo de desenvolver suas expressões motoras por meio das atividades lúdicas dirigidas, buscando proporcionar aprendizado.
- Parte final: encerra a sessão. Nesse momento foram realizadas atividades de volta à calma e conversas reflexivas, com o intuito de oportunizar aos indivíduos falar de seus jogos, brincadeiras, exercícios e produções e tendo o comportamento de escuta como princípio pedagógico adotado.

Apesar de a estrutura das aulas ser constante, mantendo a rotina necessária ao processo ensino-aprendizagem, as atividades e estratégias de ensino foram diversificadas.

O Quadro 1 exemplifica as atividades desenvolvidas no programa de Educação Física.

QUADRO 1 Algumas atividades desenvolvidas no programa de Educação Física

Elementos psicomotores	Atividades desenvolvidas	Desenvolvimento	Recursos e materiais utilizados
Motricidade fina	Teia	■ O aluno deverá amarrar a linha no lápis e jogar o carretel para o amigo, que fará a mesma coisa, formando uma teia. ■ Os alunos deverão estar em círculo.	Lápis e carretel de linha
	Costureira	■ Entregar para cada aluno uma prancha de EVA com diversos furos de diâmetros diferentes. ■ Eles deverão costurar o EVA, passando a linha pelos furos.	EVA e linha
Motricidade global	Prato japonês	■ Foram espalhados pelo ginásio vários objetos (bolas, cordas, garrafas plásticas etc.), e cada um deles representa um alimento (carne, macarrão, batata, arroz etc.). ■ Os alunos devem pegar os objetos com os bastões e colocá-los em uma caixa.	Corda, bolas de diferentes tamanhos, garrafas plásticas, caneleiras, caixa de papelão e bastões de madeira
	Pular o rio	■ O professor representará com cordas um "rio" e contará uma história aos alunos, por exemplo, que eles fazem parte do Exército e devem cumprir uma tarefa na Amazônia, cujo desafio é passar para o outro lado do rio. ■ Os alunos terão que saltar de um lado para o outro da corda. ■ Desafio: aumentar a distância entre as cordas.	Cordas

(continua)

QUADRO 1 Algumas atividades desenvolvidas no programa de Educação Física *(continuação)*

Elementos psicomotores	Atividades desenvolvidas	Desenvolvimento	Recursos e materiais utilizados
Esquema corporal	Colar o corpo	■ Os alunos formarão um círculo e no centro haverá um dado, cujas faces representam as partes do corpo humano, e um boneco desmontado. ■ O aluno jogará o dado e irá montar o boneco, colocando nele a parte do corpo indicada pelo dado.	Dado e boneco articulado
	Jogo do adivinha	■ Os alunos deverão nomear as partes do corpo representadas nas figuras.	Fotos
Organização espacial	Cabra-cega	■ Em duplas, um aluno será vendado (cabra) e o outro (mestre) deverá conduzir seu parceiro pela sala utilizando comandos como frente, trás, direita e esquerda. ■ O objetivo é levar a cabra até a cadeira que está do outro lado da sala e fazê-la sentar. ■ Importante: o mestre não pode tocar na pessoa que está vendada.	Vendas, cadeiras
	Argolinha e argolão	■ Os alunos deverão dar as mãos, formando um círculo (argolão). ■ Um aluno colocará o braço dentro do bambolê (argolinha). ■ O objetivo é que todos os alunos passem por dentro da argolinha sem soltar as mãos, fazendo com que o bambolê dê a volta pelo círculo.	Bambolê

(continua)

QUADRO 1 Algumas atividades desenvolvidas no programa de Educação Física *(continuação)*

Elementos psicomotores	Atividades desenvolvidas	Desenvolvimento	Recursos e materiais utilizados
Organização temporal	Mãe da rua	■ No chão, o professor desenha duas linhas paralelas que irão simbolizar a rua. ■ Um aluno será o pegador e ficará no centro da rua; os demais ficarão na calçada (fora das linhas), todos do mesmo lado. ■ Ao comando do professor "mãe da rua", os alunos devem cruzar a rua sem serem pagos. ■ Caso alguém seja pego, ficará no centro da rua ajudando o pegador. ■ Variações: o professor no comando pode pedir diferentes maneiras de os alunos andarem para cruzar a rua.	Giz
	Imitação de gestos	■ Os alunos deverão realizar os mesmos gestos do professor e/ou colega. ■ Deve-se iniciar com gestos simples, por exemplo, o movimento apenas com membros superiores, e ir deixando-os mais complexos, incluindo movimentos de membros inferiores e superiores ao mesmo tempo.	–

(continua)

QUADRO 1 Algumas atividades desenvolvidas no programa de Educação Física *(continuação)*

Elementos psicomotores	Atividades desenvolvidas	Desenvolvimento	Recursos e materiais utilizados
Equilíbrio	Corrida do Saci	■ Os alunos formarão duas ou mais filas indianas. ■ O primeiro de cada fila deverá iniciar a atividade, correndo aproximadamente 3 metros com apenas um dos pés. Ao passar pela linha dos 3 metros, o próximo da fila realiza a atividade.	Giz ou corda para marcar a linha dos 3 metros.
	Sarjeta	■ Os alunos terão que caminhar sobre a sarjeta e, à medida que a atividade for ficando fácil, o professor deverá solicitar maneiras diferentes de caminhar (de costas, de lado, nas pontas dos pés, calcanhares, entre outros).	Sarjeta, banco ou qualquer outro objeto que se assemelhe à sarjeta

Fonte: elaborado pelas autoras.

AVALIAÇÃO DO PROGRAMA DE EDUCAÇÃO FÍSICA

Como instrumento de avaliação no programa de Educação Física, foi empregada a Escala do Desenvolvimento Motor de Rosa Neto. A escala em questão compreende testes quanto aos seguintes componentes psicomotores:

- Motricidade fina.
- Motricidade global.
- Equilíbrio.
- Esquema corporal.
- Organização espacial.
- Organização temporal.

Assim, para cada componente psicomotor foram realizadas diversas tarefas. O teste tem uma ordem de aplicação a ser seguida, que é a seguinte:

- Motricidade fina.
- Motricidade global.
- Equilíbrio.
- Esquema corporal.
- Organização espacial.
- Organização temporal.

O tempo estimado para aplicar o teste em uma pessoa é de aproximadamente 45 minutos.

As provas que compõem o teste são classificadas de acordo com o nível de dificuldade em escores de 2 a 11, devendo o examinador determinar o nível ideal para o participante iniciar os testes, de acordo com suas condições biopsicossociais. No caso do programa de Educação Física, que trabalhou com pessoas jovens e/ou adultos com deficiência intelectual, foi estipulado que todos iniciassem o teste pelo nível de dificuldade mais baixo e prosseguissem para os demais quando possível.

CONSIDERAÇÕES FINAIS

O programa de Educação Física com base em elementos da psicomotricidade pode proporcionar melhora em múltiplos aspectos, contribuindo para a ampliação do repertório motor de jovens e adultos com deficiência intelectual e repercutindo em maior autonomia e qualidade de vida dessa população.

REFERÊNCIAS

1. Associação Americana de Deficiências Intelectual e do Desenvolvimento (AADID). Concepção de deficiência intelectual segundo a Associação Americana de Deficiências Intelectual e do Desenvolvimento. Washington, DC: AAIDD; 2010.
2. Dota FP, Alves DM. Educação especial no Brasil: uma análise histórica. ver Científica Eletrônica de Psicologia. 2007;5(8). Disponível em: www.revista.inf.br. Acesso em: 30 jul. 2010.
3. Aguiar AAR. Construção e avaliação de um programa multimodal de habilidades comunicativas para adultos com deficiência mental. [Tese – Doutorado em Educação Especial]. São Carlos: Universidade Federal de São Carlos, Departamento de Educação Especial; 2006.
4. Araujo EAC. Orientação familiar: planejando o futuro do adulto com deficiência mental. Revista de Extensão e Pesquisa em Educação e Saúde. 2004;5(2):3-10.
5. Guérios LC, Gomes NM. Análise de um programa para desenvolvimento dos padrões fundamentais de movimento em crianças portadoras de síndrome de Down. Rev Digital Buenos Aires. 2005;10(87):1-6.
6. Mauerberg-Decastro E. Atividade física adaptada. Ribeirão Preto: Tecmedd; 2005.

7. Gomes NM, Almeida MA. Atividades recreativas, alfabetização e deficiência mental. Sertanópolis, 2001.
8. Associação Brasileira de Psicomotricidade (ABP). O que é psicomotricidade. Disponível em: http://www.psicomotricidade.com.br/apsicomotricidade.htm. Acesso em: 31 jun. 2022.
9. Silva DM, Falkenbach AP. Psicomotricidade: um olhar descritivo de suas vertentes. Ação e Movimento (São Paulo). 2004;1(2):102-11.
10. Lapierre A. Da psicomotricidade relacional à análise corporal da relação. Curitiba: UFPR; 2002.
11. Negrine A. O corpo na educação infantil. Caxias do Sul: Editora da Universidade de Caxias do Sul; 2002.
12. Le Boulch J. O desenvolvimento psicomotor do nascimento até 6 anos: a psicocinética na idade pré-escolar. Porto Alegre: Artmed; 1998.
13. Sanchez P, Martinez M, Peñalver I. A Psicomotricidade na Educação Infantil. Uma prática preventiva e educativa. Porto Alegre: Artmed; 2003.
14. Lapierre A, Aucouturier B. A Simbologia do movimento: Psicomotricidade e educação. Curitiba: Filosofart; 2004.
15. Falkenbach AP. Um estudo de casos: as relações de crianças com síndrome de down e de crianças com deficiência auditiva na psicomotricidade relacional. 2003. 448 f. Tese (Doutorado em educação) – Faculdade de educação física, Universidade Federal do Rio Grande do Sul, Porto Alegre, 2003.
16. Franch N. Psicomotricidad relacional: herramienta educativa. Barcelona, 1993.
17. Negrine A. Aprendizagem e desenvolvimento infantil: psicomotricidade – perspectivas pedagógicas. Porto Alegre: Prodil; 1995.
18. Cabral SV. Psicomotricidade relacional. Rio de Janeiro: Revinter; 2001.
19. Gorreti AC. A psicomotricidade. 2005. Disponível em: http://www.luzimarteixeira.com.br/wp-content/uploads/2011/02/psicomotricidade-2.pdf. Acesso em: 5 jan. 2023.
20. Pereira CO. Estudo dos parâmetros em crianças de 02 e 06 anos de idade na Cidade de Cruz Alta. [Dissertação de Mestrado – Ciências do Movimento Humano]. Florianópolis: Universidade do Estado de Santa Catarina, Centro de Ciências da Saúde e do Esporte – Cefid/Udesc; 2002.
21. Batistella PA. Estudo de parâmetros motores em escolares com idade de 6 a 10 anos da Cidade de Cruz Alta – RS. [Dissertação de Mestrado – Ciências do Movimento Humano]. Florianópolis: Universidade do Estado de Santa Catarina, Centro de Ciências da Saúde e do Esporte – Cefid/Udesc; 2001.
22. Canfield JT. Aprendizagem motora. Santa Maria: Universitária; 1981.
23. Assunção José E, Coelho MT. Problemas de aprendizagem. São Paulo: Ática; 1997.
24. Negrine A. A coordenação psicomotora e suas implicações. Porto Alegre: Pallotti; 1987.
25. Dias MDP. A psicomotricidade aplicada à educação física para crianças de 7 a 12 anos. [Dissertação – Especialização em Psicomotricidade]. Rio de Janeiro: Universidade Candido Mendes; 2005.
26. Tani G, et al. Educação física escolar: fundamentos de uma abordagem desenvolvimentista. São Paulo: EPU; 1988.
27. Peres LMR. Conductas motrices en la infancia y adolescencia. Madrid: Gymnos Editoría; 1994.
28. Bianconi EC. Pessoas com deficiência e a educação física escolar: estratégia para a inclusão. São Carlos: Universidade Federal de São Carlos, Centro de Ciências Biológicas e da Saúde; 2006.
29. Pedrinelli VJ, Rosadas SC. Metodologia aplicada ao deficiente mental. Brasília: MEC, Secretaria de Educação Especial; 2002.
30. Gimenez R. Atividade física e deficiência intelectual. In: Gorgatti MG, Costa RFC (orgs.). Atividade física adaptada: qualidade de vida para pessoas com necessidades especiais. 4.ed. Barueri: Manole; 2019. p.59-96.

31. Borges CJ. Educação física para o pré-escolar. Sprint, 1987.
32. Guedes DP, Guedes JERP. Manual prático para avaliação em educação física. São Paulo: Manole; 2006.
33. Rosa Neto F. Manual de avaliação motora. Porto Alegre: Artes Médicas; 2002.

CAPÍTULO **9**

Educação Física e pessoas com deficiência intelectual: foco nas habilidades sociais

Elizângela Fernandes Ferreira Santos Diniz
Mey de Abreu van Munster

Você verá neste capítulo...

O texto apresenta as contribuições da Educação Física e do uso da metodologia de ensino crítico-superadora para pessoas com deficiência intelectual, enfatizando a aquisição das habilidades sociais, por meio dos conteúdos (jogo, ginástica, dança, esporte e luta).

Os autores reúnem informações importantes sobre a metodologia crítico-superadora, a Educação Física e aspectos gerais para a elaboração de um programa voltado para pessoas com deficiência intelectual, com enfoque nas habilidades sociais.

INTRODUÇÃO

A deficiência intelectual (DI) é caracterizada como limitações significativas no funcionamento intelectual e no comportamento adaptativo, sendo este expresso nos domínios conceitual, social e prático; a ocorrência dessas limitações deve ser manifestada antes dos 18 anos.[1] Entende-se que os três domínios do comportamento adaptativo englobam as 10 habilidades adaptativas conceituadas em 1992 pela Associação Americana de Deficiência Intelectual e Desenvolvimento (AAIDD). De acordo com Ballone,[2] essas habilidades representariam atividades de comunicação, cuidado pessoal, utilização da comunidade, saúde e segurança, habilidades escolares, administração do ócio e trabalho, compondo então os domínios do comportamento adaptativo.

O conceito de comportamento adaptativo é definido por Luckasson et al.[3] como "conjunto de habilidades conceituais, sociais e práticas adquiridas pela pessoa para corresponder às demandas da vida cotidiana" (p.14). Limitações em qualquer uma dessas habilidades podem interferir negativamente na vida das pessoas, prejudicando sua relação com a sociedade. O comportamento adaptativo pode ser um dos elementos essenciais para o convívio social, pois as habilidades que o compõem são fundamentais para a interação com o próximo, para o autocuidado, para o aprendizado escolar e a higiene pessoal, estando, de forma geral, relacionadas às demandas sociais.

Segundo a Associação Americana de Retardo Mental (AAMR),[4] as pessoas diagnosticadas com DI podem apresentar incapacidades funcionais que as limitem em algumas atividades diante das situações da vida real. Dentre essas limitações podem-se destacar as habilidades sociais, compreendidas como um repertório de habilidades verbais e não verbais utilizadas para comunicar e interagir com o outro.[5] A maioria das pessoas com DI encontra dificuldade na interação social com os pares, ausência de contato visual e comportamento de ludicidade escasso.[6,7] Ainda é possível observar dificuldade em seguir instruções simples,[8] além do comprometimento do reconhecimento facial das emoções.[9] Tais dificuldades dificultam a adaptação social de pessoas com DI.

Diante dos obstáculos no desenvolvimento das habilidades sociais, mais especificamente nas interações sociais estabelecidas por pessoas com DI, destaca-se a Educação Física como possível catalisador para promovê-las.

Contudo, no âmbito educacional, na área da Educação Física, observa-se uma carência de estudos que salientem a elaboração de programas para crianças e jovens com DI. Em breve consulta à literatura nacional não foram encontrados estudos que relatassem a abordagem pedagógica adotada nas intervenções desenvolvidas nas pesquisas. O foco dos estudos está na formação profissional e na prática pedagógica do professor de Educação Física. Pouco se mencionam os conteúdos e a maneira como devem ser ensinados a essa população. Há ainda muito a ser explorado no universo da Educação Física escolar e da DI, principalmente quando se considera a cultura corporal. Lacunas sobre a relação dos demais conteúdos da Educação Física com a DI precisam ser investigadas, assim como o efeito de programas de Educação Física na perspectiva da cultura corporal para crianças e jovens com DI.

Essa tendência pedagógica possibilita aos alunos com deficiência a vivência sistematizada do conhecimento da cultura corporal, a vivência motora, cognitiva, afetiva e social, e ainda contribui para a aquisição da autonomia e do reconhecimento social.[10]

Para Soares et al.,[10] os princípios a serem considerados para a seleção do conteúdo da Educação Física perpassam pela relevância social, a contemporaneidade, possibilidades sociocognitivas, confronto e contraposição de saberes, simultaneidade, provisoriedade do conhecimento e espiralidade. Esses princípios permitem a seleção, organização e adequação dos conteúdos a serem trabalhados com os educandos, com o intuito de transmitir o conteúdo que realmente é essencial ao aprendizado destes. Outro aspecto relevante dessa tendência é a importância do processo histórico corporal dessas crianças e jovens.

O objetivo deste capítulo é apresentar as contribuições da Educação Física e introduzir o uso da metodologia de ensino crítico-superadora para pessoas com deficiência intelectual, focando a aquisição das habilidades sociais, por meio dos conteúdos (jogo, ginástica, dança, esporte e luta).

CONTEÚDOS ENVOLVIDOS NO PROGRAMA DE EDUCAÇÃO FÍSICA

Ao iniciar o planejamento de um programa de Educação Física, o professor deve determinar qual metodologia de ensino dessa disciplina será adotada, independentemente de existirem alunos com deficiência nas aulas. Neste programa, optou-se pela metodologia de ensino crítico-superadora, pois está relacionada à possibilidade de os alunos adquirirem habilidades corporais com autonomia e capacidade de exercê-las de maneira social e culturalmente adequada,[11] além de trabalhar aspectos sociais e comportamentais nas aulas de Educação Física.

Outro fator considerado neste programa foram as habilidades sociais (HS), pois se compreende que elas devem ser desenvolvidas no contexto curricular. Nesse sentido, é importante saber que existem dois grupos sociais que favorecem a aquisição e o aprendizado das HS por pessoas com DI. O primeiro grupo social é a família, na qual a criança inicia o aprendizado da convivência entre as pessoas e regras. O segundo grupo social é a escola, onde as crianças têm contato com outras crianças da mesma idade, sendo possível transmitir e aperfeiçoar as HS apreendidas em casa, além de aprender novas habilidades por meio das relações interpessoais, entre colegas e professores.

INTERFACE ENTRE EDUCAÇÃO FÍSICA E HABILIDADES SOCIAIS

Neste contexto tem-se a Educação Física escolar, uma disciplina curricular responsável por atuar no âmbito da cultura corporal (transmitindo-a e/ou transformando-a), visando influenciar o aluno como ser individual e social. Autores como Cidade e Freitas;[12] Maueberg-de-Castro;[13] Soares et al.;[10] e Verardi[14] apontam que a Educação Física proporciona benefícios motores, sociais e fisiológicos durante sua prática. Além disso, Francisco[15] e Silva[16] afirmam que por meio da Educação Física pode-se desenvolver aspectos de cooperação, regras, civilidade, entre outros, estabelecendo uma interface entre as HS e a Educação Física.[17]

Mauerberg-de-Castro[13] menciona a importância de alimentar a independência nas brincadeiras, incentivar a cooperação e a receptividade às convenções sociais nas pessoas com DI, durante as intervenções de Educação Física. Além das brincadeiras, a Educação Física dispõe de conteúdos como o jogo, a ginástica, a dança, a luta e o esporte,[10] os quais apresentam características capazes de desenvolver as HS. Portanto, durante a aula de Educação Física na perspectiva da cultura corporal, o aluno poderá ter oportunidades para vivenciar os aspectos de autocontrole, civilidade, empatia, assertividade, amizade e relações acadêmicas. De forma geral, as pessoas com DI podem apresentar dificuldades em adquirir e expressar as HS, por isso há necessidade de desenvolver práticas educativas para esse público.

Além disso, alguns países mostram a preocupação de desenvolver a competência social, principalmente países europeus, aderindo em suas grades curriculares ao objetivo de promover o desenvolvimento moral e social por meio das aulas de Educação Física. Entretanto, fatores como a abordagem pedagógica, as estratégias de ensino, as atitudes dos professores e os conteúdos proporcionados durante o programa de Educação Física são pontos cruciais para adquirir/aprimorar as HS.

O ambiente das aulas de Educação Física facilita a aprendizagem das HS, pois uma de suas características é favorecer atividades coletivas. O jogo e o esporte foram apontados como um catalisador na aquisição das HS, principalmente na cooperação e no desenvolvimento social (comunicação), porém se ressalta que os conteúdos da Educação Física vão além dos jogos e esportes, contemplando ainda a ginástica, a luta e a dança.

Ao elaborar um programa de Educação Física por meio da abordagem crítico-superadora, deve-se ater ao fato de que o ponto de partida é o conhecimento prévio dos alunos acerca de suas vivências corporais, relacionando os conteúdos da EF para posteriormente selecionar os temas das aulas e associá-las com as HS que se pretende desenvolver.

Para a preparação desta proposta realizou-se um mapeamento das principais características de cada um dos conteúdos mencionados, com o intuito de relacioná-los com as classes das HS: autocontrole, civilidade, responsabilidade, assertividade, empatia, solução de problemas interpessoais e habilidades acadêmicas. Nas seções a seguir será relatado cada um dos conteúdos abordados no programa.

Jogos

Os jogos desempenham papel fundamental na vida do ser humano em todas as faixas etárias, pois contribuem para o desenvolvimento da motricidade, da sociabilidade, das emoções, da inteligência, do ser metafísico, entre outros.[18,19] Ferreira[20] complementa afirmando que os jogos são atividades criadas pelos povos, sendo difundidas por meio do contato e ressignificadas com as transformações sociais e da civilização.

O conteúdo jogo pode ser trabalhado de diversas formas. Brotto[21] classifica os jogos em competitivos ou cooperativos, sendo estes últimos um esforço cooperativo necessário para atingir determinado objetivo comum e ter consciência dos próprios sentimentos, colocando-se uns no lugar do outro, a favor da mutualidade e priorizando a integridade de todos os participantes. Os jogos cooperativos apresentam características como: os participantes jogam uns com os outros, compartilham o jogo, superam e se unem, reforçando a confiança mútua, o aperfeiçoamento pessoal e coletivo. Além disso, desenvolvem a intercomunicação e facilitam o despertar de potencialidades individuais em prol do grupo.[21-23]

Quando se joga de forma cooperativa é possível trabalhar os aspectos sociais, além da cognição e da motricidade. Nessa perspectiva, acredita-se que os jogos do tipo cooperativo possam transcender os aspectos motores, possibilitando o desenvolvimento das relações intra e interpessoais, de forma a favorecer as HS. Com o intuito de trabalhar as HS, o jogo permite alterações em suas regras e em sua constituição, permitindo assim que se trabalhem conceitos como civilidade, cooperação, autocontrole, problemas interpessoais, expressividade emocional, empatia e habilidades acadêmicas.

Esportes

Dentro do programa proposto neste capítulo, o esporte foi pautado no processo educativo. Entende-se o esporte como fenômeno social, tema de uma cultura corporal, suscitando a necessidade de questionar suas formas e condições de adaptação à realidade social e cultural da comunidade em que está sendo desenvolvido. O esporte pode ser empregado como um meio para liberar sentimentos como raiva, medo, frustração e agressividade, estimulando a autorrealização e a autoconfiança, além de proporcionar satisfação e alegria durante sua prática. O fato de saber enfrentar questões relacionadas à vitória, derrota, alegria e tristeza ocorridas em momentos bem ou malsucedidos são importantes na formação das HS.[15]

As crianças que vivenciam o esporte tendem a um melhor desenvolvimento motor, adquirem autoconhecimento, motivação e concentração. Nesse sentido, o esporte pode auxiliar no desenvolvimento das HS, principalmente os esportes coletivos sob abordagem educacional, pois possibilitam a comunicação e a transferência de comportamentos sociais de forma prática.

A oportunidade de trabalhar esse conteúdo pode proporcionar ao aluno experiências de alegria, tristeza, vivências para formulação e resolução de problemas, entre outras. Essas características estão associadas às classes autocontrole, expressividade emocional, assertividade e empatia, por isso é importante estimular a prática do esporte como possível ferramenta a promover as HS.

Por se entender que o esporte é um fenômeno sociocultural e que proporciona diversos benefícios, as modalidades esportivas selecionadas para compor o programa foram: futebol, handebol e basquetebol. Devido à grande diversidade de modalidades e possibilidades de abordagem desse conteúdo, sugerem-se os jogos pré-esportivos. Geralmente eles são empregados no início do processo de adaptação aos esportes por meio da ludicidade.

Lutas

As lutas são representações sociais diversificadas e podem ser utilizadas para diversos fins, por exemplo, para o esporte de rendimento, como atividade de lazer, como prática de autodefesa e com finalidade educacional. Para melhor apreensão do papel das lutas no contexto da Educação Física escolar utilizou-se a definição dos Parâmetros Curriculares Nacionais (PCN):[11]

> As lutas são disputas em que os oponentes devem ser subjugados, com técnicas e estratégias de desequilíbrio, contusão, imobilização ou exclusão de um determinado espaço na combinação de ações de ataque e defesa. Caracterizam-se por uma regulamentação específica a fim de punir atitudes de violência e deslealdade. Podem ser citados [como] exemplos de luta as brincadeiras de cabo de guerra e braço de ferro até as práticas mais complexas da capoeira, do judô e do caratê (p.70).

Breda et al.[24] também se referem às lutas um esporte de característica sociocultural de múltiplos significados, sendo um deles o educacional. No programa, as aulas direcionadas ao conteúdo lutas visavam explorar o contexto sociocultural, mas não foram categorizadas como esporte, e sim de acordo com as representações e significados sociais que tal conteúdo representa para os alunos.

As lutas podem contribuir para o enriquecimento cultural e histórico, além de proporcionar benefícios psicomotores, cognitivos, respeito ao próximo e às regras, socialização, interação social e benefício à saúde.[25] Embora pouca ênfase seja atribuída a esses fatores, Rufino e Darido[26] apontam que a racionalização dos estudos científicos eliminou algumas características básicas das tradições das lutas, por exemplo, a saudação, a mediação, as técnicas de cunho mais holístico, dentre outras.

A sugestão é que o conteúdo luta seja planejado com base em seus aspectos metodológicos e socioeducativos, não abrangendo seu caráter esportivo. As principais características que devem ser trabalhadas nesse tema são os princípios de valores das lutas, modos de comportamento, autonomia, relações coletivas, saudação/civilidade e enfrentamento.

Ginástica

O conteúdo ginástica manifesta-se em várias modalidades: ginástica artística, ginástica aeróbica, ginástica rítmica, ginástica geral, ginástica acrobática, ginástica de trampolim, entre outras. De forma geral, qualquer uma dessas ginásticas irá proporcionar aprendizado motor, social, cognitivo e afetivo.

Nunomura e Tsukamoto[27] ressaltam que, durante a infância, programas que trabalham com a ginástica devem ser abrangentes, com a intenção de estruturar uma base motora comum a todas essas manifestações da ginástica. As interações entre os elementos corporais, os equipamentos, a música e o ritmo, a manipulação dos objetos, a composição de coreografias, a cooperação, a exploração e a descoberta, entre outros, auxiliam no desenvolvimento da criança.[27] Barros e Medialcova[28] apontam algumas características sociais e afetivas durante a prática da ginástica rítmica, por exemplo, alegria, motivação e socialização, que oferecem oportunidades para os alunos desenvolverem suas potencialidades criativas e espontâneas.

A ginástica geral é uma das modalidades da ginástica, e, de acordo com Ayoub[29] e Bertolini,[30] as principais características dessa modalidade apresentam-se como as ideais para o trabalho na escola, pois ela acolhe diferentes gestos da ginástica, da dança, do teatro, da capoeira, dos elementos circenses, entre outros elementos provenientes da cultura corporal, com ou sem o uso de materiais. Além disso, permite a participação de todos e preconiza o respeito aos limites individuais e coletivos. Assim, sugerem os autores que o programa inicialmente foque a ginástica geral com o tema circo, pois os elementos relacionados a esse universo podem ser considerados fundamentos básicos da ginástica: "saltar", "equilibrar", "rolar/girar", "trepar" e "balançar/embalar". A escolha desses elementos justifica-se por serem atividades com significado histórico-social, além de contribuir para o desenvolvimento motor das crianças com DI.

Os fundamentos da ginástica geral, quando adequadamente trabalhados, permitem desenvolver capacidades físicas e motoras, como o aspecto socioafetivo, além de favorecer a expressividade emocional durante sua prática.

Dança

O conteúdo dança deve ser desenvolvido para proporcionar às crianças com DI uma vivência de atividades corporais que expressem o significado do trabalho, saúde e costumes sociais dos povos indígenas. Em relação à especificidade da dança, devem ser ensinados seus fundamentos, como ritmo, ações da vida diária, estados afetivos e sensações corporais. A dança indígena e qualquer outro tema devem ser abordados sob a perspectiva da dança educativa, segundo a qual a função da dança no ambiente escolar é formar pessoas livres e capazes de expressar atitudes criativas e conscientes do fluxo natural do movimento humano.[31]

A dança no contexto da cultura corporal adotada por Soares et al.[10] é:

> [...] uma expressão representativa de diversos aspectos da vida do homem. Pode ser considerada como linguagem social que permite a transmissão de sentimentos, emoções da afetividade vivida nas esferas da religiosidade, do trabalho, dos costumes, hábitos, da saúde, da guerra etc. (p.58).

Quando adequadamente mediada, a dança pode influenciar no desenvolvimento das HS de crianças.[32] As HS incluem comportamentos como:[33]

- Pedir ajuda.
- Fazer e responder a perguntas.
- Atender e recusar pedidos.
- Defender-se.
- Expressar sentimentos, agrado e desagrado.
- Pedir mudanças no comportamento do outro.
- Lidar com críticas e elogios.
- Admitir erros e pedir desculpas.
- Escutar empaticamente.

Nesse sentido, a dança pode auxiliar no desenvolvimento e/ou aprimoramento das HS, uma vez que apresenta características lúdicas e coletivas, aspectos positivos para a aprendizagem. Santos, Lucarevski e Silva[34] mencionam que a dança constitui uma atividade lúdica e coletiva, podendo ser um instrumento valioso no processo de facilitação dos relacionamentos interpessoais, no desenvolvimento da autoestima, da autoconfiança e da responsabilidade. Tais aspectos podem ser favorecidos pelas possibilidades de aprender com as experiências corporais, pelo fato de os alunos poderem agir livremente no espaço, interagir com os colegas, expressar sentimentos e pensamentos por meio de diferentes movimentos corporais.

INTERFACE ENTRE OBJETIVOS E CONTEÚDOS NO PROGRAMA DE EDUCAÇÃO FÍSICA

O Quadro 1 apresenta alguns objetivos que podem ser desenvolvidos num programa de Educação Física, sob a perspectiva da cultura corporal. Outros objetivos podem ser traçados de acordo com as necessidades dos alunos, da escola e de seu projeto político-pedagógico.

QUADRO 1 Relação entre as classes das habilidades sociais e os objetivos e conteúdos da Educação Física

Classe das HS	Objetivos	Conteúdo
Autocontrole	Estimular a expressão das emoções (tristeza, alegria, raiva).	Jogo, esporte, ginástica, luta, dança.
	Desenvolver a expressão corporal.	Jogo, esporte, ginástica, luta, dança.
	Reconhecer e nomear as próprias emoções e as dos outros.	Jogo, esporte, ginástica, luta, dança.
	Estimular o controle da ansiedade.	Jogo, esporte, ginástica, luta, dança.
	Estimular o espírito esportivo.	Jogo, esporte, luta.
Civilidade	Cumprimentar e se despedir de colegas e do professor.	Jogo, dança, luta.
	Relacionar-se com o professor e com os colegas.	Jogo, esporte, ginástica, luta, dança.
	Estimular o uso de locuções (por favor, obrigado etc.).	Jogo, dança.
	Aprender a cuidar dos materiais utilizados na aula.	Jogo, esporte, ginástica, luta, dança.
Empatia	Estimular a obedecer a regras ou instruções do professor.	Jogo, esporte, ginástica, luta, dança.
	Estimular a compreensão do sentimento do colega.	Ginástica, dança.
	Estimular a cooperação e a solidariedade.	Jogo, esporte, ginástica, luta, dança.
	Estimular a associação simbólica.	Jogo, dança.
	Analisar o comportamento empático referente a uma planta.	Jogo.
Assertividade	Estimular a sua opinião perante o professor e os colegas.	Jogo, esporte, ginástica, luta, dança.
	Aprender as noções de "posso/não posso; meu/teu".	Jogo, esporte, ginástica, luta, dança.
	Entender a importância de superar seus limites.	Jogo, esporte, ginástica, luta, dança.
	Amenizar comportamentos agressivos.	Jogo, esporte, ginástica, luta, dança.

(continua)

QUADRO 1 Relação entre as classes das habilidades sociais e os objetivos e conteúdos da Educação Física *(continuação)*

Classe das HS	Objetivos	Conteúdo
Fazer amizades	Favorecer a comunicação entre os colegas.	Jogo, esporte, ginástica, luta, dança.
	Estimular a ação de elogiar os colegas.	Jogo, esporte, ginástica, luta, dança.
	Provocar situações de apresentação entre os colegas.	Jogo, luta, dança.
	Estimular o contato corporal com os colegas e o professor.	Jogo, esporte, ginástica, luta, dança.
Solução de problemas interpessoais	Oferecer oportunidades de decisão.	Jogo, esporte, luta.
	Provocar situações que exijam novas formas de execução.	Jogo, esporte, ginástica, luta, dança.
	Favorecer o entendimento de situações de dificuldade.	Jogo, esporte, ginástica, luta, dança.
	Trabalhar as noções de tempo e espaço.	Jogo, esporte, ginástica, luta, dança.
HS acadêmicas	Vivenciar comportamentos socialmente competentes.	Jogo, esporte, ginástica, luta, dança.
	Estimular a participação em todas as atividades.	Jogo, esporte, ginástica, luta, dança.
	Trabalhar a compreensão do momento em que se deve realizar a atividade.	Jogo, esporte, ginástica, luta, dança.

HS: habilidades sociais.
Fonte: elaborado pelas autoras.

O programa de Educação Física proposto neste estudo tem como finalidade desenvolver e/ou aprimorar as HS de crianças e jovens com DI. Importante destacar que o programa apresentado foi construído com base em uma avaliação das características individualizadas e coletivas dos alunos, além das vivências durante as aulas de Educação Física, em conformidade com a abordagem crítico-superadora.

Um programa voltado a essa população, independentemente da metodologia de ensino utilizada pelo professor, deve ser elaborado com base nas características e na especificidade dessa população, visando adequar-se às necessidades da clientela. Dessa forma, ao considerar o déficit de atenção, o comprometimento intelectual, as dificuldade de transferência do conhecimento e o processo de memorização das crianças com DI, estratégias devem ser criadas para atingir o propósito da aprendizagem.

Além disso, fatores básicos como idade, nível de desenvolvimento motor, aspectos cognitivos e habilidades a serem desenvolvidas e/ou aprimoradas devem ser considerados no momento do planejamento. Esse cuidado em observar e selecionar as características constitui uma singularidade e auxilia na determinação dos objetivos do programa. Por meio dessa análise o programa de intervenção será proposto com a finalidade de adequar-se às necessidades do aluno e do grupo.

ESTRATÉGIAS DE ENSINO VOLTADAS ÀS PESSOAS COM DEFICIÊNCIA INTELECTUAL

Ao elaborar um programa de Educação Física para crianças com DI, algumas estratégias de ensino devem ser conjecturadas a fim de minimizar as interposições no processo de ensino-aprendizagem. Munster e Almeida[35] enfatizam a importância de considerar as potencialidades, dificuldades e expectativas da pessoa com deficiência ao planejar as estratégias referentes ao programa de ensino proposto. A seguir são destacadas as principais estratégias empregadas para facilitar a aprendizagem e o ensino de pessoas com DI (Figura 1).

As estratégias descritas podem facilitar a mediação no processo de aprendizagem dos alunos com DI e auxiliar o professor na comunicação com o aluno. Em suma, em um programa de Educação Física há necessidade de conhecer as características individuais e do grupo, da deficiência/necessidade educacional especial, as estratégias de ensino e planejar uma rotina de intervenção, para que o processo de ensino-aprendizagem ocorra de maneira natural. Além disso, o planejamento das atividades deve ser elaborado com base em informações prévias sobre as características dos alunos, e os professores devem observar constantemente as metas e objetivos a serem alcançados durante o processo de ensino.

Ressalta-se ainda a importância de estipular as metas para o grupo, assim como para o aluno, pois se for necessário há maior facilidade para reorganizar o programa sem ocasionar danos físicos, psíquicos ou emocionais.[36]

1. Posicionamento adequado do professor, com o aluno sempre à sua frente. No momento de explicar a atividade, dar preferência à formação da roda.
2. Explicações claras e curtas, ou seja, objetivas.
3. Utilizar palavra-chave que represente uma ação prática no início e/ou final da atividade.
4. Mudar a entonação da voz com a finalidade de chamar a atenção do aluno.
5. Apresentar novidades e/ou situações-problema de maneira concreta. Utilizar exemplos visíveis para associar conceitos e informações novas.
6. Incentivá-los a participar efetivamente das aulas por meio de perguntas diretas, oferecer ajuda e propor atividades em dupla.
7. Utilizar materiais com cores forte e, ao iniciar com um material, dar preferência para os maiores.
8. Utilizar sons, ora realizados por um aparelho de som, ora pelos próprios alunos.
9. Empregar diferentes canais sensoriais para transmitir a mesma informação.
10. Estimular a autonomia na atividade.
11. Corrigir sempre que necessário.
12. Explicar e demonstrar para facilitar o aprendizado.
13. Certificar-se de que a atividade proposta foi compreendida antes de torná-la mais complexa.
14. Permitir que o aluno se expresse durante a transição de uma atividade para outra.
15. Relembrar as atividades anteriores.
16. Preferir tarefas pequenas em vez de grandes.
17. Proporcionar um ambiente acolhedor.
18. Não menosprezar nem subestimar o aluno.
19. Expor os limites de forma clara e objetiva.

FIGURA 1 Estratégias para auxiliar no processo de ensino-aprendizagem de pessoas com deficiência intelectual.

Fonte: adaptada de Ferreira, 2011[20], e Pedrinelli e Rosadas, 2002[39].

ESTRUTURA DO PROGRAMA DE EDUCAÇÃO FÍSICA

O programa proposto aqui envolve duas etapas distintas, a primeira destinada à aproximação do professor e à avaliação diagnóstica dos participantes, com a finalidade de explorar as características da turma, além de compreender as necessidades individuais e do grupo. A segunda etapa caracteriza-se por trabalhar os conteúdos da Educação Física baseada na perspectiva da cultura corporal de maneira sistematizada, com o intuito de favorecer a aquisição e/ou aprimoramento das HS. A Figura 2 apresenta esses elementos de modo mais específico.

A estrutura das aulas indicada aqui se baseia na percepção da totalidade das atividades juntamente com a realidade social dos alunos. Com finalidade explicativa e para melhor entendimento de como as aulas foram planejadas, dividiu-se a estrutura em três partes (Quadro 2), ressaltando que não deve haver descontinuidade no andamento da aulas e que elas devem ser mantidas durante todo o ano letivo. Caso o professor sinta a necessidade de modificar algo, deve ser feita uma transição, sem que haja mudanças bruscas no planejamento diário, pois isso interfere no ensino e no aprendizado do aluno, ainda mais no caso de crianças com DI.

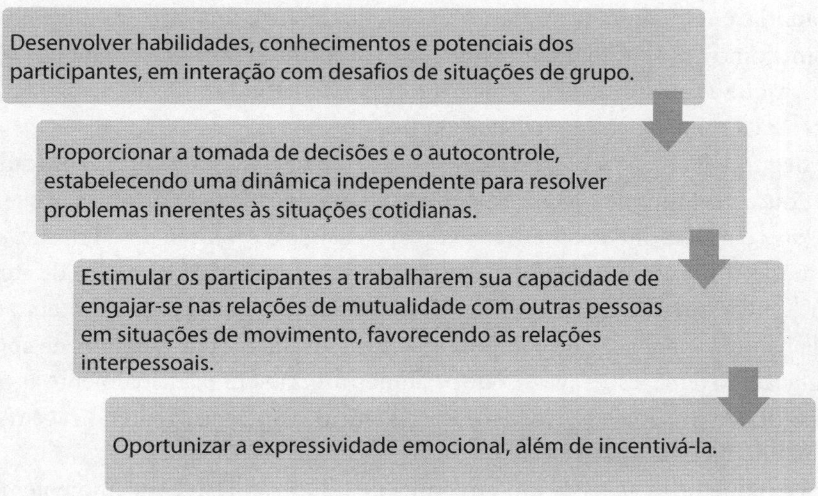

FIGURA 2 Elementos a serem considerados ao inserir habilidades sociais no âmbito da Educação Física.
Fonte: elaborada pelas autoras.

QUADRO 2 Estrutura das aulas do programa de Educação Física baseado na cultura corporal

Parte	Finalidades	Conteúdo
1. Apresentação do tema	Informar ao aluno o que será trabalhado na aula e identificar seu conhecimento prévio sobre o tema.	Nessa primeira parte discutem-se o tema da aula e os objetivos com os alunos, assim como se procura oportunizar que cada aluno expresse seu conhecimento acerca do assunto tratado.
2. Desenvolvimento	Vivenciar as atividades.	A prática da cultura corporal expressa no jogo, no esporte, na luta, na ginástica e na dança.
3. Avaliação	Avaliar a aula e levantar perspectivas para a próxima, bem como possibilitar a autoavaliação do professor e dos alunos.	Este momento consiste em uma roda de conversa com os alunos, para que eles falem sobre as aulas, indicando pontos positivos e negativos, e sobre seu comportamento na aula. Para caracterizar o final da aula, é cantada uma música de despedida.

Fonte: elaborado pelas autoras.

A estrutura proposta no Quadro 2 favorece o desenvolvimento da aula auxiliando a compreensão da sequência das atividades, ou seja, os alunos saberão quando é o momento da avaliação inicial, do desenvolvimento das atividades, assim como a avaliação final e a música de despedida. Dessa forma foi possível inferir que a estruturação da aula e a rotina estabelecida em cada sessão favoreceram a participação efetiva dos alunos.

Segundo Falkenbach, Drexsler e Werle,[37] e Kunz,[38] adotar rotinas nas aulas de Educação Física auxilia na organização das atividades e oportuniza aos professores o uso de diferentes estratégias, favorecendo a evolução dos alunos. Desse modo, a estrutura das aulas permite que o professor elabore meios de atender as necessidades de aprendizagem dos alunos, pois em cada momento da aula há uma solicitação de comportamentos específicos. Por exemplo, na apresentação do tema, esperava-se que os alunos utilizassem principalmente as habilidades de empatia, assertividade e acadêmicas, associadas à aprendizagem do conteúdo da Educação Física.

Geralmente as aulas de um programa de Educação Física em ambientes escolares acontecem em locais destinados a sua prática. É importante considerar tal fato, pois os comportamentos dos alunos se modificam de acordo com o local em que acontecem as aulas.

Assim como a mudança do ambiente interfere no comportamento dos alunos, os tipos de materiais utilizados também influenciam em seu comportamento. Por isso, variáveis como local da aula e o tipo de material devem ser observadas pelo professor.

A Figura 3 representa uma sugestão de sistematização dos conteúdos e temas ao longo do programa de Educação Física, com base na fundamentação teórica já abordada na proposta de intervenção. Um fator que deve ser considerado é o tempo e planejamento. Neste caso é apresentada proposta para um período letivo de dois bimestres.

O Quadro 3 apresenta várias sugestões de atividades que foram elaboradas considerando as vivências dos alunos participantes das aulas, ou seja, as atividades apresentadas formam o resultado de um processo de análise da realidade dos alunos, juntamente com uma análise dos conteúdos da Educação Física e das HS. As classes das HS desenvolvidas em cada sessão foram baseadas em um levantamento bibliográfico acerca das características dos temas e conteúdos da Educação Física, por meio de associações estabelecidas pela pesquisadora.

FIGURA 3 Esquema dos conteúdos e temas da Educação Física trabalhados durante o programa.

Fonte: elaborada pelas autoras.

QUADRO 3 Conteúdos, atividades e principais habilidades sociais a serem trabalhadas em um programa de Educação Física

Conteúdo/tema	Atividades	Habilidades sociais
Dança/indígena	■ Apresentação da professora/pesquisadora e dos alunos. ■ Apresentação do tema.	Civilidade, empatia e assertividade.
	Fazendo círculo, em fila, pula-pula e combinando as brincadeiras.	Acadêmicas.
	Avaliação da aula.	Civilidade, empatia e assertividade.
Dança/indígena	Apresentação do tema.	Civilidade, empatia e assertividade.
	Seu cacique mandou.	Acadêmicas e autocontrole.
	Escolhendo o par.	Empatia e expressividade emocional.
	Fazendo o círculo.	Acadêmicas e civilidade.
	Avaliação da aula.	Civilidade, empatia e assertividade.
Dança/indígena	Apresentação do tema.	Civilidade, empatia e assertividade.
	Seguindo o cacique, o cacique mandou, círculo corporal.	Acadêmicas e empatia.
	Juntando as atividades.	Empatia e expressividade emocional.
	Avaliação da aula.	Civilidade, empatia e assertividade.
Jogos/ cooperativos	Apresentação do tema.	Civilidade, empatia e assertividade.
	Pega-pega, gavião.	Assertividade, empatia, autocontrole, autodefesa e acadêmicas.
	Avaliação da aula.	Civilidade, empatia e assertividade.
Dança/indígena	Apresentação do tema.	Civilidade, empatia e assertividade.
	Imitando o índio.	Acadêmicas, e expressividade emocional.
	Dançando.	Expressividade emocional.
	Avaliação da aula.	Civilidade, empatia e assertividade.
Jogos/ cooperativos	Apresentação do tema.	Civilidade, empatia e assertividade.
	Pique-corrente, mãe da rua.	Assertividade, empatia, autocontrole, autodefesa, acadêmicas e cooperação.
	Avaliação da aula.	Civilidade, empatia e assertividade.
Dança/indígena	Apresentação do tema.	Civilidade, empatia e assertividade.
	O cacique.	Acadêmicas e expressividade emocional.
	Relembrando a coreografia.	Acadêmicas, cooperação e expressividade emocional.
	Avaliação da aula.	Civilidade, empatia e assertividade.

(continua)

QUADRO 3 Conteúdos, atividades e principais habilidades sociais a serem trabalhadas em um programa de Educação Física *(continuação)*

Conteúdo/tema	Atividades	Habilidades sociais
Dança/indígena	Apresentação do tema	Civilidade, empatia e assertividade.
	Expressando o movimento.	Empatia, solução de problemas e expressividade emocional.
	Avaliação da aula.	Civilidade, empatia e assertividade.
Jogos/ cooperativos	Apresentação do tema.	Civilidade, empatia e assertividade.
	Atividade dos participantes.	Acadêmicas e empatia.
	Corrida de saco.	Acadêmicas, autocontrole, assertividade, solução de problemas interpessoais, cooperação e empatia.
	Avaliação da aula.	Civilidade, empatia e assertividade.
Apresentação da dança	Preparação para a apresentação da dança.	Civilidade, empatia, autocontrole e expressividade emocional.
Jogos/ cooperativos	Apresentação do tema.	Civilidade, empatia e assertividade.
	O gato e o rato.	Cooperação, acadêmicas, autocontrole e autodefesa.
	Procurando os ovinhos.	Cooperação, empatia, expressividade emocional e autocontrole.
	Avaliação da aula.	Civilidade, empatia e assertividade.
Ginástica/geral	Apresentação do tema.	Civilidade, empatia e assertividade.
	Fazendo expressões, adivinhar qual é a careta.	Expressividade emocional, acadêmicas e civilidade.
	Apresentação do colega.	Civilidade, empatia, cooperação e expressividade emocional.
	Avaliação da aula.	Civilidade, empatia e assertividade.
Jogos/ cooperativos	Apresentação do tema.	Civilidade, empatia e assertividade.
	Confeccionando as petecas.	Acadêmicas e civilidade.
	Experimentando a peteca.	Cooperação e acadêmicas.
	Avaliação da aula.	Civilidade, empatia e assertividade.
Esporte/pré-esportivo	Apresentação do tema.	Civilidade, empatia e assertividade.
	Jogo tradicional da peteca; a peteca como esporte.	Autocontrole, acadêmicas e empatia.
	Avaliação da aula.	Civilidade, empatia e assertividade.
Ginástica/geral	Apresentação do tema.	Civilidade, empatia e assertividade.
	Fazendo caretas, o espelho.	Expressividade emocional, acadêmicas e civilidade.
	Vídeo do circo.	Empatia, assertividade e acadêmicas.
	Avaliação da aula.	Civilidade, empatia e assertividade.

(continua)

QUADRO 3 Conteúdos, atividades e principais habilidades sociais a serem trabalhadas em um programa de Educação Física *(continuação)*

Conteúdo/tema	Atividades	Habilidades sociais
Esporte/futebol pré-esportivo	Apresentação do tema.	Civilidade, empatia e assertividade.
	Futebol em círculo, joão--bobo, jogando em duplas.	Autocontrole, acadêmicas e cooperação.
	Avaliação da aula.	Civilidade, empatia e assertividade.
Esporte/futebol pré-esportivo	Apresentação do tema.	Civilidade, empatia e assertividade.
	Fazendo o gol no colega, minijogo.	Autocontrole, acadêmica e cooperação.
	Avaliação da aula.	Civilidade, empatia e assertividade.
Ginástica/geral	Apresentação do tema.	Civilidade, empatia e assertividade.
	Brincadeiras de circo, criando movimentos.	Acadêmicas e expressividade emocional
	Avaliação da aula.	Civilidade, empatia e assertividade.
Esporte/handebol pré--esportivo	Apresentação do tema.	Civilidade, empatia e assertividade.
	Queimada.	Autocontrole, acadêmicas e cooperação.
	Avaliação da aula.	Civilidade, empatia e assertividade.
Esporte/handebol pré--esportivo	Apresentação do tema.	Civilidade, empatia e assertividade.
	Caçador de bolas, fazendo gols.	Autocontrole, cooperação, acadêmicas e assertividade.
	Avaliação da aula.	Civilidade, empatia e assertividade.
Ginástica/geral	Apresentação do tema.	Civilidade, empatia e assertividade.
	Realizando e criando os movimentos do circo.	Cooperação, empatia, acadêmicas e expressividade emocional.
	Avaliação da aula.	Civilidade, empatia e assertividade.
Esporte/basquetebol pré-esportivo	Apresentação do tema.	Civilidade, empatia e assertividade.
	Pega-rabo de duplas.	Cooperação, acadêmicas, autocontrole e problemas interpessoais.
	Fazendo cestas.	Autocontrole, acadêmicas, cooperação e assertividade.
	Avaliação da aula.	Civilidade, empatia e assertividade.
Lutas/introdutória	Apresentação do tema.	Civilidade, empatia e assertividade.
	Diferentes cumprimentos na luta.	Civilidade e acadêmicas.
	Luta dos dedinhos e perda do desequilíbrio corporal.	Civilidade, acadêmicas, autocontrole e solução de problemas interpessoais.
	Cabo de guerra.	Civilidade, acadêmicas e cooperação.
	Avaliação da aula.	Civilidade, empatia e assertividade.

(continua)

QUADRO 3 Conteúdos, atividades e principais habilidades sociais a serem trabalhadas em um programa de Educação Física *(continuação)*

Conteúdo/tema	Atividades	Habilidades sociais
Lutas/capoeira	Apresentação do tema.	Civilidade, empatia e assertividade.
	Música, no ritmo.	Civilidade e acadêmicas.
	Estourando o balão.	Civilidade, acadêmicas e autocontrole.
	Avaliação da aula.	Civilidade, empatia e assertividade.

A descrição das atividades na íntegra pode ser encontrada na dissertação de mestrado da primeira autora do capítulo.[17]

Fonte: elaborado pelas autoras.

AVALIAÇÃO DAS HABILIDADES SOCIAIS

A avaliação é uma importante ferramenta para o professor, pois com base nela é possível identificar as áreas do desenvolvimento do indivíduo a serem desenvolvidas durante o programa de Educação Física, além de conseguir acompanhar a evolução dos alunos. Destaca-se a necessidade de avaliar os programas tanto no início quanto no término, com o propósito de constatar as evoluções de cada estudante. Pode-se entender a avaliação como um conjunto de atividades, de tarefas ou até mesmo listas de comportamentos a serem observados pelo professor com a finalidade de diagnosticar e analisar o desempenho do aluno.

Del Prette e Del Prette[33] (2009) mencionam que a grande maioria dos instrumentos de avaliação das HS de crianças é aplicada aos pais (cuidadores) e aos professores. São raros os instrumentos de autoavaliação com crianças, devido às dificuldades do estágio de desenvolvimento em que elas se encontram. Del Prette e Del Prette (2009) especificam os recursos comumente utilizados (testes e inventários padronizados) na avaliação das HS. No Brasil, encontram-se disponíveis 12 instrumentos para mensurá-las e entre eles apenas 5 foram especificamente concebidos para crianças (Quadro 4).

QUADRO 4 Instrumentos de avaliação das habilidades sociais disponíveis no Brasil

Nome do instrumento de avaliação	O que avalia	Quem avalia
Inventário Multimídia de Habilidades Sociais para Crianças	■ Habilidades sociais. ■ Comportamentos problemáticos.	Crianças
Sistema de Avaliação de Habilidades Sociais	■ Habilidades sociais. ■ Comportamentos problemáticos. ■ Competência acadêmica.	Crianças
Escala de Comportamento Social	■ Habilidades sociais. ■ Comportamento problemático.	Pré-escolares
Escala Multidimensional de Reatividade Interpessoal	Habilidades de empatia.	Crianças e adolescentes
Escala de Empatia para Crianças e Adolescentes	Habilidades de empatia.	Crianças e adolescentes
Inventário de Habilidades Sociais (IHS – Del Prette)	Habilidades sociais.	Adultos jovens
Inventário de Empatia	Habilidades de empatia.	Adultos jovens
Inventário de Assertividade de Rathus	Habilidades sociais acadêmicas.	Adultos
Escala para Autoavaliação ao Falar em Público (SSPS)	Habilidades de falar em público.	Adultos
Inventário de Habilidades Sociais Conjugais (IHSC-Villa; Del Prette)	Habilidades sociais conjugais.	Casais
Inventário de Habilidades Sociais para Adolescentes (IHSA-Del Prette)	Habilidades sociais.	Adolescentes
Escala Matson de Habilidades Sociais para Adolescentes (MESSY)	Habilidades sociais e problemas de comportamento.	Adolescentes

Fonte: adaptado de Del Prette e Del Prette, 2009[33].

Para a população de crianças e jovens com DI, somente o Sistema de Avaliação de Habilidades Sociais (SSRS-BR) apresenta índice normativos validados à população brasileira. O uso dessas escalas pode ser empregado como medidas de saúde, diagnóstico, instrumentos de pesquisa, avaliação de programas educacionais e de avaliação clínica. Contudo, é importante destacar que para o professor de Educação Física utilizar algum desses instrumentos são necessários autorização e acompanhamento de um profissional formado em Psicologia.

Não obstante, é de suma importância o professor adotar a prática da avaliação em todas as suas aulas não somente no início como no término do programa. A avaliação durante o programa tem a finalidade de auxiliar na elaboração das próximas aulas, ofertando ao professor conhecimento sobre o aprendizado retido até aquele momento. O professor poderá manter um caderno de avaliações a fim de anotar as principais evoluções e dificuldades da turma, bem como dos alunos individualmente.

CONSIDERAÇÕES FINAIS

Ao elaborar um programa de Educação Física na perspectiva da abordagem crítico-superadora para crianças com DI, o professor deve primeiramente conhecer os alunos e extrair suas principais potencialidades, assim como suas dificuldades. É de extrema importância deixar que o aluno com DI se expresse sobre o conteúdo como ele entendeu, para que o professor possa perceber suas formas de compreensão, assim como verificar se houve aprendizado.

Outro elemento relevante refere-se à organização e à rotina. Toda aula deve observar uma rotina para que os alunos consigam entender qual momento é o de vivenciar a atividade e em qual momento será realizada a reflexão (uma das características marcantes da abordagem crítico-superadora). Por isso, deve-se utilizar a progressão pedagógica e adaptar as atividades somente quando necessário.

Em relação à escolha de conteúdo, é muito importante seguir as bases educacionais legais, mas não esquecer de considerar a regionalidade e os interesse dos alunos, além da aplicação no cotidiano. Eles precisam perceber que os conteúdos são aplicáveis ao seu dia a dia. Dessa forma o professor conseguirá aprimorar o conhecimento do aluno e atender os principais pilares da abordagem crítico-superadora: a relevância social, a contemporaneidade, as possibilidades sociocognitivas, o confronto e a contraposição de saberes, a simultaneidade e a provisoriedade do conhecimento.

REFERÊNCIAS

1. American Association of Intellectual and Development Disabilities (AAIDD). Intellectual disability: definition, classification, and systems of supports. 11.ed. 2010.
2. Ballone GJ. Deficiência mental. Disponível em: https://ballone.com.br/deficiencia-mental/. Acesso em: 5 jan. 2023.
3. Luckasson R, Coulter DL, Polloway EA, Reiss S, Schalock RL, Snell ME, et al. Mental retardation: definition, classification, and systems of support. Washington: American Association on Mental Retardation; 1992.
4. Associação Americana de Retardo Mental (AAMR). Retardo mental: definição, classificação e sistema de apoio. 10.ed. Porto Alegre: Artmed; 2006.

5. Matson JL, Wilkins J. A critical review of assessment targets and methods for social skills excesses and deficits for children with autism spectrum disorders. Research in Autism Spectrum Disorders. 2007;1:28-37.
6. Cook F, Oliver C. A review of defining and measuring sociability in children with intellectual disabilities. Research in Developmental Disabilities. 2011;32:11-4.
7. Pinola ARR, Del Prette ZAP, Del Prette A. Habilidades sociais e problemas de comportamento de alunos com deficiência mental, alto e baixo desempenho acadêmico. Revista Brasileira de Educação Especial (Marília). 2007 May/Aug;13(2):239-56.
8. Smith KRM, Matson JL. Social skills: differences among adults with intellectual disabilities, co-morbid autism spectrum disorders and epilepsy. Research in Developmental Disabilities. 2010;31:1366-72.
9. Simon EW, Rosen M, Grossman E, Pratowski E. The relationships among facial emotion recognition, social skills, and quality of life. Research in Developmental Disabilities. 1995; 16(5):383-91.
10. Soares CL, Taffarel CNZ, Varjal E, Filho LC, Escobar MO, Bracht V. Metodologia do ensino de educação física. São Paulo: Cortez; 1992.
11. Brasil. Secretaria de Educação Fundamental. Parâmetros Curriculares Nacionais: Educação Física. Brasília: MEC/SEF; 1997.
12. Cidade RE, Freitas PS. Educação física e inclusão: considerações para a prática pedagógica na escola. Integração. 2002;14;27-30.
13. Mauerberg-Decastro E. Atividade física adaptada. Ribeirão Preto: Tecmedd; 2011.
14. Verardi PH. Análise do desempenho de crianças surdas em um programa de ensino de exercícios básicos de ginástica olímpica. [Dissertação – Mestrado em Educação Especial]. São Carlos: Universidade Federal de São Carlos; 1998.
15. Francisco AAS. Efeitos da educação física nas habilidades sociais, estresse e autoestima de indivíduos com necessidades especiais. [Trabalho de Conclusão de Curso – Graduação]. São Carlos: Universidade Federal de São Carlos, Departamento de Psicologia; 2004.
16. Silva RCO. Habilidades sociais no âmbito da educação física: um estudo bibliográfico. [Trabalho de Conclusão de Curso – Graduação]. Porto Velho: Universidade Federal de Rondônia, Departamento de Educação Física; 2008.
17. Ferreira EF. Habilidades sociais e deficiência intelectual: influência de um programa de educação física baseado na cultura corporal. [Dissertação – Mestrado em Ciências Humanas]. São Carlos: Universidade Federal de São Carlos; 2014. Disponível em: https://repositorio.ufscar.br/handle/ufscar/3166?show=full. Acesso em: 5 jan. 2023.
18. Caillois R. Los juegos y los hombres: la máscara y el vertigo. México: Fondo de Cultura Económica; 1986.
19. Huizinga J. Homo ludens: o jogo como elemento da cultura. 4.ed. São Paulo: Perspectiva;1993.
20. Ferreira MBR. Jogo, representações sociais, configurações, inclusão, exclusão. In: Ferreira EL (org.). Atividades físicas inclusivas para pessoas com deficiência. Mogi das Cruzes: Confederação Brasileira de Dança em Cadeira de Rodas; 2011. p.17-95.
21. Brotto FO. Jogos cooperativos: o jogo e o esporte como um exercício de convivência. [Dissertação – Mestrado em Educação Física]. Campinas: Universidade Estadual de Campinas, Faculdade de Educação Física; 1999.
22. Amaral JD. Jogos cooperativos. São Paulo: Phorte; 2004.
23. Soler R. Brincando e aprendendo com os jogos cooperativos. Rio de Janeiro: Sprint; 2005.
24. Breda M, Galatti L, Scaglia AJ, Paes RR. Pedagogia do esporte aplicada às lutas. São Paulo: Phorte; 2010. p.158.
25. Leite FF, Borges RS, Dias TLV. A utilização das lutas enquanto conteúdo da educação física escolar nas escolas estaduais de Araguaína-TO. Revista Científica do ITPAC (Araguaína). 2012 Jul;5(3).

26. Rufino LGB, Darido S. Possíveis diálogos entre a educação física escolar e o conteúdo das lutas na perspectiva da cultura corporal. Conexões: Revista da Faculdade de Educação Física da Unicamp. 2013 Jan/Mar;11(1):145-70.
27. Nunomura M, Tsukamoto MHC. Fundamentos das ginásticas. Jundiaí: Fontoura; 2009. p.240.
28. Barros D, Medialcova GT. Os primeiros passos da ginástica rítmica. Rio de Janeiro: Grupo Palestra Esport; 1998.
29. Ayoub E. Ginástica geral e educação física escolar. Campinas: Ed. Unicamp; 2003.
30. Bertolini CM. Ginástica geral na escola: uma proposta pedagógica desenvolvida na rede estadual de ensino. [Dissertação]. Campinas: Universidade Estadual de Campinas, Faculdade de Educação Física; 2005.
31. Laban R. Dança educativa moderna. São Paulo: Ícone; 1990.
32. Macuco EC, Teixeira KC. A dança e sua influência sobre as habilidades sociais da criança na idade escolar. Fiep Bulletin (Foz do Iguaçu). 2011;81(special edition, article 2):1-6.
33. Del Prette ZAP, Del Prette A. Psicologia das habilidades sociais: diversidade teórica e suas implicações. Petrópolis: Vozes; 2009.
34. Santos JT, Lucarevski, JA, Silva RM. Dança na escola: benefícios e contribuições na fase pré-escolar. Psicologia: O portal dos Psicólogos. 2005. p.1-11.
35. Munster MA, Almeida JJG. Atividade física e deficiência visual. In: Gorgatti MG, Costa RF (orgs.). Atividade física adaptada: qualidade de vida para pessoas com necessidades especiais. 2.ed. Barueri: Manole; 2008. p.28-76.
36. Barbosa GO. Efeito de um programa de equoterapia no desenvolvimento psicomotor de crianças com indicativos de transtorno de déficit de atenção e hiperatividade (TDAH). [Dissertação – Mestrado em Educação Especial]. São Carlos: Universidade Federal de São Carlos, Centro de Ciências Humanas; 2013.
37. Falkenbach AP, Drexsler G, Werle V. Didática da educação física e inclusão. Revista Brasileira Ciências do Esporte (Campinas). 2007 Jan;28(2):103-19.
38. Kunz E. Didática da educação física. 2.ed. Ijuí: Unijuí; 2002.
39. Pedrinelli VJ, Rosadas SC. Metodologia aplicada ao deficiente mental. Brasília: MEC, Secretaria de Educação Especial. 2002.

CAPÍTULO **10**

Programa de dança educativa para pessoas com deficiência

Patrícia Rossi-Andrion
Mey de Abreu van Munster

Você verá neste capítulo...

O texto, derivado da dissertação de mestrado da primeira autora, apresenta um programa de dança educativa voltado às pessoas com deficiência, independentemente da etiologia e da fase do desenvolvimento, centrado na avaliação processual do ensino. Com aporte teórico baseado em Laban, descreve a importância desse programa em diferentes contextos (educacional, de reabilitação, artístico e esportivo) e para finalidades distintas (pedagógica, terapêutica, performática e competitiva).

Os autores reúnem os fundamentos da dança educativa e os aspectos referentes ao programa em si: finalidade, objetivos, espaço, recursos materiais, conteúdo programático, estrutura da sessão, estratégias de ensino e cuidados especiais envolvendo a população com deficiência.

O programa de dança educativa oferece às pessoas com deficiência uma atividade rica, lúdica e eficiente, capaz de proporcionar melhorias nos aspectos motores, sociais e emocionais.

INTRODUÇÃO À DANÇA EDUCATIVA

"Dança educativa" é um termo introduzido por Laban[1] ao referir-se à dança como meio para educar, instruindo os que a praticam, a fim de que proporcione movimentos naturais de expressão, espontâneos e criativos e de que promova o desenvolvimento e a capacidade do indivíduo de dançar e de relacionar-se com o mundo. Afinal, o movimento é um elemento básico da vida e deve ser orientado e estruturado para proporcionar o desenvolvimento de cada um, justificando a educação por meio da dança.

Com relação ao processo educativo, Laban aponta múltiplas possibilidades do movimento, enfatizando uma movimentação criativa, menos restrita e que respeita o desenvolvimento do indivíduo como um todo, independentemente da fase do desenvolvimento e de sua experiência com dança. Ele deixou em seu legado que o conhecimento é adquirido por meio do corpo, tendo em vista que corpo e mente são indissociáveis, não sendo possível separar conceitos abstratos, ideias e pensamentos da experiência corporal de cada um.[2,3]

O ensinamento da dança educativa enfatiza a compreensão e a prática do movimento e de seus elementos, ao invés do estudo de cada movimento particular. Estuda-se o todo e não as partes, com base no domínio consciente da movimentação, desenvolvem-se a expressão e a criação, permitindo a integração entre o conhecimento intelectual do aluno e sua criatividade por meio da compreensão das qualidades de movimento expressas pelas atitudes humanas.[1,4]

A ênfase recai sobre a aprendizagem clara e precisa dos diferentes esforços, a compreensão das diferentes formas de movimento e o efeito benéfico que a dança educativa proporciona. Além do mais, nessa modalidade de dança não prepondera a perfeição, criação ou execução de movimentos sensacionais; enfatiza-se o processo de ensino, e não o produto.[1,2]

A aprendizagem da dança educativa deve conceder ao indivíduo a capacidade e a agilidade necessárias para realizar movimentos a partir de qualquer impulso voluntário ou involuntário e a possibilidade de movimentar-se com desenvoltura e segurança, sendo estimulados de formas diferentes e incentivando o movimento, a descoberta pessoal e o desenvolvimento da personalidade de cada um,[1,2] independentemente de sua condição física, intelectual e sensorial.

Segundo Laban,[1] as crianças têm o impulso nato de realizar movimentos similares aos da dança, sendo essa uma forma inconsciente. Cabe ao professor cultivar e concentrar esse impulso e torná-las mais conscientes de suas possibilidades artísticas, preservando a espontaneidade e fomentando a expressão e a criatividade.

Ao refletir sobre o desenvolvimento de cada um, respeitando seus limites e suas potencialidades e visando cultivar a consciência das possibilidades artísticas, a espontaneidade, a expressão e a criatividade, torna-se justificada a possibilidade de desenvolver um programa de dança educativa, tendo como aporte

Laban, junto às pessoas com deficiência (física, intelectual, auditiva e/ou visual), independentemente do contexto (educacional, de reabilitação, artístico e esportivo) e com finalidades distintas (pedagógica, terapêutica, performática e competitiva).

Embora haja uma relação maior entre o contexto educacional e a finalidade pedagógica; o contexto de reabilitação e a finalidade terapêutica; o contexto artístico e a finalidade performática; e o contexto esportivo e a finalidade competitiva e de alto rendimento, o estudo de Rossi e Munster[5] descreve a possibilidade de ocorrer uma sobreposição entre eles. Dessa forma, "um contexto possibilita o envolvimento de diversas finalidades, e as finalidades podem ser desenvolvidas em diversos contextos" (p.185).

A versatilidade da dança a caracteriza como agente interdisciplinar, pois tem a capacidade de abranger duas ou mais áreas do conhecimento, por exemplo, a educação, o esporte e a saúde.[5]

Independentemente do contexto e da finalidade em que/como a dança aqui proposta será desenvolvida, é importante atentar à organização adequada do programa, respeitando a individualidade de cada um, desenvolvendo a consciência integral do indivíduo; centralizando corpo, mente e emoção; ampliando os repertórios de movimento; facilitando o autoconhecimento do corpo por meio da interação social; observando e analisando o movimento humano; considerando a singularidade de cada corpo; reproduzindo e divulgando o conhecimento a partir da experiência.[5,6]

FUNDAMENTOS DA DANÇA EDUCATIVA

A dança educativa se expressa por meio da riqueza das formas dos movimentos, dos gestos e dos passos realizados na vida diária por meio das atitudes das pessoas, com suas próprias formas e técnicas e consistindo em uma combinação de elementos de esforços não padronizados.[1]

O termo "esforço" é designado para descrever que o movimento não é só mecânico ou físico, mas acontece dentro do corpo, envolvendo emoções, sensações, pensamentos e demais atitudes em um movimento visível;[3] é uma ação que resulta de uma atitude interna.

Esses esforços não padronizados se baseiam em fatores de movimento, que são componentes identificados durante uma movimentação corporal intencional expressada com gradações de qualidades, descritos como fluência, espaço, peso e tempo:[3]

Fluência	■ Integração do movimento, sensação de unidade entre as partes do corpo e progressão do movimento. ■ Pode ser de qualidade livre (liberada) ou contida (controlada). ■ A qualidade livre demonstra expansão, entrega e projeção de sentimentos. ■ A qualidade contida demonstra restrição, cuidado e contenção.
Espaço	■ Comunicação, relação com o outro e com o mundo ao redor e informação sobre onde está o movimento. ■ Pode ter qualidade direta ou flexível. ■ O espaço direto mantém uma trajetória ou direção a um ponto, apresentando movimentos retos e lineares. ■ O espaço flexível é definido como arredondado, ondulante e indireto, com uso amplo do espaço.
Peso	■ Estabilidade e segurança, com qualidade livre ou firme, apresentando 4 atributos: 1. Força de gravidade. 2. Força cinética. 3. Força estática. 4. Resistência interna do corpo. ■ O peso leve apresenta movimentos para cima, suavidade e bondade. ■ O peso firme apresenta movimentos para baixo, firmeza, tenacidade e resistência.
Tempo	■ Auxilia na operacionalidade do movimento, relacionando a decisão (quando se movimentar). ■ Qualidades envolvidas: súbita e sustentada. ■ Apresenta 3 atributos: 1. Duração. 2. Velocidade rápida ou lenta. 3. Velocidade acelerada ou desacelerada. ■ O tempo súbito apresenta movimentos rápidos e acelerados de curta duração. ■ O tempo sustentado apresenta movimentos lentos e desacelerados de curta duração.

FIGURA 1 Descrição dos fatores de movimento.
Fonte: adaptada de Rengel, 2003.[7]

Os fatores de movimento possibilitam combinações e variações entre eles, permitindo que o professor crie novos movimentos e os realize e desenvolva com seus alunos em diferentes finalidades.[1] O Quadro 1 apresenta, de forma sintética, as descrições dos fatores de movimentos, suas qualidades e características, juntamente com exemplos lúdicos para facilitar sua compreensão/concretização.

QUADRO 1 Descrição dos fatores de movimento, suas qualidades, características e exemplos lúdicos

Fator de movimento	Qualidades dos fatores	Característica dos movimentos	Exemplos lúdicos
Fluência	Livre	Expansão e projeção de sentimentos	Alegria, voar, movimento da água do rio/mar
	Contida	Restrição, cuidado e contenção.	Tristeza, esconder-se
Espaço	Direto	Retos e lineares	Marcha do soldado
	Flexível	Arredondado, indireto, com uso amplo do espaço	Movimento da cobra, movimento da água no mar
Peso	Leve	Para cima, suavidade e bondade	Andar na Lua, nadar dentro de um pote de geleia, voar
	Firme	Para baixo, firmeza e resistência	Ação da gravidade, elefante, pedra caindo no chão
Tempo	Súbito	Rápidos e acelerados de curta duração	Asa de um beija-flor, carro de corrida
	Sustentado	Lentos e desacelerados de longa duração	Avião, balão

Fonte: adaptado de Rengel, 2003.[7]

QUADRO 2 Temas de movimento a partir das combinações dos fatores e suas qualidades

Temas de movimento	Fator do movimento	Qualidades do movimento
Torcer	Tempo Peso Espaço Fluência	Sustentado Firme Flexível Contida
Pressionar	Tempo Peso Espaço Fluência	Sustentado Firme Direto Contida
Chicotear	Tempo Peso Espaço Fluência	Súbito Firme Flexível Contida

(continua)

QUADRO 2 Temas de movimento a partir das combinações dos fatores e suas qualidades *(continuação)*

Temas de movimento	Fator do movimento	Qualidades do movimento
Socar	Tempo Peso Espaço Fluência	Súbito Firme Direto Contida
Flutuar	Tempo Peso Espaço Fluência	Sustentado Leve Flexível Livre
Deslizar	Tempo Peso Espaço Fluência	Sustentado Firme Direto Livre
Pontuar	Tempo Peso Espaço Fluência	Súbito Leve Direto Contida
Sacudir	Tempo Peso Espaço Fluência	Súbito Leve Flexível Livre

Fonte: adaptado de Laban, 1990.[1]

É importante atentar para as direções relativas à orientação espacial e seus níveis. Essas direções e níveis de espaço são irradiados a partir do centro do corpo e indicam lugares no espaço em relação ao corpo de quem se movimenta. Para descrever uma direção/nível espacial, são envolvidas as direções dimensionais alto, baixo, à direita, à esquerda, frente, atrás e centro; e níveis de espaço baixo, médio e alto,[3] o que é apresentado na Figura 2. Assim é possível descrever com mais detalhes o movimento que está sendo realizado, imaginando como se estivesse dentro de uma kinesfera (termo usado por Laban), como apresenta a Figura 3.

Laban também descreve temas de movimento que correspondem a etapas adequadas ao desenvolvimento de cada indivíduo, propondo uma complexidade crescente, que se aproxima do desenvolvimento de uma criança desde a infância. Esses temas possibilitam diferentes variações. Além do mais, não há necessidade de que o aluno tenha compreendido todas as ideias de um tema para iniciar o próximo, podendo as ideias ser desenvolvidas paralelamente.[1]

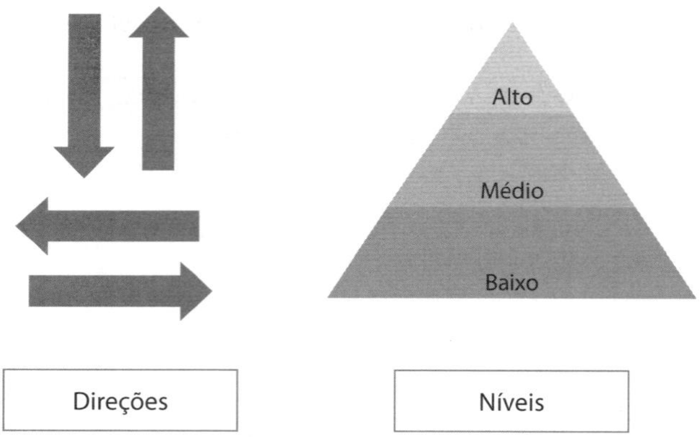

FIGURA 2 Direções e níveis dos movimentos.
Fonte: adaptada de Laban, 1990.[1]

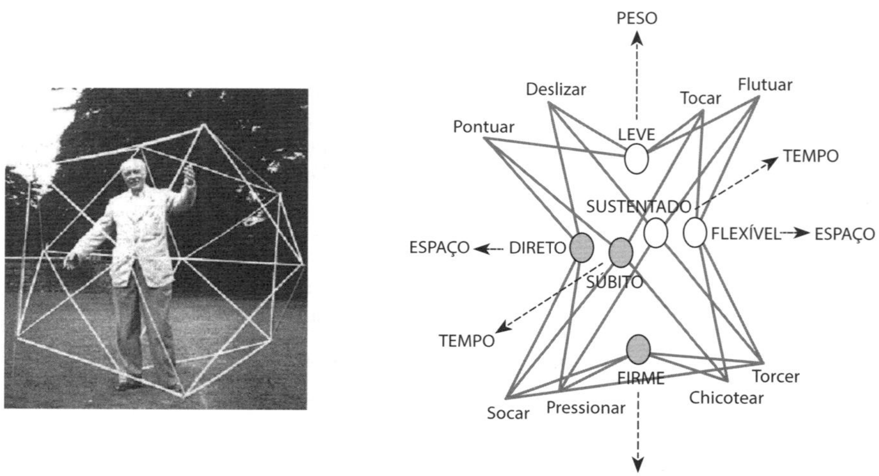

FIGURA 3 Kinesfera proposta por Laban, 1990.
Fonte: adaptada de Laban, 1990.[1]

Esses temas foram estabelecidos por Laban para demonstrar as possibilidades dos caminhos que os professores podem percorrer durante o processo de ensino e aprendizagem da dança educativa, não sendo algo rígido e que observa uma única sequência. Eles são flexíveis e interligados, devendo o professor organizá-los da melhor forma para atender as necessidades de seus alunos. Para tanto, torna-se de extrema importância desenvolver um programa adequado à população com a qual se pretende trabalhar.

PROGRAMA DE ENSINO EM DANÇA EDUCATIVA

O planejamento de um programa de ensino deve ser iniciado com a proposição de objetivos. Devem ser estabelecidos para além dos limites determinados pelo que tradicionalmente se ensina, buscando em seguida as alternativas inovadoras, as atividades como recurso para o ensino de habilidades, os conhecimentos e os métodos. Além disso, é necessário estabelecer relações entre os conteúdos, os objetivos e o nível de desempenho dos alunos para que seja construída uma sequência lógica das tarefas a serem realizadas.[8]

O programa de ensino em dança educativa explora os temas de movimento descritos por Laban,[1] os quais se dividem em etapas adequadas ao desenvolvimento de cada indivíduo, propondo uma complexidade crescente e que possibilita diferentes variações.

Existem 16 temas básicos de movimentos propostos por Laban,1 sendo divididos em elementares (de 1 a 8) e avançados (de 9 a 16), conforme exibe o Quadro 3.

QUADRO 3 Temas básicos de movimentos

Elementares	1. Consciência do corpo. 2. Consciência do peso e do tempo. 3. Consciência do espaço. 4. Consciência do fluxo do peso corporal no tempo e no espaço. 5. Adaptação a companheiros. 6. Uso instrumental dos membros do corpo. 7. Consciência de ações isoladas. 8. Ritmos ocupacionais.
Avançados	9. Formas de movimento. 10. Combinações das 8 ações básicas de esforço. 11. Orientação no espaço. 12. Figuras. 13. Elevação do solo. 14. Despertar da sensação de grupo. 15. Formações grupais. 16. Qualidades expressivas ou modos dos movimentos.

Fonte: adaptado de Laban, 1990.[1]

Esses temas se relacionam com possibilidades no desenvolvimento de um programa de ensino. O professor tem como papel fundamental encontrar sua própria maneira de estimular os movimentos da dança em seus alunos e escolher um conjunto de temas de movimentos básicos e/ou avançados adequados ao desenvolvimento real do aluno ou da maioria do grupo.[1] Não há um caminho fixo a percorrer. O professor tem flexibilidade para adequar e adaptar tais temas de acordo com as experiências corporais dos alunos e suas características.

Concomitantemente à organização do programa, devem ser consideradas as características da população e, no nosso caso, o tipo de deficiência com que se pretende trabalhar, bem como as implicações motoras, cognitivas e sensoriais e as potencialidades a serem desenvolvidas durante as aulas. É importante que o professor reflita e planeje a sequência do programa respeitando os alunos como um todo e propondo atividades adequadas ao nível de desenvolvimento motor, cognitivo e social, realizando adaptações quando necessário.[9]

Para a realização de um programa de ensino para pessoas com deficiência, o profissional deve:

- Organizar as atividades que se aproximem do objetivo final.
- Permitir que os alunos progridam em ritmos semelhantes com possíveis adaptações individuais.
- Obedecer a uma sequência progressiva de dificuldades.
- Reforçar e corrigir imediatamente os alunos para facilitar a fixação e a execução dos exercícios.[10]

Uma coreografia desenvolvida durante uma aula de dança, por exemplo, deve respeitar todos os preceitos sugeridos por esse autor; quanto às correções, são proporcionadas com base nas avaliações realizadas pelo profissional no decorrer de cada aula, visando ao processo de ensino em detrimento do produto. Esse processo acontece por meio da observação, para que sejam pontuadas as dificuldades e as facilidades dos alunos, buscando adequar e analisar o ensino após compreender cada dificuldade e verificar a compreensão de determinados conceitos ou habilidades por parte dos alunos.[11]

Para que o desenvolvimento do programa de ensino seja satisfatório, os profissionais devem reestruturar técnicas, formas de organização e adaptações específicas de acordo com os objetivos das aulas e do programa, selecionando e organizando metas conforme as necessidades dos alunos e proporcionando igualdade de oportunidades e qualidade de vida.[9]

A necessidade pedagógica de determinar objetivos, conteúdos, procedimentos e avaliação antes do início de um programa incentiva a criação de técnicas e procedimentos de ensino aplicáveis a qualquer aluno em qualquer escola, universalizando e auxiliando no trabalho dos professores. Todavia, o professor deve usar a criatividade na elaboração e criação de novos conteúdos, tendo um programa já idealizado como caminho a ser seguido e não como algo sistemático e sem flexibilidade.[4]

PROGRAMA DE ENSINO EM DANÇA EDUCATIVA VOLTADO A PESSOAS COM DEFICIÊNCIA

Antes de efetuar o planejamento do programa de ensino, é importante que o profissional tenha conhecimento das características que seus alunos com deficiência podem apresentar. Não se deve pensar apenas e especificamente na etiologia e de que forma o acometem; deve-se pensar, sobretudo, nos aspectos funcionais, ou seja, quais partes do corpo ele consegue movimentar para participar da aula como um todo. Mais importante que a denominação da etiologia ou o termo específico para se referir ao tipo/nível de deficiência é ser capaz de identificar as potencialidades e enfatizar a funcionalidade, proporcionando o ensino e a aprendizagem dos conteúdos aqui estabelecidos.[12]

No que se refere à deficiência física, podem ser encontrados alunos com um ou mais membros acometidos que utilizam diferentes formas de locomoção e que deambulam com ou sem auxílio de dispositivos (órtese, andador, muletas). Eles podem apresentar acometimentos em apenas um membro inferior ou superior, nos dois membros inferiores, no membro inferior e superior de um dos lados do corpo (direito ou esquerdo) e, ainda, movimentar ou não esses membros acometidos. Também podem ser encontrados alunos com pouca mobilidade em uma ou mais articulações, que fazem uso de cadeira de rodas e/ou que não têm algum membro. No caso dos cadeirantes, o importante é atentar para a altura da lesão e observar se há sensibilidade ou não nos membros e regiões do corpo acometidas. Além do mais, poderá haver várias características associadas.

Outros fatores a serem considerados são: a característica do tônus muscular, se o aluno é hipotônico ou hipertônico; o grau de independência na marcha (deambular sozinho ou com auxílio de dispositivos); o nível de apoio necessário ao engatinhar, rastejar e rolar pelo chão (capacidade de realizar movimentos com autonomia) e a capacidade de manter-se sentado sem ou com auxílio.[12]

Quanto à deficiência visual, existem alunos com baixa visão ou cegos. Para ambos, antes de iniciar qualquer atividade, é importante realizar o reconhecimento do espaço com esses alunos e informá-los sempre que houver alguma barreira arquitetônica nova/diferente. Quando o professor decidir utilizar equipamentos/acessórios/objetos durante as atividades, deve-se entregá-los ao aluno para que este tateie compreendendo formato, textura, temperatura, entre outras qualidades. Durante as atividades, é fundamental o uso de instruções verbais claras e objetivas; quando não forem suficientes para o entendimento desses alunos, torna-se necessário o uso instruções táteis.[12,13]

Com relação à deficiência auditiva, o desafio encontra-se na comunicação, portanto é importante apresentar os comandos de vagar, com gestos (sinais), permanecendo sempre de frente para o aluno, para que ele veja as expressões e possa compreender os comandos. O uso de música e instrumentos musicais é essencial para a estimulação sonora das pessoas com deficiência visual. Ressalta-se que não é imprescindível que o professor saiba Libras (Língua Brasileira de Sinais), mas, caso tenha domínio, isso pode facilitar a comunicação com os alunos nessas condições.[14]

No caso de deficiência intelectual, o professor pode usar objetos coloridos e em tamanhos maiores para auxiliar no desenvolvimento da coordenação e estimular a atenção desses alunos. Além disso, o uso de instruções de fácil entendimento e de imagens visuais auxilia no desenvolvimento das atividades.

Além dos citados, os alunos com transtorno do espectro autista (TEA) também merecem atenção. O professor deve atentar para o ambiente em que estão inseridos, verificando se há muitos ruídos, muito calor ou iluminação em excesso, para evitar a hipersensibilidade sensorial desse público. Outras medidas recomendáveis são:

- Usar figuras para mostrar materiais que serão utilizados e a sequência da atividade.
- Adequar as instruções de forma que sejam verbais, claras, objetivas e curtas.
- Se necessário, demonstrar as atividades para que possam copiá-lo.
- Introduzir novas atividades de forma gradual.
- Utilizar reforço positivo, como elogios.
- Manter a atenção do aluno por meio de contato visual e verbal.
- Conhecer o tempo de tolerância do aluno, para que o professor mude a atividade e chame sua atenção quando necessário.[15]

Com essas informações, o professor poderá adequar e organizar seu programa de forma a atender as necessidades dos alunos. É preciso redobrar a atenção quando forem integrados diferentes acometimentos/deficiências, pois é importante que haja respeito à individualidade de cada um, reconhecendo suas necessidades, para enfatizar a funcionalidade e a potencialidade.[12]

Além desse conhecimento prévio, é de suma importância realizar uma avaliação inicial com o pai/responsável (no caso de crianças) e/ou com o próprio aluno, para adquirir o máximo de informações, como dados pessoais, dados do responsável, histórico desde o nascimento até os dias atuais sobre a família, deficiência (caso exista diagnóstico), escola, saúde, sociabilização, experiências motoras anteriores e atuais, uso de medicamentos e demais informações pertinentes para a prática da atividade em questão.[12]

Relatórios médicos e de outros profissionais da área da saúde e da educação também são valiosos documentos na tentativa de reunir elementos para identificar as necessidades dos alunos. Acima de tudo, é preciso estabelecer diálogo e oportunidade na troca de informações com cada um, de modo que possam externar suas impressões e sugestões acerca de suas necessidades e interesses.

Finalidade do programa de dança educativa

O programa de dança educativa visa proporcionar o desenvolvimento da dança por meio do processo de aprendizagem, permitindo movimentar-se de formas diferentes independentemente do contexto e de sua finalidade.[5] Pretende-se, ainda, promover um ambiente favorável às descobertas pessoais e ao aprimoramento dos aspectos motores, sociais e emocionais, considerando as necessidades especiais das pessoas com deficiência.[12]

Objetivos do programa centrado no aluno

- Desenvolver o conhecimento das possibilidades motoras (equilíbrio, esquema corporal, ritmo e amplitude de movimentos).
- Compreender e realizar os fatores de movimentos (tempo, espaço, peso e fluência) e suas respectivas qualidades.
- Compreender e movimentar-se em diferentes direções (frente, lado e trás) e nos diferentes níveis de espaço (baixo, médio e alto).

- Movimentar-se com autonomia, envolvendo todo o conteúdo aprendido durante o programa.
- Aprimorar os aspectos motores, sociais e emocionais.

Espaço físico

Sala com espaço amplo, arejado e iluminado, preferencialmente com espelho. Atentar para a existência de barreiras arquitetônicas e para a necessidade de remoção de possíveis obstáculos, facilitando o acesso e garantindo a segurança dos participantes durante o desenvolvimento das aulas.

Recursos materiais

A seguir será apresentada uma lista de materiais que podem ser utilizados durante as aulas de dança educativa. É importante evidenciar que o profissional tem autonomia para criar, adaptar e utilizar diversos materiais além dos sugeridos:

- Tatame e/ou colchonetes.
- Aparelho de som.
- Bolas de diversos tamanhos.
- Arcos.
- Corda.
- Imagens visuais das partes do corpo (em papel ou brinquedo).
- Imagens visuais que descrevam os níveis de espaço (em papel ou brinquedo).
- Imagens visuais que descrevam os fatores de movimento (em papel ou brinquedo).
- Imagens visuais que descrevam as direções (em papel ou brinquedo).

Conteúdo programático: organização do programa de dança educativa

Associadamente ao aporte empírico, a sistematização do programa baseou-se nos pressupostos teóricos descritos pelo estudioso Rudolf Laban, que propõe a dança educativa com a finalidade de educar por meio da movimentação do corpo.

A organização do conteúdo baseou-se nos temas de movimento sugeridos por Laban.[1] Estes se relacionam com etapas adequadas ao desenvolvimento de cada indivíduo, seguindo uma complexidade crescente e possibilitando diferentes variações e ideias a serem desenvolvidas paralelamente, sem haver um caminho fixo a percorrer. Portanto, o professor tem flexibilidade para adequar e adaptar os temas de acordo com as experiências corporais e pessoais dos participantes.[12]

Conforme já mencionado, este capítulo tem como base a dissertação de mestrado desenvolvida por Rossi.[12] A pesquisa sugere que, inicialmente, o aluno descubra e explore "o próprio corpo". A partir da percepção e reconhecimento de suas próprias capacidades e limitações, o programa proposto pela pesquisadora recomenda que o aluno passe a interagir e estabelecer o "contato com o corpo do outro". A partir dessa interação com o outro, o indivíduo será incentivado a compreender/perceber seu "corpo em deslocamento pelo espaço". Finalmente, visando à integração e à generalização das informações adquiridas corporalmente, procura-se ampliar suas "possibilidades corporais de movimento" envolvendo todo o conteúdo aprendido desde o início do programa. A Figura 4 ilustra a sequência de cada uma dessas etapas ou "momentos" do programa.

A distribuição do tempo para cada um desses momentos está relacionada à percepção dos limites, das possibilidades e das capacidades de cada aluno e do grupo como um todo, visando à evolução durante as aulas.

Os momentos foram separados para facilitar a avaliação e para verificar o nível de aprendizagem em dança de cada indivíduo, seus limites, suas possibilidades, suas capacidades e compreender o momento certo para que as atividades se tornassem complexas gradativamente.

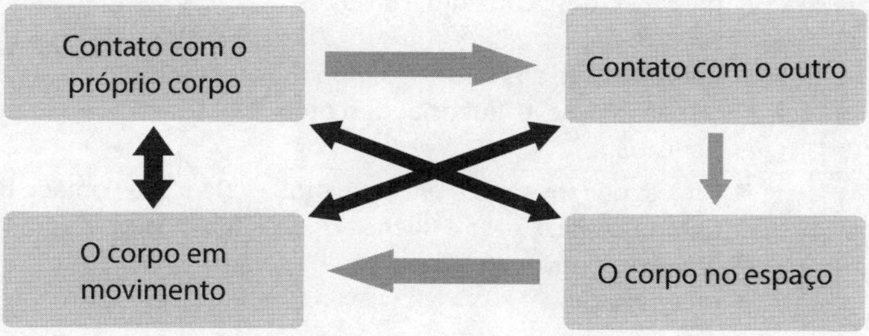

FIGURA 4 Sequência dos momentos do programa de dança educativa.
Fonte: Rossi, 2014.[12]

Em vez de rupturas ou fragmentações, Rossi[10] propõe que sejam estabelecidas transições entre cada uma delas. Além disso, as habilidades dos momentos anteriores continuam a ser desenvolvidas, embora o foco esteja voltado para o momento proposto. Por exemplo, se for desenvolvido o momento "o corpo no espaço", a aula tem como objetivo principal envolver esse aspecto. As habilidades dos dois momentos anteriores ("contato com o próprio corpo" e "contato com o outro") continuam a ser desenvolvidas, mas com dinâmicas breves ou como atividades/exercícios de aquecimento.

Cada um dos momentos envolve a essência dos temas de movimento propostos por Laban e habilidades que podem ser estabelecidas para atender as necessidades da população com que se está trabalhando, como exemplifica o Quadro 4.

QUADRO 4 Descrição dos momentos seguidos pelo programa de dança educativa, suas respectivas habilidades e exemplos de atividades

Momento do programa	Conteúdos e habilidades envolvidos	Exemplo de atividades
"Contato com o próprio corpo"	■ Controle corporal ao sentar-se e ao levantar-se. ■ Controle postural na posição sentada e em pé. ■ Mobilidade articular. ■ Esquema corporal. ■ Lateralidade, ritmo e equilíbrio.	■ Vivo-morto. ■ Realizar sons corporais. Bater palmas/pés conforme o ritmo da música.
"Contato com o outro"	Interação entre os alunos e contato físico e visual com os colegas e com o professor.	Brincadeira do espelho (um imita o outro em duplas e depois em grupo).
"O corpo no espaço"	■ Deslocamento em pé e no chão pelo espaço. ■ Orientações espaciais (direções durante o deslocamento e níveis de espaço). ■ Compreensão dos termos "tempo", "espaço", "peso" e "fluência", descritos por Laban.	■ Dança da estátua. ■ Imitar animais caminhando pelo espaço.
"O corpo em movimento"	■ Fatores de movimento em conjunto (tempo, espaço, peso e fluência). ■ Criação de novos movimentos. ■ Improvisação.	Dançar à vontade no ritmo da música.

Fonte: adaptado de Rossi, 2014.[12]

Os conteúdos se baseiam no fluxo do movimento, nas possibilidades do espaço, nas qualidades dos movimentos, nas formas e nas trajetórias descritas pelo estudioso Laban,[1] envolvendo a exploração das direções (frente, lado, trás), dos níveis de espaço (baixo, médio e alto) e dos fatores de movimento (fluência livre e contida, espaço direto e flexível, peso leve e firme, tempo sustentado e súbito).

Inicialmente podem ser propostas atividades que envolvem equilíbrio, esquema corporal, autonomia ao sentar-se e levantar-se, para então, gradativamente, inserir a interação visual e corporal com o outro, o deslocamento pelo espaço, a compreensão dos fatores de movimento (tempo, espaço, peso e fluência), os níveis de espaço, a criação e improvisação de movimentos. As possíveis adaptações das atividades sugeridas estão descritas na seção seguinte.

Quanto à ordem das habilidades envolvidas, não há ênfase em desenvolver primeiro o equilíbrio ou o esquema corporal, mas, sim, em desenvolver todas as habilidades durante as aulas e proporcionar a evolução dos alunos.

É importante ressaltar que todo o conteúdo proposto pelo programa de dança educativa deve respeitar a condição de cada aluno, visando estimular e promover a aprendizagem em dança por meio do processo de aprendizagem aula a aula.

Cada aula aqui proposta apresenta a seguinte representada na Figura 5.

Estratégias de ensino

O professor deve refletir e reconhecer se o aluno conseguirá atingir suas metas e qual o melhor meio para isso. Para os alunos que têm algum comprometimento motor, provavelmente serão utilizadas estratégias que envolvem as adaptações de atividades e exercícios para que todos possam participar efetivamente do que está sendo proposto durante a aula, proporcionando a acessibilidade.

As estratégias de ensino dependem de cada professor e da maneira como os alunos respondem às estratégias utilizadas, sendo de forma positiva ou negativa. No caso da proposta aqui presente, sugere-se o estilo da descoberta guiada, em que o aluno explora novos conceitos a partir do questionamento do profissional, que converge para o descobrimento do conceito desejado, seguindo um planejamento prévio,[16] respeitando as necessidades dos alunos e proporcionando a participação efetiva das pessoas com deficiência.

ACOLHIDA	■ Parte da aula em que os alunos são recebidos pelo professor, sendo esse o momento reservado para perguntar sobre seu estado de ânimo e se têm alguma novidade para contar. ■ Essa atitude é importante porque permite verificar o interesse/motivação dos alunos.
AQUECIMENTO ALONGAMENTO COM ATIVIDADES LÚDICAS	■ Envolve a mobilidade articular e, também, atividades para relembrar habilidades aprendidas em aulas anteriores. ■ Por exemplo, retomar atividades que envolvam o esquema corporal e o equilíbrio.
PARTE PRINCIPAL DA AULA	■ Momento do programa de dança educativa aqui proposto a ser seguido. ■ No início são desenvolvidas atividades que envolvem o "contato com o próprio corpo"; em seguida, o "contato com o outro"; "o corpo no espaço"; e, por fim, "o corpo em movimento".
VOLTA À CALMA	■ Envolve atividades mais tranquilas em grupo e/ou massagens, para que os alunos compreendam que o final da aula está chegando.
DESPEDIDA	■ Momento que antecede o encerramento e a avaliação da aula, sendo lançados alguns questionamentos em forma de painel acerca das atividades realizadas. ■ Os alunos despedem-se uns dos outros e do professor, demonstrando atitudes de amizade. Esta é intensificada no decorrer do programa.

FIGURA 5 Estrutura da sessão.
Fonte: Rossi, 2014.[12]

Concomitantemente, alguns aspectos deverão ser refletidos para o planejamento das estratégias de ensino, por exemplo, se as aulas serão individuais ou em grupo e quais apoios serão ministrados junto aos alunos (assistência física, demonstração e/ou instrução verbal).[12]

Quando a aula é individual, as oportunidades de interação com o outro, por exemplo, ficam limitadas entre professor e aluno. Já as aulas em grupo possibilitam a interação com o outro com mais riqueza e as relações interpessoais são oportunizadas.

Quanto aos apoios, é importante que o profissional auxilie o aluno sempre que necessário, caminhando para que as assistências físicas diminuam gradativamente e intensificando a frequência de demonstrações visuais (para os alunos que têm visão) e instruções verbais (para todos os alunos, principalmente para aqueles que têm deficiência visual). Aos poucos, espera-se que as demonstrações visuais também diminuam, minimizando igualmente a necessidade de instruções verbais. Além do mais, as atividades devem seguir uma progressão do mais simples para o mais complexo.[12]

Com relação aos alunos com comprometimento intelectual, será importante adaptar acessórios (em tamanhos maiores e coloridos) e proporcionar explicações por meio de imagens visuais para facilitar a compreensão.

Já para os alunos com deficiência visual, o professor deverá investir em instruções verbais claras e objetivas e, se necessário, instruções táteis. Além disso, é importante lembrar de fazer o reconhecimento do espaço com esses alunos, e de informá-los sempre que houver alguma barreira arquitetônica nova ou quando o professor utilizar um equipamento/acessório novo.

Ao refletir especificamente sobre a deficiência física e as estratégias/adaptações realizadas no decorrer das atividades, quando há alunos que conseguem deambular com ou sem auxílio de dispositivos, o professor possivelmente desenvolverá inúmeras atividades nos níveis baixo, médio e alto, podendo os participantes explorar movimentos sentados, em pé ou abaixados.

Quando há alunos que fazem uso de cadeira de rodas, poderão participar da atividade com a cadeira, deslocando-se pelo espaço, levando em consideração o centro do corpo e mostrando a intenção dos níveis dos gestos dos braços ou da face. O professor também poderá propor atividades mais próximas ao chão (nos níveis baixo e médio) para que o aluno experimente novas movimentações sem a cadeira de rodas, da qual faz uso diariamente.

Há que atentar também para o fato de que provavelmente as atividades serão desenvolvidas mais próximas ao chão para todo o grupo, independentemente da característica, pois alunos com deficiência física tendem a cansar-se e/ou queixar-se de dores em atividades nas quais permanecem longos períodos em pé. Assim, a aula seria desenvolvida nos níveis baixo e médio, mas haveria a possibilidade de explorar todos os níveis a partir do centro do corpo.

A tática de propor atividades próximas ao chão é de responsabilidade do professor, que deverá verificar e identificar, a partir das características dos alunos e no decorrer do programa, se há necessidade ou não de modificar a situação. A proposta não é restringir-se às atividades próximas ao chão, mas, sim, desenvolver o conteúdo de maneira que todos possam participar, realizando e compreendendo os significados e os movimentos.

Quanto ao deslocamento pelo espaço, os alunos podem utilizar os níveis de espaço baixo, médio e alto. O professor pode propor que todos se desloquem primeiro com os dispositivos auxiliares e em seguida solicitar que se desloquem sem estes. Nesse caso, podem ser encontrados alunos que não conseguem se deslocar em pé; o professor pode solicitar que cada um se desloque da forma como quiser e, em outro momento, solicitar que todos se desloquem no nível baixo (próximos ao chão), para que se movimentem no mesmo nível.

Ao desenvolver cada nível de espaço, a princípio o nível baixo é relacionado a movimentos bem próximos ao chão (deitar, rolar, rastejar, engatinhar), o nível alto é associado aos movimentos em pé e saltos, enquanto o nível médio é considerado intermediário, representando um meio-termo entre estar em pé e deitado, tal como andar com o tronco curvado. Entretanto, quando há alunos que não conseguem deslocar-se em pé ou que estão em uma cadeira de rodas, como podem ser desenvolvidos os níveis de espaço? O professor deve explicar que os níveis estão relacionados ao centro do corpo de cada indivíduo (região do quadril): quando o centro do corpo está mais próximo ao chão é o nível baixo, quando o centro do corpo está direcionado para cima é o nível alto e quando centro está direcionado para região intermediária define-se como nível médio. Assim, os níveis poderão ser desenvolvidos no processo de ensino e aprendizagem dos alunos com deficiência física.

Com esse conhecimento dos níveis em posição sentada ou em pé, juntamente com as direções (frente, lado e trás) e com os lados direito e esquerdo, o professor tem a possibilidade de direcionar atividades com movimentos em níveis e direções específicos, para que o aluno possa compreender todas as possibilidades de movimentação do corpo no espaço, buscando explorar todo o ambiente.

Uma estratégia interessante seria solicitar a criação dos alunos a partir de cada qualidade de cada fator; da junção das duas qualidades de cada fator; de mais de um fator; e progressivamente agregar tais elementos até que sejam desenvolvidos todos os fatores com suas respectivas qualidades.

Atividades que envolvem criação e improvisação são fundamentais e importantes para avaliar se os alunos apreenderam conhecimentos e se apropriaram de todo o conteúdo, em associação ao desenvolvimento da criatividade, podendo influenciar e desenvolver a expressividade corporal dos alunos.

Dessa maneira, há a possibilidade de desenvolver com os alunos movimentos mais criativos, menos restritos, respeitando sua individualidade e levando em consideração sua experiência corporal a fim de proporcionar a consciência no movimento.

Cuidados especiais

Os cuidados envolvem procedimentos desde o primeiro contato com o aluno ou com o responsável por ele (caso este seja menor de idade) durante a avaliação inicial, assim como desde a primeira aula até o final do programa. Dessa forma, deve-se ter atenção em relação aos itens a seguir:

- Realização da avaliação inicial com o aluno e/ou pai/responsável, para identificar suas necessidades e dificuldades, bem como suas expectativas.
- Solicitação do uso de vestimenta adequada durante as atividades.
- Organização adequada do espaço em que serão desenvolvidas as atividades, identificando possíveis locais que possibilitem acidentes ou em que os alunos possam se acidentar.

Avaliação processual e continuada

No que se refere à avaliação, sugere-se que seja realizada de forma processual e continuada, para que o professor acompanhe o desenvolvimento de cada aluno e possa planejar as aulas conforme as necessidades observadas.

Quando essa avaliação é realizada em todas as aulas, o professor verifica se os alunos compreenderam e aprenderam o conteúdo desenvolvido na aula anterior, permitindo identificar e retomar as atividades em que o grupo apresentou dificuldades e, então, propor novas atividades e em diferentes graus de complexidade.

No que se refere à avaliação processual envolvendo aspectos da dança educativa, é importante ressaltar o instrumento desenvolvido por Rossi[12] denominado IAADE – Instrumento de Acompanhamento da Aprendizagem em Dança Educativa,* elaborado especificamente para crianças com deficiência física. Todavia, segundo a pesquisadora, como o instrumento é de fácil aplicação, pode

* O IAADE encontra-se em processo de validação por juízes e está disponível na dissertação de mestrado de Rossi[12] pelo *link*: https://repositorio.ufscar.br/handle/ufscar/3160.

ser aplicado em outros tipos de população (com ou sem deficiências) e em diferentes fases do desenvolvimento.

O IAADE avalia a aprendizagem do aluno aula a aula e envolve habilidades desenvolvidas durante todo o programa de dança educativa, sendo portanto uma avaliação somativa. Por exemplo: na primeira aula são propostas atividades que são avaliadas por uma parte do instrumento, tendo em vista que ele só será preenchido totalmente ao finalizar o programa, depois que todo o conteúdo for desenvolvido junto aos participantes.[12]

Ao final da aula, o professor preenche o IAADE e, com base nele, verifica o nível de aprendizagem dos alunos referente ao conteúdo desenvolvido até aquele momento. Poderá, então, dar continuidade ao desenvolvimento do planejamento e elaboração das atividades para as aulas seguintes com diferentes graus de dificuldade.[12]

Além disso, o uso desse instrumento possibilita que o professor verifique se os alunos compreenderam e aprenderam o conteúdo desenvolvido na aula anterior, permitindo identificar e retomar as atividades e habilidades em que apresentaram dificuldades.[12]

O IAADE somente será preenchido completamente quando todas as atividades envolvendo todas as habilidades forem desenvolvidas em todo o programa. A Figura 6 apresenta uma simulação do preenchimento das questões do instru-

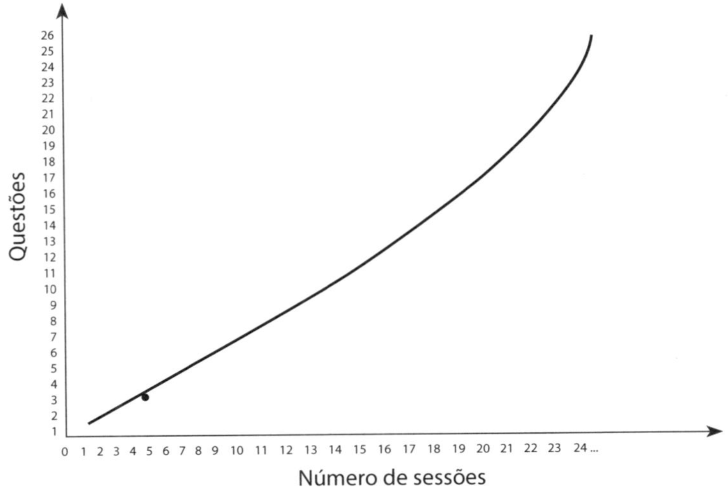

FIGURA 6 Simulação da possível evolução dos participantes durante as sessões do programa, em relação à escala.
Fonte: Rossi, 2014.[12]

mento (eixo Y) relacionado com o decorrer das aulas do programa de dança educativa (eixo X), podendo simular a possível evolução dos participantes.[12]

Como mencionado, o IAADE está relacionado com o cronograma do programa de dança educativa, que está dividido em quatro momentos:

1. Contato com o próprio corpo.
2. Contato com o outro.
3. O corpo no espaço.
4. O corpo em movimento.

Esses momentos são transferidos para o IAADE e descritos como aspectos avaliados durante o programa envolvendo várias habilidades.[12]

A subdivisão em aspectos e habilidades foi organizada com a finalidade de facilitar a avaliação aula a aula e de verificar até que momento do programa os alunos conseguiram avançar. Sendo assim, o aspecto "contato com o próprio corpo" envolve as habilidades acerca da lateralidade, ritmo, equilíbrio etc.[12] O Quadro 5 descreve os aspectos com suas respectivas habilidades e número de questões.

QUADRO 5 Descrição dos aspectos avaliados pelo IAADE, das habilidades envolvidas e número de questões correspondentes

Aspectos	Habilidades desenvolvidas	Nº de questões
"Contato com o próprio corpo"	Controle corporal e postural na posição sentada e em pé, mobilidade articular, esquema corporal, lateralidade, ritmo e equilíbrio.	10
"Contato com o outro"	Contato físico e visual entre os participantes.	2
"O corpo no espaço"	Deslocamento em pé e no chão pelo espaço, orientação espacial e fatores de movimento (tempo, espaço, peso e fluência).	8
"O corpo em movimento"	Fatores de movimento em conjunto, criação e improvisação.	3

IAADE: Instrumento de Acompanhamento da Aprendizagem em Dança Educativa.
Fonte: Rossi, 2014.[12]

Rossi[12] sugere que primeiro o aluno deve "conhecer o próprio corpo" para então conhecer o corpo do outro. A partir do contato com os outros corpos o aluno poderá compreender como seu corpo se movimenta no espaço para assim ampliar seus movimentos corporais envolvendo todo o conteúdo aprendido.

A ordem das habilidades descritas no IAADE foi estabelecida pela pesquisadora, mas ressalta-se que se, por algum motivo, o equilíbrio tiver sido desenvolvido antes da lateralidade, não há comprometimento algum no processo de aprendizagem dos participantes, visto que o foco está no conteúdo como um todo, e não na ordem em que os participantes aprenderão cada habilidade. Além disso, nada impede que em pesquisas futuras sejam estabelecidas outras habilidades para serem desenvolvidas com os alunos. Esse é um instrumento de observação flexível, podendo adequar-se à organização da programação e às estratégias de ensino estabelecidas pelo profissional.

O instrumento tem como proposta ser utilizado ao final de todas as aulas para avaliar continuamente o processo de aprendizagem dos alunos durante o programa de dança educativa, permitindo também verificar sua evolução. Ele consiste em 21 questões com pontuação de 1 a 5, descritas como Insuficiente, Regular, Bom, Muito Bom e Ótimo.[12]

A título de exemplificação, reproduz-se a seguir uma das questões (n. 17) do IAADE correspondente ao aspecto "o corpo no espaço", visando ilustrar a forma de detalhamento referente a determinados componentes da avaliação da aprendizagem.

17. Em relação à compreensão do termo FLUÊNCIA, a criança:
    a) Não compreende o significado.
    b) Compreende apenas a fluência livre, mas não compreende a fluência contida (ou vice-versa).
    c) Compreende a fluência livre e consegue realizar movimentos com tal qualidade, mas não realiza movimento com a qualidade contida (ou vice-versa).
    d) Compreende fluência livre e contida, realizando os movimentos com essas qualidades demonstrando insegurança.
    e) Compreende a fluência livre e contida e realiza movimentos com tais qualidades demonstrando segurança.

Foi elaborada também uma ficha de registro, que é preenchida individualmente para cada aluno e compreende: a numeração das 23 questões, uma breve descrição do que é avaliado em cada questão, a quantidade de aulas realizadas durante o programa, o valor que o aluno atingiu em cada questão de cada aula (de 1 a 5) e a somatória das questões por aula.

Dessa forma é possível observar a evolução mediante cada habilidade e cada aspecto desenvolvido durante o programa e proceder a uma avaliação com a somatória de pontos, verificando a evolução do aluno aula a aula. Ressalta-se que, quando as habilidades avaliadas ainda não foram desenvolvidas junto aos participantes, a questão é preenchida como "NE – Não Ensinado".[12]

CONSIDERAÇÕES FINAIS

Estudos envolvendo a interface "dança e deficiência" abarcam propostas em diferentes contextos (educacional, de reabilitação, artístico e esportivo) e finalidades distintas (pedagógica, terapêutica, performática e competitiva). Neste capítulo preponderou a finalidade pedagógica, estando a preocupação relacionada ao processo de ensino das habilidades e aspectos da dança educativa junto a pessoas com deficiência física, tendo como aporte teórico os pressupostos e fundamentos descritos por Laban.

Ressaltou-se a importância de um programa adequadamente estruturado antes do início de sua aplicação envolvendo aspectos relativos ao diagnóstico dos participantes, à finalidade do programa, a seus objetivos, ao espaço físico, aos recursos materiais, ao conteúdo programático, à estrutura da aula, às estratégias de ensino, a cuidados especiais e à avaliação processual (sugerindo especificamente a aplicação do IAADE – Instrumento de Acompanhamento da Aprendizagem em Dança Educativa). Dessa forma, acredita-se ser possível preparar o profissional para enfrentar os desafios encontrados durante a intervenção de dança educativa junto às pessoas com deficiência física.

O programa de dança aqui proposto apresenta uma organização com base em quatro momentos: "conhecendo o próprio corpo", "o contato com o outro", "o corpo no espaço" e o "corpo em movimento". Embora a proposta não seja separar totalmente os momentos, afinal muitas atividades englobam mais de um deles, é importante essa distinção para facilitar o enfoque e o planejamento de cada aula.

Considera-se, por fim, que este capítulo possibilitou contribuir e dar suporte teórico a profissionais da área da atividade física adaptada e da dança no que se refere ao desenvolvimento de programas de dança educativa, tendo como aporte teórico Laban junto a pessoas com deficiência em diferentes fases do desenvolvimento.

REFERÊNCIAS

1. Laban R. Dança educativa moderna. São Paulo: Ícone; 1990.
2. Marques IA. Revisitando a dança educativa moderna de Rudolf Laban. Revista Sala Preta (São Paulo). 2002;2(1):276-81.
3. Rengel L. Dicionário Laban. São Paulo: Annablume; 2003.
4. Marques I. Ensino da dança hoje: textos e contextos. 6.ed. São Paulo: Cortez; 2011.
5. Rossi P, Munster MAV. Dança e deficiência: uma revisão bibliográfica em teses e dissertações nacionais. Revista Movimento (Porto Alegre). 2013;19(4):181-205.
6. Freire IM. Dança-educação: o corpo e o movimento no espaço do conhecimento. Cadernos Cedes. 2001;21(53):31-55.
7. Rengel L. Dicionário Laban. São Paulo: Annablume; 2003. 124p.
8. Nale N. Programação de ensino no Brasil: o papel de Carolina Bori. Psicologia (São Paulo). 1998;9(1):275-301.
9. Bianconi EC. Influência de um programa de educação física no desenvolvimento psicomotor de jovens e adultos com deficiência intelectual. [Dissertação – Mestrado em Educação Especial]. São Carlos: Universidade Federal de São Carlos, Programa de Pós-Graduação em Educação Especial; 2012.
10. Miron EM. Da pedagogia do jogo ao voleibol sentado: possibilidade inclusivas na educação física escolar. [Tese – Doutorado em Educação Especial]. São Carlos: Universidade Federal de São Carlos, Programa de Pós-Graduação em Educação Especial; 2011.
11. Souza CP. Avaliação escolar: limites e possibilidades. São Paulo: FDE, 1994 (Série Idéias, n.22). p.89-90.
12. Rossi P. Programação de ensino em dança educativa voltada a crianças com deficiência física. [Dissertação – Mestrado em Educação Especial]. São Carlos: Universidade Federal de São Carlos, Programa de Pós-Graduação em Educação Especial; 2014.
13. Muster MAV, Almeida JJG. Atividade física e deficiência visual. In: Greguol M, Costa RF. Atividade física adaptada: qualidade de vida para as pessoas com necessidades especiais. 4.ed. Barueri: Manole; 2019.
14. Mauerberg-de-Castro E. Atividade física adaptada. Ribeirão Preto: Tecmedd; 2005.
15. Nabeiro M, Silva FCT. Atividade física e transtorno do espectro autista. In: Atividade física adaptada: qualidade de vida para pessoas com necessidades especiais. 4.ed. Barueri: Manole; 2019. p.97-122.
16. Gozzi MCT, Ruete HM. Identificando estilos de ensino em aulas de educação física em segmentos não escolares. Revista Mackenzie de Educação Física e Esporte (São Paulo). 2006; 5(1):117-34.

CAPÍTULO 11

Iniciação esportiva em cadeira de rodas para crianças com deficiência física*

Flávio Anderson Pedrosa de Melo
Mey de Abreu van Munster

Você verá neste capítulo...

O texto descreve um programa de iniciação esportiva em cadeira de rodas voltado a crianças com deficiência física com idade entre 6 e 10 anos.

O programa trabalha habilidades motoras de locomoção, estabilização e manipulação na cadeira de rodas por meio dos aspectos pedagógicos e educacionais, recorrendo para tanto a brincadeiras e jogos pré-desportivos que possibilitam ganho de independência para o desenvolvimento em atividades físicas esportivas em cadeiras de rodas, bem como em atividades da vida diária em crianças com deficiência física.

Os seguintes aspectos do programa são discutidos:

- Avaliação da condição físico-motora dos participantes.
- Cuidados necessários.
- Determinação dos objetivos.
- Reconhecimento dos espaços.
- Seleção dos conteúdos programáticos.
- Planejamento das estratégias de ensino.
- Estrutura das aulas.
- Descrição da atividades sugeridas.

* Parte do conteúdo aqui desenvolvido encontra-se publicado e disponível na revista *Pensar a Prática*, Goiânia, v. 19, n. 1, jan./mar. 2016.

INICIAÇÃO AOS ESPORTES EM CADEIRAS DE RODAS

As crianças e os jovens com deficiências físicas nem sempre são encorajados a levar uma vida ativa e tendem a adotar um estilo de vida sedentário, incorrendo em problemas de saúde secundários devido às muitas barreiras enfrentadas para participar e/ou praticar atividades físicas.[1,2] A não participação em atividades físicas e esportivas pode posteriormente acarretar complicações relacionadas aos aspectos motores, fisiológicos e à saúde, que poderiam ser minimizadas ou atenuadas por meio da apropriação de um estilo de vida ativo, que envolve não somente o indivíduo mas também seus familiares, professores e demais pessoas a seu redor.

Entre os fatores responsáveis pela não participação da criança com deficiência em atividades físicas e esportivas, podem-se citar:

- O não encorajamento dos familiares, devido aos aspectos de segurança e à superproteção.
- A formação deficitária de profissionais/professores, que não se consideram capacitados para trabalhar com essa população.
- O medo do insucesso e dos acidentes durante a prática sentido pela própria criança, causando falta de estímulo e evasão das atividades físicas e esportivas.
- O constrangimento por atitudes (discriminação ou marginalização) inadequadas por parte dos colegas,[3,4] bem como por aspectos relacionados à acessibilidade.[5]

Os benefícios da atividade física para a saúde das pessoas com deficiência são amplamente reconhecidos.[6] Considerando os benefícios obtidos por jovens com deficiências físicas engajados nos esportes e atividades físicas, pode-se mencionar os aspectos psicossociais,[2] entre os quais se encontram as relações interpessoais e a ampliação do círculo social,[7] além do aumento das possibilidades de prazer e diversão durante sua participação.[8] Os contextos esportivos favorecem a construção da identidade social da pessoa com deficiência, uma vez que as realizações no esporte podem ajudá-la a perceber que os estereótipos predominantes em torno da deficiência não são representações precisas de suas capacidades.[3]

Crianças e jovens com deficiências físicas envolvidos em programas de esportes convencionais ou adaptados são capazes de experimentar maiores oportunidades de interagir com outras pessoas com deficiência,[3] de adquirir benefícios nas capacidades físicas e de condicionamento, habilidades para as atividades e situações diárias,[9-11] avanços em aspectos psicológicos,[12] além de alcançar maiores níveis de desenvolvimento em suas habilidades motoras e participação social e esportiva.[13,14]

É necessário estimular a criança em todas as fases de seu desenvolvimento motor. Durante a infância os períodos de desenvolvimento mostram características distintas, sendo comumente adquiridas as habilidades motoras fundamentais (estabilizadoras, locomotoras e manipulativas). Tais habilidades servirão como base para as atividades cotidianas, em um primeiro momento, e paulatinamente passarão a ser refinadas, elaboradas e combinadas para uso nas diversas situações, como movimentos esportivos especializados, ocorridas no período transitório.[**16]

Em virtude da intensidade de vivências motoras naturais nesse período de descobertas na infância, torna-se necessário oportunizar a prática de atividades físicas e esportivas às crianças com deficiências físicas, sobretudo em contextos educacionais e de aprendizagem.[17] Todas as crianças, inclusive e sobretudo aquelas que têm deficiências, necessitam desenvolver suas habilidades motoras fundamentais antes que as habilidades esportivas específicas sejam introduzidas.[18]

Como alternativa, verifica-se que programas de ensino voltados à iniciação esportiva de crianças com deficiência física podem auxiliar na experimentação do esporte em suas variadas formatações, devendo o esporte ser modificado para atingir as necessidades da criança, e não o inverso.[14] Os programas de iniciação esportiva são importantes ferramentas para desenvolver aspectos ligados à formação integral das crianças, como cooperação, convivência, participação, inclusão e satisfação,[19] contribuindo para o desenvolvimento biopsicossocial desse público.[20]

Os efeitos positivos da participação em esportes durante a juventude podem ser tão benéficos para as crianças com deficiência como são para as crianças sem deficiência.[14] No entanto, infelizmente, muitas crianças com deficiência, em particular as com deficiências mais complexas, entre as quais se inclui a deficiência física, são excluídas da participação em atividades físicas e esportivas durante o período da infância.[4]

** O período transitório contém elementos pertencentes aos movimentos fundamentais, mas apresenta forma, precisão e controle maiores.[15]

O acesso a informações sobre os hábitos saudáveis decorrentes da prática de exercícios físicos para crianças, jovens e adultos com deficiências físicas pode vir a encorajá-los a buscar novas chances de participação em atividades que lhes oportunizem a demonstração de suas capacidades físicas, seja por meio de programas de atividade física ou das modalidades esportivas adaptadas,[17] considerando as variadas finalidades de participação. Durante o estágio de iniciação, as crianças devem participar de programas de treinamento de baixa intensidade, em que a ênfase se encontra no divertimento, centrados no desenvolvimento esportivo geral e não em uma modalidade esportiva específica.[21]

Este capítulo tem como objetivo descrever um programa de iniciação esportiva em cadeira de rodas voltado a crianças com deficiência física com idade entre 6 e 10 anos. O capítulo é parte de uma pesquisa maior, que buscou analisar a influência de um programa de iniciação esportiva em crianças com deficiência física.[13] Realizou-se um recorte desse estudo com a finalidade de apresentar o processo de planejamento e elaboração de um programa de iniciação esportiva em cadeira de rodas, aplicado a crianças com deficiência física.

PROGRAMA DE INICIAÇÃO ESPORTIVA EM CADEIRA DE RODAS

A intervenção aqui apresentada foi voltada a crianças com deficiência física e comprometimento de membros inferiores, de ambos os gêneros e faixa etária entre 6 e 10 anos de idade, apresentando paraplegia e diparesia.

O programa de iniciação esportiva teve duração de 8 semanas e as intervenções ocorriam 3 vezes por semana, perfazendo um total de 24 sessões em um período de 2 meses. Cada uma das sessões foi planejada com uma duração média de 50 minutos.

Para o desenvolvimento de um programa de iniciação esportiva voltado a crianças com deficiência física existe a necessidade de percorrer algumas etapas, dentre as quais se encontram:

- Avaliação inicial do participante.
- Identificação dos cuidados e precauções.
- Determinação dos objetivos do programa.
- Reconhecimento prévio do local.
- Seleção dos conteúdos programáticos.
- Planejamento das estratégias de ensino utilizadas.
- Estrutura das aulas.

A seguir será apresentada e discutida cada uma das etapas citadas.

AVALIAÇÃO INICIAL DOS PARTICIPANTES

O primeiro passo para o desenvolvimento do programa deve ser a busca pelo contato com os participantes e/ou com os responsáveis por eles. Esse primeiro contato é fundamental, uma vez que é essencial que o professor transmita segurança aos responsáveis acerca dos procedimentos a serem seguidos, bem como sobre o domínio de sua temática e área de atuação.

As informações sobre os participantes foram obtidas por meio de entrevista com os pais, visando reunir dados sobre a condição individual de cada criança, além de esclarecer possíveis dúvidas e de passar informações básicas referentes ao programa de iniciação esportiva. Nesse momento buscou-se obter informações sobre os participantes referente a aspectos como:

- Histórico de vida.
- Etiologia (tipo e nível de comprometimento, bem como o tempo de manifestação da deficiência).
- Aspectos relacionados à saúde e possíveis comorbidades ocasionadas pela lesão (como infecções, úlceras de pressão, cirurgias, entre outros).
- Recursos e dispositivos auxiliares para locomoção (próteses e órteses, muletas, andadores).
- Contexto familiar e social.
- Condições socioeconômicas.
- Informações sobre as experiências anteriores com a prática de atividades físicas e esportivas
- Informações sobre as demais atividades desenvolvidas pelo participante em sua vida diária.

Essas informações são utilizadas para melhor planejamento e controle da intervenção, diminuindo os riscos de influências de variáveis externas.

Para avaliar a influência do programa de iniciação esportiva em cadeira de rodas, utilizou-se antes, durante e depois o Protocolo Avaliativo de Iniciação Esportiva em Cadeira de Rodas – PAIE-CR,[22] instrumento elaborado pelos autores. O PAIE-CR tem a finalidade de avaliar os componentes motores que influenciam o processo de iniciação esportiva em cadeira de rodas (habilidades motoras fundamentais e capacidades físicas) de pessoas com deficiência física, participantes de programas esportivos e/ou de educação física. O PAIE-CR é destinado a crianças, jovens e demais faixas etárias que se encaixem nas possibilidades do instrumento.[22]

Para elaboração do PAIE-CR foram reunidos testes de habilidades motoras e capacidades físicas, apresentados por meio dos fundamentos das modalidades esportivas em cadeira de rodas, como propulsão e progressão na cadeira de rodas, arremesso, passe, recepção, drible e comportamentos como o controle de tronco, presentes no processo de iniciação, nas diversas atividades, além de situações diárias, totalizando 9 testes, que foram adaptados e/ou especificamente criados.[22]

CUIDADOS E PRECAUÇÕES

Dada a prevalência de limitações nos membros inferiores e a dificuldade de locomoção dos participantes, recorreu-se ao uso de cadeiras de rodas esportivas durante as práticas, ainda que nem todas as crianças fossem usuárias de cadeira de rodas em seu dia a dia. Neste momento serão apontados alguns fatores importantes a serem considerados, alusivos à utilização das cadeiras de rodas, entre os quais se encontram classificação, características, prescrição e finalidades de uso.

Referindo-se aos tipos de cadeiras de rodas e suas particularidades, Carvalho[23] explica que elas podem ser encontradas com diferentes características, como as cadeiras de uso permanente, de uso temporário, higiênicas, de recreação, para uso clínico (ortostáticas), cadeiras posturais e cadeiras para atividades esportivas. O autor menciona que são utilizadas como dispositivos auxiliares de locomoção e devem ser prescritas visando atender as necessidades e objetivos específicos de cada pessoa.

É de suma importância que a prescrição de uma nova cadeira de rodas corresponda às expectativas atuais do usuário, preferências, necessidades físicas, funcionais e exigências que emergem de suas interações com o meio ambiente.[24] Os indivíduos usuários da cadeira de rodas necessitam que esse dispositivo seja funcional para sua utilização diária, mas que também preencha seus anseios. Uma cadeira de rodas é mais que um simples dispositivo de locomoção para pessoas com deficiência física, pois pode representar as aspirações e por vezes a personalidade de cada um de seus usuários.

A prescrição de cadeira de rodas é uma intervenção intrinsecamente complexa, e essa complexidade surge a partir da relação entre as três variáveis de uma prescrição para cadeiras de rodas: o usuário de cadeira de rodas, suas necessidades, habilidades e preferências; a tecnologia disponível; e as exigências do meio ambiente em que a cadeira de rodas será usada.[24,25] De acordo com os autores, todas as três variáveis são dinâmicas e influenciam-se contínua e mutuamente.

As cadeiras de rodas esportivas apresentam como características maior leveza e desempenho. As técnicas atribuídas a sua construção permitem manobras eficientes, proporcionando ao usuário a busca de um residual funcional e de maior *performance*. Cambagem nas rodas traseiras, materiais leves empregados em sua construção e personalização de acordo com a classificação funcional do aluno permitirão a prática de diversas modalidades esportivas, dentre elas basquetebol, tênis, tênis de mesa, corrida, dança, handebol e outras atividades recreativas.

O *design* sob medida das cadeiras esportivas considera principalmente a ergonomia, o conforto e a segurança dos participantes durante a prática de esportes. Ainda nesse sentido, é necessária a utilização de faixas fixadoras, que promovem maior independência e segurança, além da maior sensação de a cadeira de rodas ser a extensão do corpo do usuário.

Para a realização do programa em questão com maior segurança no desenvolvimento das atividades foram confeccionadas faixas fixadoras produzidas com material elástico e velcro (par de fitas aderentes) para fecho, apresentadas na Figura 1.

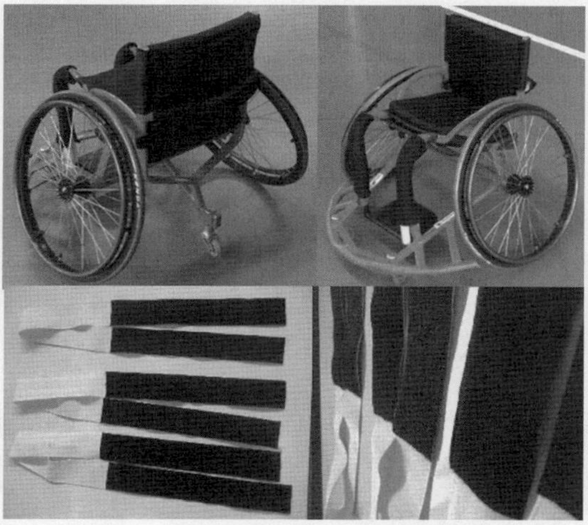

FIGURA 1 Cadeira de rodas esportiva e faixas fixadoras confeccionadas para o programa.
Fonte: acervo dos autores.

Para que as atividades corressem de maneira segura foram adotadas alguns cuidados e precauções que devem ser observados antes da prática esportiva e durante a sua realização em cadeira de rodas. O Quadro 1 sintetiza essas informações.

QUADRO 1 Precauções para desenvolvimento das atividades

Cuidados	
Atividades que envolvam	
Deslocamento	Fixação do aluno à cadeira de rodas por meio de cintos e faixas.
	Verificação da autonomia ou da necessidade de assistência.
Manipulação	Liberação dos membros de apoio.
	Fixação de implementos com faixas.
	Atenção à utilização de objetos alergênicos.
Transferências	Apoio sob as articulações.
	Verificação do conforto e do tempo de permanência.

Fonte: Melo e Munster, 2016.[22]

A fixação na cadeira de rodas é essencial, e deve ser realizada de maneira que o usuário permaneça seguro e confortável para a prática esportiva. Indica-se que a fixação seja feita minimamente no quadril, joelhos e pés. No caso de pessoas com lesões mais altas, é necessário fixar o tronco ao encosto.

Outro aspecto que merece atenção é a transferência dos participantes das cadeiras de uso diário para as cadeiras esportivas e vice-versa. Nesse sentido, é essencial considerar os níveis de comprometimento físico-motor dos participantes, bem como seu grau de independência para realizar essas transições; muitas vezes o usuário poderá dizer a melhor forma de auxiliá-lo. Para as transferências, deve-se utilizar como apoio as articulações. Quem auxilia uma pessoa com deficiência física em uma transferência deverá utilizar postura adequada e jamais sobrecarregar sua coluna, para evitar possíveis quedas e acidentes.

ADAPTAÇÃO À CADEIRA DE RODAS

A adaptação à cadeira de rodas é essencial em meio ao processo de realização de um programa de iniciação. É relevante destacar que muitas vezes as pessoas com deficiências físicas fazem uso de bengalas, muletas e andadores, entre outros dispositivos auxiliares, para locomoção diária. Portanto, nem sempre as pessoas com comprometimentos nos membros inferiores são usuárias de cadeiras de rodas e podem não estar acostumadas com esse dispositivo de locomoção diariamente, sendo necessária a adaptação.[14]

Alguns fatores devem ser considerados, como tipos, características, prescrição e finalidades de uso desse equipamento, em associação com as características dos participantes. Os usuários de cadeira de rodas necessitam que ela seja funcional para sua utilização diária, mas que também preencha seus anseios. Uma cadeira de rodas é mais que um simples dispositivo de locomoção para pessoas com deficiência física, pois pode representar suas aspirações e por vezes sua personalidade.[14]

Quanto à adaptação em meio ao programa, deve ser feita gradualmente, considerando as experiências anteriores dos participantes, explicando o funcionamento, ferramentas de segurança, limites e possibilidades da cadeira de rodas. Além disso, deve-se possibilitar que o participante experimente a cadeira em seu tempo, somente quando estiver à vontade para isso. Gradualmente deverão ser apresentadas as propulsões e suas amplitudes, a importância do uso do tronco em sua realização, mudanças de direção, giros, frenagens e sobretudo os cuidados necessários para aquisição das habilidades e desenvolvimento do usuário.

DETERMINAÇÃO DOS OBJETIVOS DO PROGRAMA

A determinação dos objetivos é uma etapa bastante importante para o direcionamento do programa. Um programa de iniciação esportiva para crianças com deficiência física deve levar em consideração as características individuais de cada um dos participantes (etiologia da deficiência, contraindicações, utilização ou não de medicamentos controlados, limitações e potencialidades etc.). Sobretudo, deve considerar os interesses, as expectativas e o potencial da criança, independentemente da condição de deficiência.

O programa de iniciação esportiva para crianças com deficiência física tem como objetivo desenvolver as habilidades motoras fundamentais de locomoção, estabilização e manipulação na cadeira de rodas, por meio dos aspectos pedagógicos e educacionais utilizando-se de brincadeiras e jogos pré-desportivos que possibilitem o ganho de independência para o desenvolvimento de atividades físicas esportivas, bem como as atividades da vida diária.

RECONHECIMENTO PRÉVIO DO LOCAL

Torna-se de imprescindível importância o reconhecimento prévio do local onde será desenvolvido o programa. Essa etapa deve considerar o público ao qual será destinado o programa, uma vez que as características do local, bem como seu acesso e estrutura arquitetônica, poderão impossibilitar a participação dos variados públicos. Por exemplo: um local com acesso apenas por meio de escadas poderá impedir a participação de pessoas com deficiências físicas, idosos ou pessoas com demais comprometimentos em seu aparelho locomotor. Diante disso, o professor deve reconhecer o espaço de trabalho para evitar o constrangimento do participante, evitando a necessidade de transportá-los nos braços e buscando possibilitar a independência do participante em seu deslocamento, desde o local de estacionamento, vias de acesso aos vestiários até o local da prática esportiva.

MATERIAIS

Para desenvolvimento do programa foram utilizados materiais diversificados, desde elementos lúdicos até equipamentos esportivos. Para tanto foram consideradas a faixa etária e as habilidades motoras estabilizadoras, locomotoras, manipulativas, além dos fundamentos das diferentes modalidades esportivas. Foram utilizados: cadeiras de rodas esportivas, caixinhas de som, figuras animadas impressas, cordas, bolas diversas (basquetebol, voleibol, handebol, tênis, bola de plástico leve, bolas com jornal e fita-crepe confeccionadas), arcos, cones de diferentes tamanhos e coletes, conforme apresentado na Figura 2.

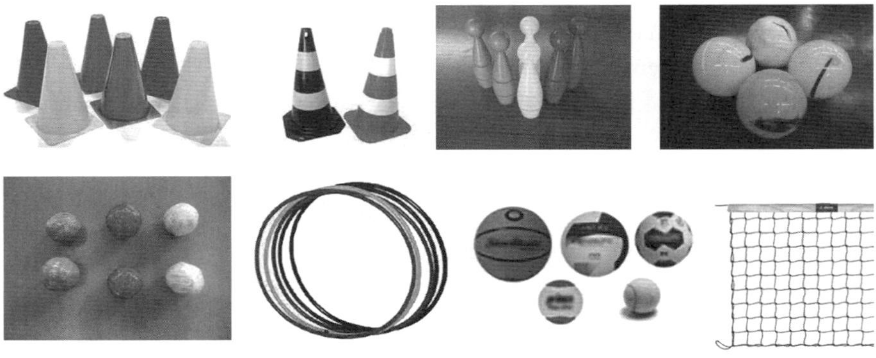

FIGURA 2 Materiais e equipamentos utilizados no programa.
Fonte: acervo dos autores.

ESTRATÉGIAS DE ENSINO

Aulas em grupo

As aulas foram desenvolvidas em grupo, uma vez que o programa tomou como base as características das modalidades esportivas coletivas que fazem uso da cadeira de rodas como dispositivo auxiliar para locomoção. Como relatam Galatti e Paes:[26]

> Talvez a cultura esportiva nas modalidades individuais dificulte uma abordagem cooperativa, mas os jogos esportivos coletivos, por suas características, exigem de seus participantes que, se não o tempo todo, em muitos momentos do jogo dediquem-se ao grupo; mesmo os jogadores tecnicamente acima da média necessitam interar-se ao grupo, envolver-se e envolvê-lo, de forma que suas habilidades individuais estejam inseridas nas necessidades do grupo e os levem a atingir seus objetivos (p.39).

Por esse motivo, durante o desenvolvimento do programa de iniciação esportiva de crianças com deficiência física buscou-se desenvolver atividades em grupo com a finalidade de possibilitar o aprendizado e/ou aprimoramento dos fundamentos das modalidades esportivas por meio da cooperação, aceitação e criação de regras.

Progressão das atividades

Durante a elaboração e a sistematização para o desenvolvimento do programa de iniciação esportiva, buscou-se promover o máximo de desenvolvimento das habilidades motoras fundamentais dos participantes. Assim, foi utilizada uma diversidade de atividades lúdicas e atrativas que proporcionassem aos participantes a aprendizagem por meio do brincar.

Uma das estratégias principais aplicadas ao longo de todo o programa foi o processo de progressão no nível de dificuldade das atividades, buscando partir de atividades mais elementares que gradativamente, e de acordo com as necessidades e potencialidades de cada um dos participantes, passavam a ter maior complexidade.

Estilos de ensino

São muitas as possibilidades e estratégias de ensino que podem ser adotadas para o ensino das crianças. No entanto, propõe-se neste momento entender um pouco mais sobre o espectro de estilos de ensino de Mosston (1966),[27] ampliando as possibilidades para que o professor possa atender as necessidades individuais e específicas de seus alunos. A finalidade é ampliar as possibilidades pedagógicas dos professores e enriquecer o processo de ensino-aprendizagem para todos os envolvidos.[28] Para os autores, cada estilo de ensino, dentro do espectro, tem uma estrutura particular de decisões, com impacto na relação de ensino entre o professor e o aluno.

Os estilos de ensino adotados nesse programa envolveram ensino por tarefas, por programação individualizada, bem como o estilo por descoberta orientada.[27] Os estilos não foram necessariamente utilizados em sua plenitude, mas as estratégias foram embasadas neles.

SELEÇÃO DO CONTEÚDO PROGRAMÁTICO

Com base na identificação das necessidades específicas dos participantes o professor será capaz de planejar o programa de ensino, considerando a ordem de aplicação dos conteúdos e as especificidades de cada um dos componentes de maneira a aperfeiçoar as potencialidades de cada um, mesmo que as atividades venham a ser aplicadas em grupo.

O desenvolvimento motor de uma criança durante a infância está totalmente ligado às oportunidades e experiências motoras que lhe são proporcionadas. De acordo com Gallahue e Ozmun,[15] "o desenvolvimento de habilidades motoras especializadas é altamente dependente de oportunidades para a prática, encorajamento, ensino de qualidade e o contexto ecológico do ambiente" (p.368). Essas são variáveis que devem ser consideradas quando se busca atingir um desenvolvimento motor fundamental maduro.

Ainda para Gallahue e Ozmun,[15] "O desenvolvimento motor maduro é pré-requisito para incorporação bem-sucedida das habilidades motoras especializadas, as quais correspondem ao repertório motor de um indivíduo" (p.368). Logo, a fase de desenvolvimento das habilidades motoras fundamentais, relacionadas ao período transitório entre 7 e 10 anos de idade, é essencial nesse processo de desenvolvimento. Todavia, a maior parte das crianças com 6 anos tem potencial para executar desempenhos no estágio maduro de grande parte dos padrões motores fundamentais.[16]

Estas habilidades resultam da interação entre fatores ligados ao desenvolvimento motor da criança, e não somente à idade. Dentre esses fatores se destacam a maturação, o contexto de ensino, a motivação, as condições sociais e culturais e as experiências anteriores da criança.[16,29-31]

O conhecimento do desenvolvimento motor relacionado com a idade, mas não dependente da idade, é uma base para programas de Educação Física na escola e programas esportivos fora da escola[32] e para a aprendizagem motora da criança.

Essas habilidades podem vir a ser adquiridas por meio da aplicação de atividades lúdicas que envolvam tais habilidades motoras fundamentais, representadas pelos fundamentos específicos das diversas modalidades esportivas, utilizando-se jogos e brincadeiras de caráter cooperativo, pré-desportivos adaptados, entre outros, dependendo do objetivo que se queira alcançar.

A importância de otimizar a aplicação das atividades está ligada à obtenção do controle sobre os participantes. Na faixa etária dos 6 aos 10 anos as crianças não fixam a atenção por muito tempo e são voltadas para a ação; assim, não conseguem permanecer paradas, ouvindo, por muito tempo. Portanto, é imprescindível que as aulas sejam bastante criativas e variadas durante esse período, enfatizando a participação e o divertimento acima da vitória.[21]

Torna-se imprescindível, nesse sentido, tornar as atividades atrativas aos participantes dos programas, tentando desenvolver as habilidades motoras e os fundamentos específicos de maneira combinada, como meio de potencializar suas necessidades e capacidades.

Para a estruturação e planejamento das intervenções do programa de iniciação esportiva foram utilizados jogos e brincadeiras lúdicas englobando as habilidades motoras fundamentais (locomotoras, manipulativas e estabilizadoras), que se apresentavam inseridas nas atividades por meio dos fundamentos específicos da diferentes modalidades esportivas adaptadas (passe, recepção, arremesso, drible e mobilidade e deslocamento sobre a cadeira de rodas) desenvolvidas no decorrer do programa.

A estruturação estabelecida para o desenvolvimento das intervenções foi dividida em quatro momentos, que se encontram descritos no Quadro 2.

QUADRO 2 Descrição da estrutura das sessões

Estrutura das sessões	Descrição
Conversa inicial e alongamento	Fase de preparação do corpo para o desenvolvimento das atividades, acompanhadas do alongamento e de conversas a respeito das atividades desenvolvidas na aula anterior.
Desenvolvimento	O desenvolvimento consistiu no momento de aplicação das atividades propriamente ditas, quando foram aprimoradas as habilidades por meio de jogos e brincadeiras.
Parada para hidratação	A parada para hidratação consistiu no período de diminuição do ritmo das atividades, quando os participantes tinham 5 minutos para tomar água e descansar; após esse período eram retomadas as atividades.
Volta à calma	A volta à calma foram os instantes de *feedback* dos participantes, momento de discussão referente às atividades aplicadas, quando eles podiam expor suas dúvidas e contar o que aprenderam.

Fonte: Melo e Munster, 2016.[22]

Entre os conteúdos programáticos utilizados e estratégias para desenvolvimento das habilidades motoras fundamentais, encontram-se jogos cooperativos, brincadeiras, situações de jogos, jogos pré-desportivos, modalidades esportivas adaptadas, atividades cognitivas, jogos individuais e jogos musicais. Os conteúdos não se diferenciam dos convencionais, mas por vezes as tarefas, os materiais e as regras do jogo podem ser adaptados ou modificados conforme as situações que se apresentam, além do uso da cadeira de rodas para facilitar o deslocamento dos participantes em quadra.

No Quadro 3 são apresentados os conteúdos utilizados no programa de iniciação esportiva de crianças com deficiência física, bem como seus objetivos, estratégias, dinâmicas e alguns exemplos de aplicação.

QUADRO 3 Conteúdos para iniciação esportiva de crianças com deficiência física

Tema	Objetivo	Estratégias	Dinâmicas	Exemplos
Iniciação ao esporte	Desenvolver as habilidades motoras fundamentais de locomoção, estabilização e manipulação na cadeira de rodas, por meio dos aspectos pedagógicos e educacionais.	■ Jogos de cooperação. ■ Brincadeiras. ■ Situações de jogo. ■ Jogos pré-desportivos. ■ Jogos adaptados a partir das modalidades convencionais. ■ Jogos adaptados a partir das modalidades convencionais. ■ Atividades cognitivas. ■ Jogos individuais. ■ Jogos musicais. ■ Modalidades esportivas em cadeira de rodas. ■ Do simples para o mais complexo.	■ Atividades em duplas e trios. ■ Jogos historiados. ■ Construção das atividades pelos participantes. ■ Execução e controle dos movimentos. ■ Utilização da música como elemento desenvolvedor de atenção e percepção temporal. ■ Desenvolvimento dos fundamentos comuns às modalidades.	■ Jogar as modalidades esportivas coletivas sobre cadeira de rodas. ■ Atividades de cooperação, nas quais todos trabalham como uma equipe. ■ Criação de regras do jogo pelos próprios participantes. ■ Pegas. ■ Estafetas. ■ Drible. ■ Deslocamento entre obstáculos. ■ Jogos com alvos e zonas.
Valores comportamentais	Ser capaz de estabelecer relações pessoais de valor, como cooperação, empatia e respeito, para o desenvolvimento de um jogo coletivo, estabelecendo metáforas com a vida.	Interferência verbal do professor, remetendo à prática dos alunos ou ao livro didático.	Ao longo das atividades práticas, aproveitando as situações surgidas a fim de trabalhar a importância do respeito, cooperação aos demais participantes.	Utilizar-se das possíveis dificuldades apresentadas pelos participantes para desenvolver os problemas do jogo, bem como de suas relações com os demais durante as atividades como meio de destacar a relevância dos valores de respeito e cooperação.

Fonte: Melo e Munster, 2016.[22]

FIGURA 3 Atividades e dinâmicas utilizadas no programa de iniciação.
Fonte: acervo dos autores.

Um programa de iniciação esportiva para crianças com deficiência física não deve restringir-se somente às modalidades esportivas adaptadas com o intuito de ensinar aspectos técnico-táticos para elas. De acordo com Galatti, Paes e Darido,[33] deve haver principalmente a preocupação de possibilitar experiências motoras diversificadas.

Existem outros componentes que também devem ser considerados essenciais para o desenvolvimento pedagógico e socioeducativo das crianças, como o respeito às regras e ao próximo, o trabalho em grupo, a ética e outros que vêm a ser desenvolvidos por meio das atividades. Nesse sentido, tão importante quanto organizar, sistematizar, aplicar e avaliar procedimentos pedagógicos para os componentes técnico-táticos dos jogos esportivos coletivos é fazê-lo em relação aos componentes socioeducativos.[33]

Entre os conteúdos abordados durante o decorrer das 24 aulas do programa, foram utilizados alguns fundamentos principais apresentados ao longo do desenvolvimento do programa. Esses conteúdos têm estreita relação com as habilidades motoras de locomoção, manipulação e estabilização, bem como de sua combinação. Essa relação entre conteúdos e habilidades motoras fundamentais apresentada por meio dos fundamentos pode ser vista no Quadro 4.

QUADRO 4 Relação dos conteúdos com as habilidades motoras

Habilidade motora	Conteúdo
Locomoção	Deslocamento na cadeira: propulsão, mudança de direção; giro; propulsão inversa.
Manipulação	Passe; recepção; arremesso e drible.
Estabilização	Equilíbrio estático e equilíbrio dinâmico.
Habilidades combinadas	Locomoção com mudanças de direção; drible em deslocamento; arremesso em deslocamento; passe em deslocamento; recepção em deslocamento.

Fonte: Melo e Munster, 2016.[22]

A seguir serão apresentadas algumas sugestões de atividades com seus objetivos, estratégias e materiais utilizados.

SUGESTÕES DE ATIVIDADES

Atividade 1: Familiarização e ganho de confiança

Objetivo: familiarizar-se, conhecer e aprimorar o controle sobre a cadeira de rodas esportiva.

Materiais: cones, bolas leves coloridas.

A atividade consiste em colocar os participantes em suas respectivas cadeiras de rodas esportivas, que a partir de então passariam a ser seu dispositivo de locomoção no programa. Na apresentação da cadeira é enfatizada a importância da rodinha traseira para o funcionamento do sistema *anti-tip* na diminuição das possibilidades de tombamento, além da imprescindível necessidade de uso das faixas fixadoras para sua maior segurança.

Essa atividade possibilita aos participantes a oportunidade de experimentar o novo dispositivo de locomoção de maneira livre e em todas as direções (para a frente, para trás, o giro) e a importância da utilização do tronco na propulsão, e que deve ser realizado com ambas as mãos, simultaneamente.

Atividade 2: O coelho na toca

Objetivo: vivenciar de forma lúdica atividades de mobilidade e deslocamento na cadeira de rodas (Figura 4).

Materiais: cones, bolas leves coloridas.

FIGURA 4 Atividade "O coelho na toca".
Fonte: acervo dos autores.

Os participantes cantam e dão voltas no centro da área utilizada. Ao redor existem três tocas para três participantes. Ao sinal do professor, todos devem buscar uma toca para se esconder. É possível fazer variações nas localizações das tocas (exigindo curvas e mudanças de direções) e das maneiras de entrar nelas (de frente e de costas).

Atividade 3: Batata quente musical

Objetivo: desenvolver as habilidades relativas ao passe e à recepção.
Materiais: bolas (handebol, voleibol, tênis e bola confeccionada com jornal e fita adesiva), caixas de som e *notebook*.

Quando a música começa a tocar, os participantes precisam passar a bola para os demais presentes no círculo; assim que a música parar, quem estiver com a bola deve dançar.

Atividade 4: Derrubando o sapo

Objetivo: proporcionar aos participantes o desenvolvimento das habilidades de manipulação, como arremesso, lançamento e recepção (Figura 5).
Materiais: faixa elástica da baliza, bolas (handebol, voleibol, tênis e bola confeccionada com jornal e fita adesiva), bambolês e cones, figuras de um sapo e de uma sapa.

FIGURA 5 Derrubando o sapo.
Fonte: acervo dos autores.

Dentro dos arcos existem as figuras de um sapo e de uma sapa, e os participantes têm que acertar as bolas nas figuras. Para tanto eles devem recepcionar a bola e executar o arremesso. A atividade acontecerá enquanto a música estiver tocando.

Atividade 5: Desafio da bolas nos cones

Objetivo: aprimorar o deslocamento na cadeira de rodas e as habilidades de manipulação como passe, recepção e arremesso e manejo de bola (Figura 6).

Materiais: bolas (encobertas com papel e fita-crepe), bolas de tênis, bola de handebol, 3 bolas de basquetebol, 3 de vôlei e 3 arcos, cones.

As bolas ficarão em cima dos cones. Os participantes deverão pegar as bolinhas, deslocar-se com as cadeiras até a linha de arremesso e lançar as bolas nos 3 bambolês que estarão pendurados na baliza. Modificar a distância (3 metros).

FIGURA 6 Desafio das bolas nos cones.
Fonte: acervo dos autores.

CONSIDERAÇÕES FINAIS

A elaboração de um programa de Educação Física é sempre um desafio, uma vez que existem muitos fatores a serem planejados, elaborados e controlados. Como descrito neste capítulo, existem algumas etapas a serem percorridas com vistas à obtenção de êxito em seus objetivos.

Pode-se notar também que não há necessidade de diferenciação dos conteúdos e estratégias utilizadas. São mínimas as adaptações utilizadas nas dinâmicas e atividades, e essas emergiram das necessidades do professor/pesquisador de sistematizar o conhecimento e identificar as melhores atividades para possibilitar a aprendizagem e o desenvolvimento dos participantes.

Desse modo, buscou-se implementar uma série de estratégias que possibilitasse aos participantes um processo de aprendizagem prazeroso. Foram aplicadas atividades diversificadas, de caráter cooperativo, com situações-problema que possibilitassem a participação do aluno na criação da atividade, atividades contextualizadas, historiadas. Ao mesmo tempo, ofereceram-se as habilidades motoras fundamentais, apresentadas por meio dos fundamentos das modalidades esportivas, dos jogos e brincadeiras pré-desportivos, adaptações de jogos e modalidades esportivas convencionais, tudo com o intuito de possibilitar o máximo de experiências esportivas por meio da adequação das atividades.

Iniciar a criança com deficiência física no esporte está associado a tornar possível a experimentação do esporte em suas variadas formas. O esporte pode ser modificado para atingir as necessidades da criança, e não o contrário.

REFERÊNCIAS

1. Longmuir PE, Bar-Or O. Factors influencing the physical activity levels of youth with physical and sensory disabilities. Adapted Physical Activity Quarterly. 2000;17(1):40-53.
2. Shapiro DR, Martin JJ. Multidimensional physical self-concept of athletes with physical disabilities. Adapted Physical Activity Quarterly (Canadá). 2010;27:294-307.
3. Groof DG, Kleiber DA. Exploring the identity formation of youth involved in an adapted sports program. Therap Recreat J. 2001;35(4):318-32.
4. Moran TE, Block ME. Barriers to participation of children with disabilities in youth sports. Teaching Exceptional Children Plus. 2010;6(3):1-13.
5. Rimmer JH, Riley B, Wang E, Rauworth A. Accessibility of health clubs for people with mobility disabilities and visual impairments. American Journal of Public Health. 2005;95(11):2022-8.
6. Patel DR, Greydanus DE. Sport participation by physically and cognitively challenged young athletes. Pediatr Clin N Am. 2010;57:795-817.
7. Martin JJ, Smith K. Friendship quality in youth disability sport: perceptions of a best friend. Adapted Physical Activity Quarterly (Canadá). 2002;19(4):472-82.
8. Martin JJ. Psychosocial aspects of youth disability sport. Adapted Physical Activity Quarterly. 2006;23(1):65-77.

9. Gorgatti MG, Böhme MTS. Atividade física e lesão medular. In: Gorgatti MG, Costa RF. Atividade física adaptada. Barueri: Manole; 2005. p.147-78.
10. Mauerberg-De-Castro E. Atividade física adaptada. Ribeirão Preto: Tecmedd; 2005.
11. Winnick JP, Short FX. Testes de aptidão física para jovens com necessidades especiais. Barueri: Manole; 2001.
12. Sernaglia MB, Duarte E, Dalla Déa VH. Avaliação do autoconceito em cadeirantes praticantes de esporte adaptado. Pensar a Prática (Goiânia). 2010;13(3):118.
13. Melo FAP. Influência de um programa de iniciação esportiva em crianças com deficiência física. [Dissertação parcial – Mestrado em Educação Especial]. São Carlos: Universidade Federal de São Carlos, Programa de Pós-Graduação em Educação Especial; 2014.
14. Melo FAP, Munster MAV. Iniciação esportiva em cadeira de rodas: estruturação de um programa para crianças com deficiência física. Pensar a Prática. 2016;19(1):68-80.
15. Gallahue DL, Ozmun JC. Compreendendo o desenvolvimento motor: bebês, crianças, adolescentes e adultos. 3.ed. São Paulo: Phorte; 2005.
16. Gallahue DL, Ozmun JC, Goodway JD. Compreendendo o desenvolvimento motor: bebês, crianças, adolescentes e adultos. 7.ed. Porto Alegre: AMGH; 2013.
17. Arbour KP, Latimer AE, Martin GKA, Jung ME. Moving beyond the stigma: the impression formation benefits of exercise for individuals with a physical disability. Adapted Physical Activity Quarterly (Canadá). 2007;24(2):144-59.
18. Higgs C. Integration of persons with a disability in Canadian sport. Canadian Sport for Life: Special report Canadian Sport for Life for Athletes with a Disability (Canadá). 2011; p.3-15.
19. Oliveira V, Paes RR. A pedagogia da iniciação esportiva: um estudo sobre o ensino dos jogos desportivos coletivos. Revista Digital (Buenos Aires). 2004 Apr;(71), ano 10.
20. Arena SS, Bohme MTS. Programas de iniciação e especialização esportiva na grande São Paulo. Revista Paulista de Educação Física (São Paulo). 2000;14(2):184-95.
21. Bompa TO. Treinamento total para jovens campeões. Barueri: Manole; 2002.
22. Melo FAP, Munster MAV. Protocolo avaliativo de iniciação esportiva em cadeira de rodas: uma alternativa de avaliação para pessoas com deficiência física. Rev Bras Ciênc Esporte (Porto Alegre). 2020;42:e2030.
23. Carvalho JA. Órteses: um recurso terapêutico complementar. Barueri: Manole; 2006. p.170.
24. Batavia M, Batavia AI, Friedman R. Changing chairs: anticipating problems in prescribing wheelchairs. Disability and Rehabilitation (New York). 2001;23(12):539-8.
25. Di Marco A, Russel M, Masters M. Standards for wheelchair prescription. Australian Occupational Therapy Journal (Melbourne). 2003;50(1):30-9.
26. Galatti LR, Paes RR. Pedagogia do esporte: iniciação ao basquetebol. Hortolândia: Unasp; 2007.
27. Mosston M, Ashworth S. Teaching physical education (1st online ed.). Buckeystown: Spectrum Institute for Teaching and Learning; 2008.
28. Heine V, Carbinatto MV, Nunomura M. Estilos de ensino e a iniciação da capoeira para crianças de 7 a 10 anos de idade. Pensar a Prática. 2009;12(1):1-12.
29. Clark JE. On the problem of motor skill development. Joperd. 2007;78(5):39-44.
30. Clark JE, Metcalf JS. The mountain of motor development: a metaphor. In: Clark JE, Humphrey JH. Motor development: research and reviews. Reston: National Association for Sport and Physical Education; 2002. v.2. p.163-90.
31. Farias ALP. Nível de desenvolvimento motor em crianças do ensino fundamental I da Paraíba: tgmd-2 desenvolvimento motor. [Tese]. Rio Claro: Universidade Estadual Paulista, Instituto de Biociências de Rio Claro; 2012.
32. Payne VG, Yan JH, Block M. Human motor development in individuals with and without disabilities. New York: Nova Science Publishers; 2010.
33. Galatti LR, Paes RR, Darido SC. Pedagogia do esporte: livro didático aplicado aos jogos esportivos coletivos. Motriz (Rio Claro). 2010 Jul/Sep;16(3):751-61.
34. Gorgatti MG, et al. Tendência competitiva no esporte adaptado. Arquivos Sanny de Pesquisa e Saúde (Santos). 2008;18(1):18-25.
35. Martin JJ. A personal development model of sport psychology for athletes with disabilities. Journal of Applied Sport Psychology. 1999;11:181-93.

CAPÍTULO **12**

Tênis em cadeira de rodas: estratégias de ensino para a iniciação esportiva

Fernanda Gabriela Quidim
Mey de Abreu van Munster

Você verá neste capítulo...

O tênis em cadeira de rodas é uma modalidade adaptada recente no contexto das práticas esportivas orientadas às pessoas com deficiência. Por esse motivo, ainda é escasso o conteúdo acadêmico e técnico relativo às estratégias de ensino e seus resultados quanto à eficácia na aprendizagem de iniciantes na modalidade.

O texto aborda os métodos existentes para o ensino dessa prática, orientando o leitor no sentido da eficiência que pode ser atingida pelo uso do método de ensino pelo jogo, bem como pelo uso de bolas de tênis diferenciadas na evolução do aprendizado quando avaliado quantitativamente e qualitativamente após um programa estruturado de ensino.

Oportunizar a prática por si só não promove todos os benefícios de uma aprendizagem concreta com resultados mensuráveis. Assim, exemplos de atividades a serem propostas, bem como a descrição dos pontos-chave de ensino do tênis em cadeira de rodas, são apresentados ao longo do capítulo.

O TÊNIS EM CADEIRA DE RODAS: INTRODUÇÃO À MODALIDADE

A história do tênis em cadeira de rodas

O tênis em cadeira de rodas (TCR) é uma modalidade adaptada bastante recente. O ano de 1976 marcou o surgimento de sua prática nos EUA por iniciativa dos norte-americanos Brad Parks e Jeff Minnenbraker, e a evolução culminou em sua estreia nos Jogos Paraolímpicos de Seul em 1988, em caráter de exibição.[1]

Quase uma década depois dos primeiros registros de sua prática, o TCR chegou ao Brasil. As primeiras práticas, em 1985, no Rio de Janeiro, foram alavancadas por José Carlos Morais, médico gaúcho que teve contato com a modalidade em sua passagem prévia pela Inglaterra.

Com a consolidação da modalidade adaptada, foi criado o departamento de Tênis em Cadeira de Rodas dentro da Confederação Brasileira de Tênis (CBT).[1]

Nos Jogos de Barcelona (1992), o TCR passou a fazer parte das modalidades competitivas, alcançando mais um patamar de crescimento da modalidade ao atingir a prática em grande parte dos países.

Conhecendo os potenciais praticantes

Para ser considerado elegível para competir no TCR o interessado deve possuir um diagnóstico de deficiência permanente relacionado à locomoção.

Essa deficiência física deve resultar em perda da função em uma ou ambas as extremidades inferiores.[2-4]

No TCR, pessoas com diferentes etiologias (lesão medular, amputação, poliomielite, espinha bífida, entre outras) competem entre si em condição de igualdade, não existindo uma classificação para cada competidor.

A etiologia e o tipo e o nível de lesão do jogador influenciarão seu equilíbrio e estabilidade, sendo esse aspecto trabalhado individualmente em decorrência da particularidade do critério.

Há também um grupo especial de prática, que é o dos tetraplégicos. A categoria tetraplégicos, também denominada por Winnick[5] categoria *E Quad*, é composta por aqueles que não têm mobilidade, potência ou força em, pelo menos, três membros – atendendo a alguns critérios de elegibilidade que incluem, além de tetraplégicos, usuários de cadeira de rodas motorizada, pessoas com amputações triplas, miopatia de extremidade superior ou distrofia muscular.

Materiais e equipamentos

Para a prática do TCR, nenhum instrumento além dos relacionados à modalidade base faz-se necessário, exceto quanto à cadeira de rodas esportiva.

Não há necessidade de adaptações relativas às raquetes; estas são as mesmas da modalidade base, mantendo formato e estrutura. Suas características estruturais estão demonstradas na Figura 1.

Diferentes são os materiais que podem compor sua estrutura e suas cordas, porém estas são escolhidas de acordo com a preferência e as características de cada praticante.

Quanto às bolas, são as mesmas utilizada nos jogos oficiais do tênis convencional. A superfície das bolas é uniforme e composta por lã, algodão e fibras sintéticas, cuja trama fielmente ordenada possibilita o controle do golpe. Suas medidas são padronizadas, assim como seu quique, e ambos passam por testes específicos da Federação Internacional de Tênis (ITF).[2]

Para a adaptação e iniciação de usuários de cadeira de rodas ao tênis, bolas diferenciadas, do método de ensino *Play and Stay*, são usadas e incentivadas por possuírem menor pressão que as bolas oficiais e, consequentemente, responderem ao quique com altura mais baixa e com menor velocidade de voo.

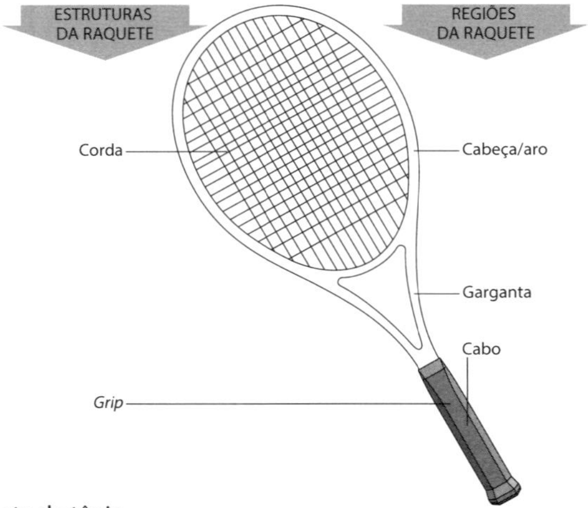

FIGURA 1 Raquete de tênis.
Fonte: elaborada pelas autoras.

O quique mais baixo dessas bolas permite que o tenista na cadeira de rodas atinja a bola em uma altura ideal para o golpe, que nesse caso é uma altura mais baixa em relação ao jogador andante, devido a seu posicionamento.

Essas bolas, ainda, pelo fato de possuírem diferentes pressões, também possibilitam ao jogador maior tempo de preparação ao golpe e maior controle sobre sua resposta. Essa situação garante uma experiência mais fácil e mais divertida no tênis, passando a fazer parte dos programas de iniciação na modalidade.

De acordo com Bullock,[4] faz sentido usar bolas diferenciadas com cadeirantes iniciantes, assim como já são utilizadas por crianças, uma vez que possibilitam precisão ao golpe, permitindo assim situações de trocas de bola mais duradouras.

O método *Play and Stay* conta com três bolas com características próprias de pressão e velocidade, que são identificadas por meio de diferentes cores: vermelha, laranja e verde, e cujas características são relacionadas à bola oficial, conforme o Quadro 1.

QUADRO 1 Bolas oficiais e do método *Play and Stay*

Bolas	Oficial	*Play and Stay*		
Velocidade	Oficial	25% mais lenta	50% mais lenta	75% mais lenta
Padrão visual	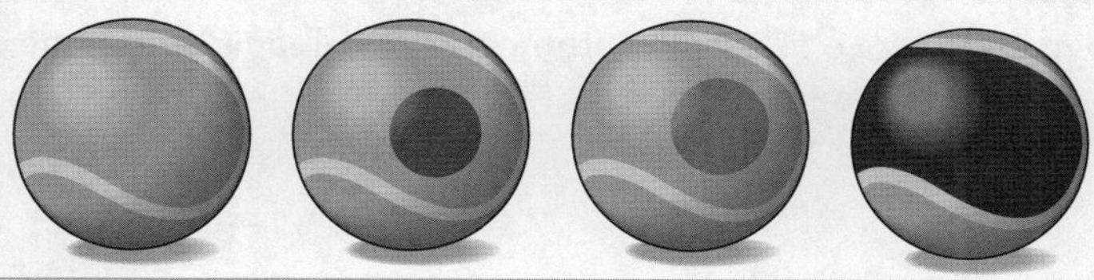			

Fonte: elaborado pelas autoras

Bullock[4] refere que talvez o segundo salto da bola vermelha (75% mais lenta que a bola oficial) seja muito baixo para o cadeirante, orientando o uso da bola laranja como a mais adequada (50% mais lenta, comparada à bola oficial), com salto mais consistente com a posição sentada de um jogador de tênis de cadeira de rodas, porém o autor afirma que mais pesquisas devem ser efetuadas.

Com a evolução das sessões de aproximação à modalidade, o uso das bolas verdes do método *Play and Stay* (25% mais lentas que a bola oficial) passa a ser pertinente para que haja uma evolução gradual antes de que sejam utilizados os espaços oficiais e bolas padrões do tênis.

A cadeira de rodas é o elemento essencial que caracteriza a prática da modalidade adaptada. Como em todas modalidades esportivas praticadas por pessoas com deficiência física sob cadeira de rodas, ela deve ser adaptada e especializada à prática esportiva para promover estabilidade e segurança.

A Figura 2 apresenta o comparativo de uma cadeira de rodas do dia a dia e uma cadeira de rodas esportiva, específica do TCR, sendo possível visualizar aspectos relevantes de cada uma delas em face das finalidades para as quais foram projetadas.

A maior estabilidade da cadeira esportiva advém principalmente da cambagem especial das rodas, representada pela inclinação da roda em relação ao plano vertical, que, além de aumentar a estabilidade e o equilíbrio, facilita nos aspectos relacionados à velocidade, agilidade e em habilidades de mudanças de direção por permitir giros mais rápidos e com menor esforço.[6]

O posicionamento dos pés na cadeira esportiva também é uma característica ergonômica voltada para facilitar movimentos angulares durante o jogo, pois, ao trazer os pés para o eixo central da cadeira, permite aproximar os segmentos do centro de gravidade do conjunto jogador-cadeira.[6]

Pomme e Cavalcante[2] esclarecem que as cadeira de rodas devem sofrer ainda ajustes na inclinação do assento e na altura do encosto, preferencialmente sob medida para o praticante, promovendo melhor acomodação à cadeira e aumentando seu equilíbrio e segurança.

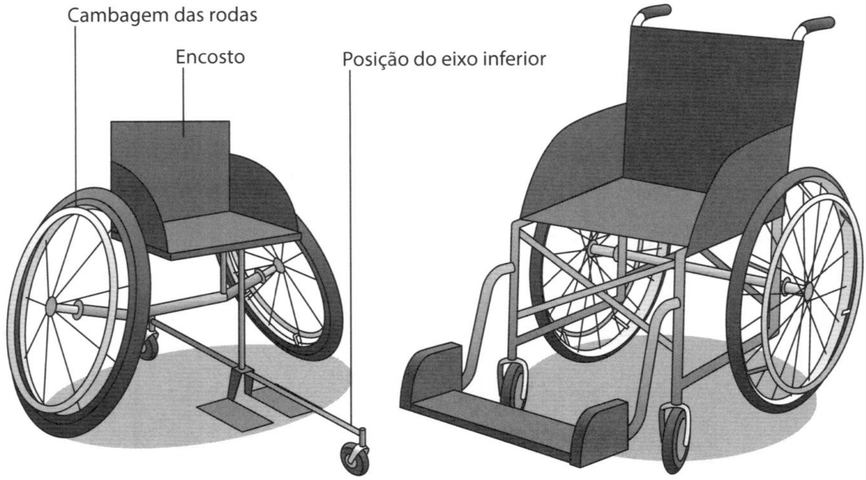

FIGURA 2 Comparação entre cadeira de rodas esportiva e cadeira de rodas de uso convencional.[6]

Segundo Gorgatti e Teixeira,[7] as cadeiras esportivas possuem eixos mais resistentes e estrutura diferenciada, decorrente das necessidades e do dinamismo empregado nas partidas. O menor peso reduz o custo energético do jogador para impulsioná-la.[6]

Uma quinta roda, localizada na parte traseira da cadeira esportiva, ajuda a evitar acidentes nos caso das paradas bruscas em que a cadeira se projeta para trás. Essa roda "antitombo", além de reduzir o número de quedas, oferece maior estabilidade física e segurança psicológica ao participante na situação de jogo.

Por se tratar de uma modalidade em que as mudanças de direção são frequentes, a segurança do praticante na cadeira de rodas é fundamental. Dessa forma, antes do início da sessão, todas as estratégias voltadas para a segurança do participante devem ser enfatizadas, como o uso das faixas de fixação, que são imprescindíveis.

As faixas, apresentadas no Quadro 2, são, segundo Rivas e García,[6] elementos que proporcionam estabilidade ao jogador ao possibilitar criar uma unidade entre o jogador e a cadeira de rodas, permitindo que ambos participem como um todo do movimento desejado.

Quanto às quadras para a prática, também são as mesmas utilizadas pelos tenistas não cadeirantes. A área da quadra de duplas é maior em relação à indi-

QUADRO 2 Faixas de estabilidade e segurança do jogador na cadeira de rodas

		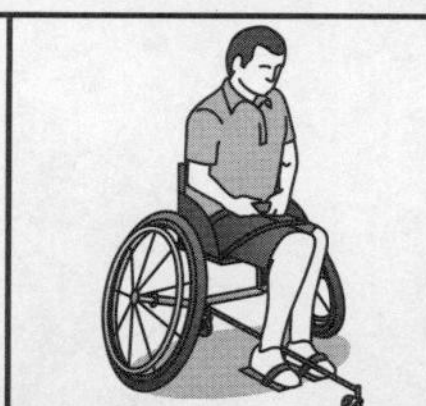	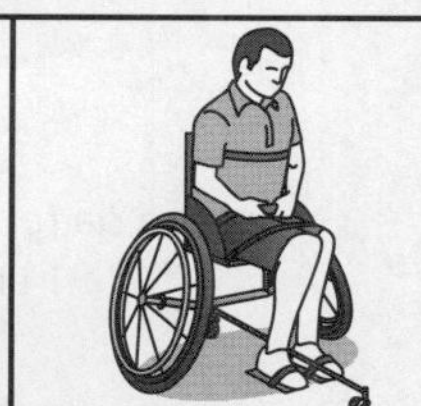
Faixas de fixação na região dos pés aumentam a segurança e evitam movimentos indesejados dos membros inferiores. Além de conferir estabilidade ao praticante, evitam acidentes caso os pés escapem do apoio.	Faixas de fixação na região das coxas impedem que a inércia do movimento faça as pernas se deslocarem para o lado contrário do movimento.	Faixas na região da cintura são indicadas para gerar maior estabilidade pela fixação do quadril no assento, o que possibilita segurança na execução dos movimentos rápidos.	Faixas nas regiões do tórax podem ser indicadas em casos de lesões mais altas, visando aumentar o equilíbrio ao fixar o tronco à cadeira.

Fonte: adaptado de Rivas e García, 2009.[6]

vidual, sendo delimitada pela linha externa, conforme a Figura 3. As duas formas de prática são executadas na modalidade sobre rodas.

Em decorrência da observância da segurança dos praticantes, bem como da evidência de menor esforço para o deslocamento, a quadra utilizada para o TCR é restritivamente a quadra rápida, que apresenta piso liso, e cuja estrutura é construída com várias camadas de diferentes materiais, como piso asfáltico ou concreto.

Regras do jogo

Quanto às regras do jogo de TCR, são muito semelhantes às do tênis convencional (adaptado de Pomme e Cavalcante,[2] p.12):

- Quique da bola: a bola pode quicar duas vezes antes de ser rebatida, devendo o primeiro quique ocorrer dentro das linhas da quadra; o segundo quique pode ser tanto dentro como fora das linhas.
- Saque: o sacador deve posicionar-se atrás da linha de base, projetar a bola no ar e golpeá-la antes que toque o chão. No caso de um jogador que só tenha um braço, este poderá utilizar sua raquete para projetá-la; em caso de tetraplegia, um auxiliar poderá lançar a bola. O sacador, assim como no tênis convencional, deve começar sacando do lado direito em cada *game* e al-

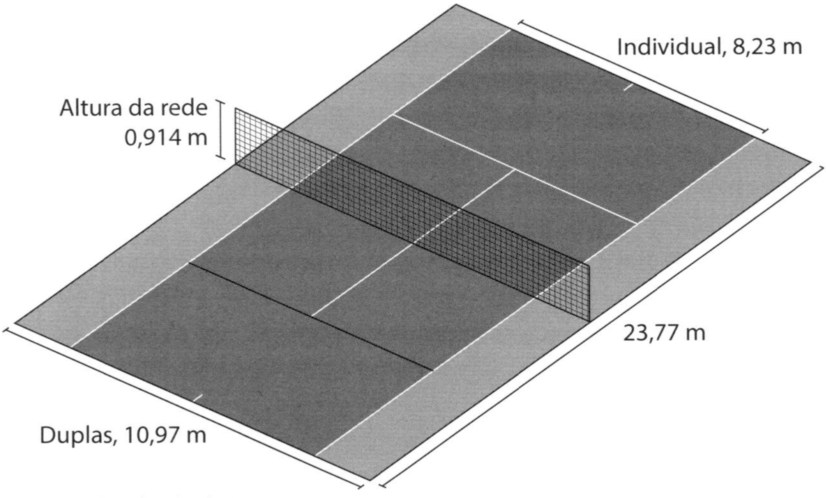

FIGURA 3 Quadra de tênis.
Fonte: elaborada pelas autoras.

ternar o lado a cada ponto. A bola deve atingir o solo dentro da área de saque diagonalmente oposta. O sacador não deverá, durante o saque: mudar de posição, tocar, com qualquer roda, qualquer linha fora da área delimitada para o saque e usar qualquer extremidade de seu corpo como freio ou estabilizador durante o saque.

- Contagem dos pontos:
  - *Game:* o primeiro ponto vale 15, o segundo 30, o terceiro 40, e o quarto encerra o *game*. Caso haja empate no *game* em 40 a 40, vence o *game* quem fizer 2 pontos seguidos.
  - *Set:* no TCR os jogos são sempre em melhor de 3 *sets*, ou seja, quem fizer 2 *sets* primeiro ganha o jogo.

Para a construção das estratégias de ensino, o prévio conhecimento das características básicas inerentes à modalidade quanto aos aspectos anteriormente detalhados são de grande importância para que sejam priorizados materiais, estruturas e ambiente preparados para uma prática segura e que traga todos os benefícios aliados à prática esportiva.

Conhecer tais aspectos torna o orientador apto a enfrentar os primeiros questionamentos dos iniciantes na modalidade, e dessa forma conduz com maior destreza a prática proposta, que evolui com a escolha do método e o planejamento do programa.

A IMPORTÂNCIA DO PRÉVIO PLANEJAMENTO DO PROGRAMA DE ENSINO

A mera prática da modalidade, sem planejamento estruturado, não possibilita o acréscimo concreto dos benefícios do ensino. O processo de ensino tem como principal finalidade desenvolver competências específicas no aprendiz por meio do acréscimo de conhecimentos e habilidades que visam ao alcance do objetivo da prática proposta.[8]

As estratégias de ensino, de modo escalonado e gradual, proporcionam que o aprendiz atinja um patamar mais elevado de prática em determinada atividade de acordo com a evolução na habilidade.

Evidencia-se uma resposta positiva ao ensino quando são empregadas estratégias que envolvam habilidades diversificadas em níveis crescentes de complexidade.

Dessa forma, ao visar ao ensino de atividades esportivas, o processo de aprimorar tais habilidades deve ser bastante dinâmico. A cada parâmetro alcançado, novos desafios e novos critérios, dentro do processo de ensino, devem ser incorporados a fim de permitir a evolução na habilidade pautada na eficácia e eficiência do movimento.[9]

Ensinar é promover no aprendiz uma contínua situação de instabilidade perante o domínio motor para que ocorra uma nova adaptação aos movimentos, possibilitando assim que seja atingido um nível de habilidade mais elevado e específico.

Para atingir um patamar adequado de aprendizagem, a periodização das sessões de ensino é pautada no aumento da complexibilidade da habilidade em razão da evolução do tempo e da qualidade de prática.

Enfatizam-se ainda a aquisição e a melhoria de habilidades motoras tanto gerais quanto específicas nas crescentes fases do processo adequado e planejado do ensino.

Apesar de habilidades gerais serem também adquiridas por experiências motoras cotidianas, as experiências por si sós não garantem todos os benefícios que uma prática de ensino bem orientada e planejada pode proporcionar. Dessa forma, torna-se relevante a estruturação de propostas metodológicas que maximizem a aprendizagem e o desenvolvimento também dessas habilidades.

O processo de ensino do tênis é necessário para que a aquisição do conhecimento motor da prática seja pautada na evolução lógica do conhecimento e das habilidades da modalidade.

Essas propostas de ensino devem ser cuidadosamente planejadas e adequadamente aplicadas, com o fim de potencializar as características pedagógicas da atividade física e do esporte[10] e de transferir maior habilidade ao aprendiz em prática.

MÉTODOS DE ENSINO: POSSÍVEIS ABORDAGENS DE ENSINO E CRITÉRIOS DE APLICAÇÃO

Conhecendo a importância dos procedimentos de ensino para que haja eficiência na aquisição lógica de habilidades na iniciação esportiva, foram compiladas e apresentadas no Quadro 3 algumas referências importantes a respeito dos diferentes métodos de ensino em modalidades esportivas adaptadas, aplicáveis ao TCR, bem como suas formas de prática e as principais características metodológicas.

QUADRO 3 Abordagens de ensino aplicáveis ao tênis em cadeira de rodas

Autores	Abordagens de ensino	Características metodológicas
Freitas;[11] Leitão;[12] Pomme e Cavalcanti;[2] Young;[13] Bullock e Sanz[4]	Desenvolvimento do processo de ensino semelhante ao da modalidade convencional, por meio do emprego dos fundamentos e jogos coletivos.	Como não há informações científicas referentes a processos pedagógicos adaptados à modalidade, tal abordagem pauta-se no ensino por meio da introdução dos fundamentos básicos.
United States Tennis Association (USTA)[14]	Ensino pelo jogo.	O jogo acelera a aprendizagem, já que, ao entender o jogo, os praticantes passam a identificar as competências mais importantes a serem desenvolvidas para melhorar sua prática. Dentro do jogo podem ser trabalhados todos os demais itens de ensino.
García[15]	Modelo global.	A execução completa do movimento torna o participante mais apto para enfrentar situações presentes no jogo.
Motta[16]	Ensino principalmente pela técnica, tática, condicionamento físico e trabalho psicológico.	Trata esses aspectos distintos e desconexos como vitais para a formação do atleta.
Federação Internacional de Tênis[17]	*Play and Stay.*	Esse método permite o desenvolvimento de habilidades fundamentais mais facilmente pela prática concentrada nos jogos, e possibilita um aprendizado mais fácil e preciso pelo uso de bolas com menor velocidade e quique mais baixo.
De Paula e Balbinotti[18]	Experiências dinâmicas e divertidas sem a prática mecanicista dos fundamentos.	Orienta-se pela manutenção da motivação e do desenvolvimento de potencialidades.
Giménez[19,20]	Ensino analítico.	Conhecer a técnica passo a passo para compreensão e execução perfeita do golpe, de modo que os fundamentos técnicos são divididos em partes, o que facilita a visualização de cada fase do movimento de execução de uma habilidade. Com a progressão do participante, vão sendo somadas as tarefas até a execução completa do movimento.

(continua)

QUADRO 3 Abordagens de ensino aplicáveis ao tênis em cadeira de rodas *(continuação)*

Autores	Abordagens de ensino	Características metodológicas
Graça e Mesquita[21]	Ensino dos jogos para a compreensão (ensino pelo jogo adaptado – manipulando regras, espaço e tempo).	Pelo jogo aprendem-se os componentes da prática e tática do jogo, o que realça as competências do praticante para o domínio do jogo. Nesse modelo o participante tem papel ativo devido às necessidades de tomada de decisões, compreensão e percepção (processos cognitivos).
Hernandez (1999), apud De Paula e Balbinotti[18]	União de prática global e analítica.	Assim se desenvolve a técnica com precisão e aplica nas situações reais de jogo.
Special Olympics[22]	Ensino da técnica com progressão e envolvendo aspectos táticos.	A progressão permite uma gradual intensificação da atividade física.
Píffero e Valentini[23]	Ensino das técnicas (abordagem clássica) e aplicação do jogo.	Com esse processo de ensino o participante cria estratégias para o sucesso no jogo e tem mais interesse em praticar a técnica posteriormente.

Fonte: Quidim, 2013.

Pela análise do exposto, admite-se que a literatura apresenta uma série de autores que, com suas experiências e visões práticas e acadêmicas, estipulam diferentes métodos de ensino-aprendizagem nas modalidades adaptadas e apresentam suas características próprias visando ao alcance do objetivo de ensino.

Por meio da união de bases teóricas com condutas didáticas e experiências práticas, além do estudo acadêmico em face da evolução dos praticantes submetidos às diferentes estratégias e abordagens, somado aos estudos de procedimentos de ensino e aos conhecimentos provenientes de cursos de capacitação de treinadores de tênis e à vivência no ensino de modalidades esportivas adaptadas, foi possível aglomerar fatores que possibilitaram a formação da estratégia de ensino usada como referência para a construção do programa de TCR apresentado neste capítulo.

Esse programa de ensino de TCR, elaborado para a iniciação de pessoas com deficiência física sem experiências prévias na modalidade, foi baseado na abordagem de ensino pautada no método do ensino pelo jogo.

As estratégias definidas foram escolhidas e criadas prioritariamente visando ao alcance dos resultados de aprendizagem das situações típicas do jogo, inicialmente por meio do uso de bolas específicas do método *Play and Stay*, como meio eficaz para o sucesso e a motivação do iniciante.

O programa desenvolvido repercute em claros benefícios qualitativos na evolução global da prática da modalidade ao acelerar o entendimento da dinâmica do jogo, e também quantitativamente, ao passo que, quando os praticantes, após período evolutivo das estratégias de ensino, são submetidos a uma avaliação da eficiência nas respostas da execução dos fundamentos técnicos, demonstram ganho efetivo quanto aos aspectos de eficiência e acurácia do resultado.

Por meio dessa metodologia, o aprendiz identifica na situação do jogo as estratégias lógicas mais eficazes para obtenção do resultado desejado, assim como tem o contato inicial mais prazeroso com o uso de bolas diferenciadas, que permitem o sucesso já no início da prática.

O ENSINO PELO JOGO: AS CARACTERÍSTICAS DO MÉTODO E OS ASPECTOS FUNDAMENTAIS NAS SESSÕES DE TÊNIS EM CADEIRA DE RODAS

Parte-se da premissa de que, para que o processo de ensino seja efetivo, devem ser aplicadas diferentes estratégias e metodologias de ensino previamente estruturadas.

Dentre os métodos voltados para o ensino na iniciação de modalidades esportivas, as estratégias de ensino pelo jogo e por meio do modelo global apresentam-se bastante efetivas, já que compreendem como principal característica o fato de aprender a modalidade e seus fundamentos como um todo, em sua principal situação: o jogo.

Segundo a Associação de Tênis dos Estados Unidos,[14] o ensino pelo jogo propriamente dito acelera a aprendizagem, pois os praticantes passam a entender o jogo e identificar as competências mais importantes a serem desenvolvidas para melhorar sua prática.

O ensino por meio do jogo leva o praticante a compreender a dinâmica do movimento realizado por meio da consciência tática e ajuste técnico que essa situação de aprender no jogo cria.

O praticante passa a entender por si só por que é vantajoso executar "determinado" fundamento em detrimento de outro, com "certo" efeito em vez de outro, e não somente executa a ação repetitivamente, sem consciência da transferência direta para o jogo, como no caso das outras estratégias de ensino analíticas e pautadas em técnicas isoladas.

Orientar-se no ensino pelo jogo é priorizar o ensino para a eficácia do fundamento, que se concretiza pelo alcance da meta proposta. Dessa forma, a execução do movimento, na situação do jogo, realizada dentro de padrão motor aceitável (padrão esse delimitado pelas possibilidades do praticante) terá o resultado positivo atingido (sua eficácia) quando a bola atinge o local planejado, com a velocidade e a precisão escolhidas para aquela situação concreta.

Falar em eficácia é pensar no fim (objetivo alcançado), e não na estrutura do meio de execução (padrão do movimento na execução do golpe).

Sabe-se da importância de um padrão motor eficiente visando à prevenção de lesões e à economia de energia perante a biomecânica que envolve os golpes do tênis. Porém, o grande foco do programa de iniciação é avaliar quão proveitosa foi a resposta do golpe e não o padrão motor utilizado. Este último deve ser manipulado e corrigido dentro da situação de jogo e não somente de forma isolada; afinal, muitas vezes a limitação do tronco altera o padrão possível de golpe.

O objetivo da modalidade vale pelos acertos, pela consistência nos golpes e pela precisão nas respostas. Assim, atividades que visam aos aspectos de direção, controle e consistência devem fazer parte das sessões da intervenção por meio de atividades com alvos e metas, pois o fundamental na estratégia do ensino pelo jogo é cometer o menor número de erros para pontuar.

As atividades contempladas no conteúdo do processo de ensino devem enfatizar ainda, por meio de situações características do jogo, aspectos relativos à precisão, acurácia, leitura da bola, dinamismo, posicionamento em quadra, deslocamento, concentração, tática, estratégias, entre outros aspectos.

Ensinar pelo jogo não representa apenas oportunizar a prática. Atividades devem ser propostas dentro da estrutura do jogo, daí o nome: ensino pelo jogo. Sem a inserção de atividades, a mera prática da modalidade gera lacunas no domínio das características específicas do esporte.

Em exercícios com a dinâmica do jogo, diferentes focos de aprendizagem podem ser trabalhados, e essa conexão gera transferência positiva direta para situações concretas de uma partida.

Dentre as características da modalidade, a leitura da trajetória da bola é uma estratégia importante e indispensável de ser aplicada na iniciação do TCR. O acompanhamento visual do voo da bola desde o momento do contato do adversário até a execução do golpe, ao ser aprimorada desde a aprendizagem, traz benefícios concretos para a prática do jogo real.

A leitura da trajetória da bola pode ser entendida como a compreensão e a antecipação do caminho percorrido pela bola, assim como a velocidade com que ela chega e o efeito que lhe foi imprimido. E é um aspecto que pode ser trabalhado com precisão quando executado nas situações de jogo, em consequência do dinamismo e da sequência constante de trocas de bolas.

Com o desenvolvimento desse aspecto, passa-se a compreender a necessidade de manter o foco na bola desde o momento do contato do oponente, bem como a manutenção do deslocamento visando à diminuição de inércia e ao aumento da velocidade de antecipação, como fonte da maioria dos sucessos na iniciação na modalidade.

O TCR, ainda, por ser classificado como modalidade esportiva de característica aberta (movimentos não cíclicos e ambiente mutável), necessita do desenvolvimento de maior repertório motor nas aulas para produzir uma resposta motora e solução eficiente e compatível com a exigência nos casos concretos.[24]

Assim, os jogos propostos devem conter elementos variados inseridos no contexto da sessão para aprimorar habilidades em diferentes situações.

Do mesmo modo, por se tratar de modalidade de característica intermitente, em que se alteram constantemente os padrões utilizados durante o jogo, são necessárias constantes alterações nos ritmos de jogo proposto, uma vez que se intercalam estímulos, velocidades e pausas.

Possibilitar a vivência da estrutura do jogo em si passa a ser de suma importância na iniciação, pois abarca de forma contextualizada diversos aspectos imprescindíveis para a aprendizagem por permitir momentos de instabilidade constante. Em razão disso gera vivências de tomada de decisões desde o início da prática, como na escolha do golpe, na forma de deslocamento, na antecipação das situações de jogo, entre outros, integrando o praticante às principais características táticas existentes na prática do tênis.

Aprender pelo jogo possibilita ainda ao iniciante criar repertórios motores mais apurados e variados para a solução de situações reais. É uma forma de mo-

QUADRO 4 Síntese das atividades-chave a serem incentivadas na estratégia de ensino pelo jogo

1. Atividades com alvos e metas.
2. Atividades de leitura da trajetória da bola para melhor antecipação e tomada de decisão.
3. Atividades com variabilidade de ações para aumento do repertório motor exigido pela característica de modalidade aberta.
4. Atividades que intercalam estímulos, velocidade e pausa nas ações e deslocamentos, pautada na característica intermitente do tênis em cadeira de rodas.

Fonte: adaptado de Rivas e García, 2009.[6]

tivar, envolver e até enaltecer o praticante, pois o *feedback* é muito mais concreto e real quando se visualiza a prática do jogo desde o primeiro contato com a modalidade.

CRITÉRIOS ESPECÍFICOS PARA A ESTRUTURAÇÃO DO PROGRAMA DE ENSINO: ÊNFASE NAS PARTICULARIDADES DO JOGADOR NA CADEIRA DE RODAS

O primeiro critério determinante para que o ensino do TCR atinja seus objetivos é compreender que essa modalidade adaptada segue a mesma lógica e estratégia do tênis convencional.[4,11-13]

Consequentemente, as técnicas de treino e ensino devem permanecer as mesmas: as estratégias, a tática, as empunhaduras, o posicionamento e a recuperação na quadra, a execução dos fundamentos, os efeitos, as possibilidades.

Para Young,[13] não é necessário pensar que o ensino deva ser diferente do tênis convencional, afinal os treinamentos são baseados nas capacidades dos praticantes, e não em suas deficiências. Assim, o foco deve recair sobre o resultado da habilidade para a prática esportiva.

As pesquisas de Bullock e Sanz[4] citam a ausência de informação científica sobre o TCR e enfatizam a necessidade, em consequência disso, de utilizar o tênis convencional para agregar algumas referências ao ensino esporte e a partir daí aplicar as particularidades sob a cadeira de rodas.

O jogador em cadeira de rodas está em posição mais baixa (em relação ao praticante que joga em pé), e por conta disso a bola alcançará o jogador em posição mais alta em relação à adequada, definida nos estudos da modalidade padrão, como altura do quadril do jogador (andante). Esse é um dos principais aspectos a ser observado para o planejamento das atividades.

Como consequência, a fim de minimizar as possíveis perdas em resultados expressivos para a execução dos golpes, há uma regra própria da modalidade adaptada que permite o segundo quique antes de rebater a bola. Assim, com o segundo quique há perda de altitude da reação da bola em contato com o chão, e ela atinge uma posição mais adequada, que facilita o golpe do cadeirante e possibilita que este tenha um resultado mais preciso. A utilização do segundo quique é opcional, e utilizada principalmente em trocas de bola de fundo.

O uso das bolas que têm diferentes velocidades de voo e alturas de quique, adotadas no método *Play and Stay*, é mais uma alternativa bastante eficaz para possibilitar melhores resultados nas aulas de iniciação.

De acordo com Bullock,[4] essas bolas com menor quique alcançam uma posição mais adequada para que se realizam com precisão o golpe em aprendizagem (Figura 4).

FIGURA 4 Estratégias para solução quanto à posição mais baixa do jogador.
Fonte: elaborada pelas autoras.

O jogador em cadeira de rodas dispõe de menor tempo de preparo do golpe, pois o tenista cadeirante executa o deslocamento da cadeira de rodas com a movimentação conjunta das duas mãos, de modo que o início do preparo do golpe acontece apenas após a finalização do deslocamento.

Logo, para a preparação do golpe após o deslocamento, há a transferência da mão, anteriormente posicionada na roda, para uma posição afastada do corpo com empunhadura específica na raquete para a execução do toque na bola, para que a tomada de decisão do golpe ocorra em menor tempo.

O uso de bolas diferenciadas traz também benefícios quanto ao aspecto de preparo do golpe, pois os jogadores passam a ter mais tempo para armar e efetuar o fundamento em decorrência de seu voo mais lento, possibilitando vivências mais proveitosas do jogo, com trocas de bolas mais duradouras (Figura 5).

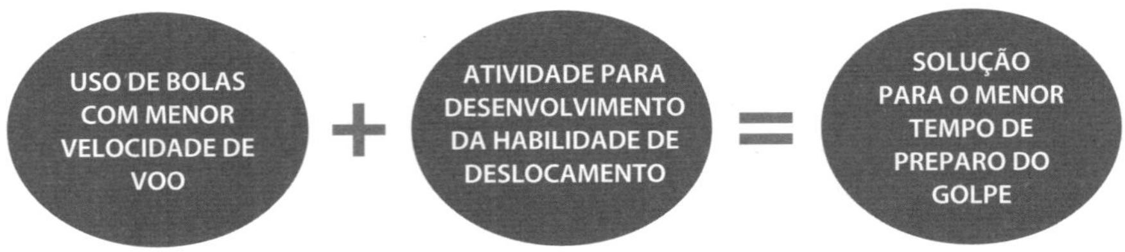

FIGURA 5 Estratégias para solução quanto ao menor tempo de preparo do golpe.
Fonte: elaborada pelas autoras.

Por promoverem situações de pontuação mais concretas e a sensação de estarem de fato jogando tênis desde o início, seu uso é incentivado pela Federação Internacional de Tênis.

Desse modo, com os benefícios evidenciados aos praticantes em cadeira de rodas, o método de ensino *Play and Stay*, lançado em 2007, atualmente é bastante difundido nos países membros da Federação Internacional de Tênis (ITF). Sua filosofia, que enfatiza o método de aprender desde o início a partir da tática do jogo, motiva e atrai os praticantes, evidenciando ainda mais o resultado positivo do processo de ensino. O método orienta ainda, além do uso de bolas diferenciadas, a utilização de espaços reduzidos na quadra, que diminui os graus de liberdade do iniciante, conferindo maior sucesso – situação chamada de minitênis.

Citam-se vários fatores fundamentais para a iniciação do ensino do tênis, porém um dos fatores primordiais para o ensino do jogo adaptado é a mobilidade na cadeira de rodas,[5] afinal o deslocamento é imprescindível para essa modalidade, que conta com muita movimentação e com mudanças de direção como habilidade geral.

A fim de diminuir a inércia, o jogador deve manter-se em deslocamento constante, mesmo na posição de expectativa. Durante os deslocamentos, a raquete deve permanecer sempre fixada à mão do jogador, conforme a Figura 6,

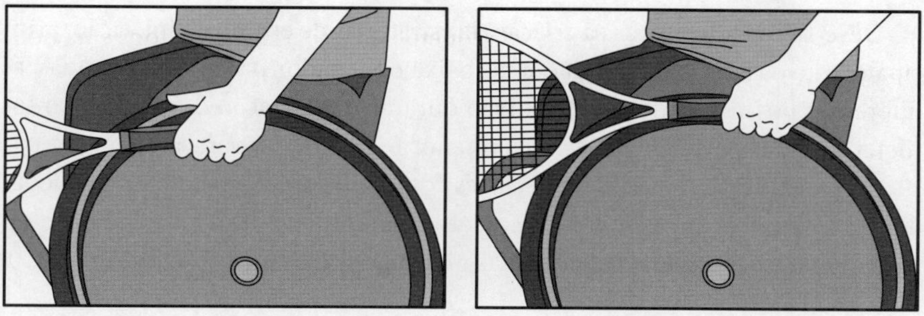

FIGURA 6 Característica específica do deslocamento em posse da raquete.
Fonte: adaptada de Rivas e García, 2009.[6]

e para o desenvolvimento dessa ação são individuais as estratégias adotadas de propulsão da cadeira de rodas.

Não é permitido ao praticante posicionar a raquete no colo durante o deslocamento. Dessa forma, a habilidade de deslocamento, que poderia ser tratada como uma questão geral, por não ser própria ou exclusiva do TCR, gera um componente específico pela existência da manipulação conjunta da estrutura cadeira/raquete.

Para a execução dos golpes, a mão livre (aquela que não segura a raquete) deve sempre se manter na roda para aumentar a agilidade na execução dos giros de propulsão e recuperação.[2]

Costuma-se orientar com sucesso a utilização do giro da cadeira de rodas na hora da batida, puxando a roda da mão contrária à dominante para trás, o que traz uma alavanca, gerando potência no momento do contato da bola com a raquete.[2]

As atividades que envolvam deslocamentos devem apresentar características bastante específicas do jogo, enfatizando deslocamentos de curta distância e alta intensidade, sempre em posse da raquete.

Para dar a tais atividades uma especificidade tática mais marcante e envolver maior proximidade com a situação do jogo, elas devem ser executadas focando a estrutura tática que será aplicada para transferência direta à situação de jogo, ou já nele inserida.

Muitas podem ser as estratégias de aplicação de atividades de deslocamento. Esse objetivo, quando não aplicado na parte geral da sessão, pode ser usado como atividades de aquecimento. Desde jogos lúdicos até movimentos retirados de situações específicas do jogo podem ser utilizados com ênfase na habilidade de deslocar-se com eficácia.

Deve-se considerar, para a criação de estratégias de ensino na iniciação, principalmente o critério da posição mais baixa do jogador na cadeira de rodas, as diferentes possibilidades de equilíbrio durante a realização dos fundamentos (determinadas pelo tipo de lesão), o menor tempo de preparação para o golpe e a necessidade de tomadas de decisões com mais rapidez pelo fato de o jogador estar sempre com as mãos em contato com as rodas.[2] Tais fatores devem estar presentes nas atividades propostas no programa de ensino a seguir.

O PROGRAMA DE TÊNIS EM CADEIRA DE RODAS

A somatória de cuidados para a criação de um programa de ensino deve contemplar aspectos indispensáveis de metodologia e estratégias de ensino, bem como conhecimentos próprios da modalidade e do jogador em cadeira de rodas.

Deve-se conhecer as características do jogador em posição mais baixa, suprida pela regra dos dois quiques e pelo uso de bolas diferenciadas, bem como dos conhecimentos do menor tempo de preparo do gesto. É preciso também compreender que o deslocamento nessa modalidade é uma habilidade específica por ser adotada com a particularidade de ser executada com a empunhadura na raquete durante o deslocamento.

As primeiras estratégias de introdução de ensino da modalidade devem ser pautadas nesses aspectos, seguidas da aplicação dos métodos de ensino pelo jogo, que apresentam resultados positivos na aquisição da eficiência para a prática.

Grande parte das atividades refere-se a intervenções entre os jogos propriamente ditos, cujos *feedbacks*, orientações e correções ocorrem no próprio momento da execução, o que é uma característica do aprendizado na situação de jogo.

A manutenção da estrutura global do jogo quando comparado à modalidade convencional permite maior repertório para a aplicação de exercícios aos praticantes da modalidade em cadeira de rodas com base em exercícios já consolidados na modalidade. Portanto, todas as atividades podem ser trazidas ao ensino do TCR, com as adaptações que sejam necessárias visando prioritariamente à segurança e ao sucesso do praticante.

Os quadros a seguir contemplam estratégias que podem ser propostas em diferentes fases do processo de ensino na iniciação do TCR como meio de enfatizar algum ponto-chave do aprendizado em que há lacuna ou dificuldade de desenvolvimento nas situações específicas do jogo propriamente dito.

São enunciados e descritos alguns exemplos de exercícios que podem ser aplicados nas aulas de iniciação na prática do TCR e que apresentaram respostas positivas na avaliação do desempenho.

As estratégias foram agrupadas em cinco principais fases com base nos objetivos gerais que devem compor um programa de TCR:

1. Adaptação e estrutura do jogo.
2. Iniciação e prática dos fundamentos.
3. Direção e controle: alvos e metas.
4. Prática: tática.
5. Prática: regras.

O Quadro 5, de caráter exemplificativo, cita e descreve atividades que podem ser aplicadas nas situações de aprendizagem da estrutura do jogo.

QUADRO 5 Estratégias para a fase 1 – adaptação e estrutura do jogo

Atividades	Descrição
Quadradinho	■ Com um quadrado de 1 m demarcado no chão com sinalizadores, o objetivo das duplas é manter a bola quicando dentro do quadrado. ■ A cada quique um dos participantes deve efetuar contato com a raquete com sua própria estratégia, a fim de que a bola não toque nem fora do quadrado nem duas vezes no chão.
Tênis espuma	Com a utilização de bolas de espuma, simulação de um jogo de tênis (em quadra reduzida – meia quadra) – introdução ao sistema de contagem.
Squash-tênis	Em duplas, no formato minitênis, com o uso de bolas de espuma, o objetivo é manter o maior número de trocas de bola sem que esta atinja o solo.
Tênis coletivo com a mão	■ Os participantes vivenciam um jogo de tênis coletivo com contagem simples (vence quem fizer 5 pontos primeiro). ■ Todos os praticantes espalhados pela quadra, divididos em 2 equipes, disputam entre si pontos, recebendo e lançando a bola com as mãos (sem rebater: agarrar e lançar – não estão em posse da raquete). ■ As regras, os espaços e as estratégias são as mesmas do tênis. ■ Se a bola quicar mais de duas vezes dentro da quadra é ponto do adversário, assim como se ela atingir um ponto fora dos limites da quadra.

Fonte: adaptado de Quidim, 2013.[25]

O Quadro 6 apresenta possíveis atividades a serem aplicadas para a introdução das práticas reforçadas dos fundamentos.

QUADRO 6 Estratégias para a fase 2 – iniciação e prática dos fundamentos

Atividades	Descrição
Aprendizado do *forehand* – empunhadura	■ Em duplas na marcação de minitênis, um lança a bola e outro realiza o fundamento na tentativa de devolver na mão do companheiro. ■ Enfatiza-se a empunhadura *Eastern forehand*.
Acompanhar o voo da bola – *forehand*	■ No minijogo, em duplas, enfatizando o acompanhamento visual da bola desde o momento do lançamento pelo companheiro até o ponto de contato na realização do fundamento. ■ Para tanto, olhar para a bola até realizar o golpe, que acontece na frente do corpo.
Efeitos – *forehand*	Na situação do minijogo, um da dupla realiza o lançamento só do lado direito do companheiro, enfatizando o efeito *topspin* (raquete de baixo para cima no momento do contato – raspando/penteando a bola).
Quem consegue primeiro? – *forehand*	Em duplas, em quadra reduzida, ver a dupla que consegue primeiro realizar 10 devoluções de *forehand*.
Devolver sem errar – *backhand*	■ Em duplas, em espaço reduzido, um lança e o outro realiza *backhand* visando lançar a bola na mão do companheiro. ■ Alternar a vez.
Devolver sem errar direcionado – *backhand*	Idem à linha anterior, agora visando realizar o *backhand* com resposta do lado direito e esquerdo do companheiro alternadamente.
Minijogo cruzado – *backhand*	Duas duplas posicionadas diagonalmente no espaço de minijogo trocando bolas cruzadas, preferencialmente com *backhand*.
Vôlei de voleio	■ Em quarteto, próximos à rede, todos realizando voleio sem o uso da rede na intenção de não deixar a bola cair no chão. ■ Pode-se iniciar com a bola de espuma.
Quem consegue? – voleio	Em duplas, miniespaço, bola de espuma, realizar o voleio direcionado visando ver a dupla que faz mais execuções sem perder o controle.
Acerte o lado – voleio	■ Em duplas no minitênis, um lança a bola com a mão e o outro voleia só *forehand* 10 vezes e depois voleia *backhand* outras 10 vezes. ■ O golpe deve ser direcionado ao lado para onde o lançador apontar após lançar a bola.

(continua)

QUADRO 6 Estratégias para a fase 2 – iniciação e prática dos fundamentos *(continuação)*

Atividades	Descrição
Curto/longo	■ Em duplas, um permanece próximo à rede realizando somente voleio e o outro fica no fundo da quadra realizando golpes de fundo. ■ Depois se inverte.
Só *smash*	Em duplas, jogo em meia quadra oficial em que só se consegue pontuar com o *smash*.
Smash-cone	■ Cada participante terá um cone correspondente do outro lado da rede. ■ Efetua o lançamento para si mesmo a fim de realizar o *smash* na tentativa de derrubar o seu cone.
Jogo do *smash*	■ Em duplas, um lança e o outro tenta realizar *smash* acertando alvos marcados na quadra. ■ Após 5 minutos, trocam, e então, pela contagem, tira-se qual da dupla acertou mais vezes.
Saque certo	■ Em meia quadra a intenção é realizar o movimento completo do saque e, como resposta, o companheiro conseguir recepcionar a bola. ■ Acertando o saque, a bola está em jogo.
Fala e faz	Em duplas, quadra inteira, os jogadores devem gritar após o contato do oponente com a bola "*forehand*" ou "*backhand*", dependendo de qual será o golpe a ser executado.
Diga para onde	Idem à linha anterior, gritando "paralela" ou "cruzada" para informar ao companheiro em qual lado lançará a bola.

Fonte: adaptado de Quidim, 2013.[25]

O Quadro 7 enfatiza atividades que compreendem as noções de direção e controle.

QUADRO 7 Estratégias para a fase 3 – direção e controle: alvos e metas

Atividades	Descrição
Encaçapando	Em duplas, meia quadra, um é o lançador, o outro deve realizar o *forehand* na intenção de acertar a bola dentro do cone que está com o parceiro.
Acerte antes	■ O professor lança duas bolas para resposta de *forehand* paralela e cruzada, respectivamente. ■ Somente após acertar esses alvos a troca de bolas passa a valer ponto. ■ Do outro lado da quadra estará um jogador fixo (depois há a troca).

(continua)

QUADRO 7 Estratégias para a fase 3 – direção e controle: alvos e metas *(continuação)*

Atividades	Descrição
Saque no alvo	■ Em duplas, o jogo só passa a valer quando o sacador acerta uma área determinada entre os cones com seu saque (alterar a posição e tamanho deste alvo dentro da área de saque). ■ Depois se troca também o sacador.
Derrube seu cone	Cada participante terá um cone correspondente do outro lado da rede, efetua o lançamento para si mesmo e realiza o *smash* tentando derrubar o cone.
Acerte quantos puder	■ Em duplas, um lança e o outro tenta realizar *smash* acertando alvos marcados na quadra. ■ Após 5 minutos, trocam, e então, pela contagem, tira-se qual da dupla acertou mais vezes.

Fonte: adaptado de Quidim, 2013.[25]

No Quadro 8 são apresentados exemplos de atividades que podem ser propostas ou adaptadas para o trabalho tático do iniciante.

QUADRO 8 Estratégias para a fase 4 – prática: tática

Atividades	Descrição
Jogo sombra	■ O professor fica de um dos lados da quadra contra os demais. ■ Um deles começa como jogador principal, e os demais são as "sombras". ■ O jogador principal deve efetuar o golpe e os demais devem efetuar o mesmo movimento e deslocamento como se fossem capturar a bola.
Siga o mestre	■ Em duplas, um é o orientador, que determina em qual direção deve ser a resposta da bola do companheiro. ■ Este diz direita ou esquerda, o que determinará o lado em que o companheiro golpeará a bola lançada.
Acerta e segue	■ Em duplas, um começa como lançador para resposta *backhand* do companheiro. ■ O lançador deve mandar bolas até o outro acertar a meta. ■ Quando ele acerta na meta, a bola entra em jogo e os dois disputam o ponto. ■ Utilizam-se depois os demais fundamentos.
Ponto de rede	■ Jogo de duplas, em que, a cada ponto após o saque, um deve subir à rede e buscar pontos com voleio. ■ O adversário não pode fazer ponto por *lob*.

Fonte: adaptado de Quidim, 2013.[25]

O Quadro 9 contempla um rol exemplificativo de atividades que, quando aplicadas, envolvem os praticantes em situações de aprendizagem de regras e dinâmica do jogo.

QUADRO 9 Estratégias para a fase 5 – prática: regras

Atividades	Descrição
Tático fundo	■ O professor lança três bolas consecutivas para resposta com *forehand* direcionado: paralela, cruzada e alvo. ■ Os demais fundamentos podem ser executados depois até o erro. ■ Depois se troca o jogador que receberá os lançamentos.
Tático físico	■ Em deslocamento em 8 no fundo da quadra, o participante recebe o lançamento do professor à direita, respondendo com *forehand* na paralela e na esquerda para resposta com *backhand* na paralela. ■ Encerra o deslocamento após acertar quatro bolas nas metas. ■ Variações dos fundamentos utilizados.
Rei da quadra	■ Dois jogadores disputando o vencedor do *game*. ■ O perdedor sai e então entra outro para a mesma disputa. ■ Torna-se rei quem vencer todos os oponentes.
Subida e descida	■ Duas duplas consecutivamente disputam um *set* em meia quadra. ■ Na sequência jogam entre perdedores e ganhadores.

Fonte: adaptado de Quidim, 2013.[25]

As atividades descritas nos quadros antecedentes apresentam estratégias principais e suas descrições a serem aplicadas à situação concreta em grupo de iniciantes.

Essas atividades podem ser inseridas e mescladas com situações de jogos reais ou adaptados quando há necessidade de intervenção mais pontual para algum desses aspectos priorizados ou então quando o objetivo da sessão permitir essa aplicação para centralizar o aprendizado.

As estratégias contempladas nos quadros têm como característica a variabilidade, isto é, podem ser adaptadas em face do grupo trabalhado e de acordo com os fundamentos que se deseja enfatizar, valendo-se de sua base para a aplicação em diferentes situações e objetivos.

Quanto à estrutura das sessões, devem envolver três partes fundamentais: parte inicial (aquecimento e alongamento), parte principal (revisão das habilidades anteriormente ensinadas, apresentação das novas habilidades, jogos) e parte final (volta a calma).

É adequado que as sessões comecem com atividades de aquecimento, que podem ser de característica lúdica ou específica do tênis, sempre enfatizando o uso de pouca carga para que tenha seu objetivo cumprido: aumenta a temperatura corporal, preparando os músculos, o sistema nervoso, tendões, ligamentos e o sistema cardiovascular para o posterior alongamento e a atividade principal da sessão.

O aquecimento também prepara o atleta mentalmente, já que possibilita o início do envolvimento na atividade e o orienta no objetivo em que passará a trabalhar,[22] aspecto altamente importante no TCR, que exige bastante concentração do praticante.

O alongamento ocorre na sequência da sessão para preparação dos músculos e articulações ao possibilitar o aumento de sua capacidade e a amplitude de movimento para suportar as cargas do treinamento, possibilitando ainda os benefícios de diminuir os espasmos decorrentes de algumas etiologias.

Compondo a parte principal da sessão, as atividades principais devem ser aplicadas: revisão de habilidades já aprendidas e aplicação do ensino ou prática de habilidades novas por meio de jogos.

Concluindo a sessão, a parte final caracteriza-se por atividades de "volta à calma" fisiológica (redução dos batimentos cardíacos e temperatura corporal), discussão e esclarecimento das atividades do dia, *feedbacks* e instruções para a próxima sessão. Esse momento também deve envolver atividades de alongamento específico para os grupamentos mais utilizados na atividade.

Cada sessão deve contemplar diferentes objetivos, conteúdos, materiais, atividades e organização. Para tanto, segundo Graça,[8] o professor deve avaliar as necessidades, capacidades, interesses e finalidades dos participantes e então selecionar e adaptar atividades para que se concretizem os focos individuais de aprendizagem e de ensino.

AVALIAÇÃO DO PROGRAMA DE TÊNIS COM CADEIRA DE RODAS

Avaliar os resultados obtidos quanto ao aprendizado decorrente do programa de ensino é uma forma de incentivo à manutenção da prática corriqueira para os iniciantes envolvidos nesse programa inicial.

Conhecer sua evolução torna os aprendizes motivados a alcançar sempre novos patamares de habilidades e, por outro lado, perfaz um elemento de avaliação pessoal do orientador da prática esportiva.

O programa de ensino pode ser avaliado por meio do diário de campo e com base em avaliações utilizando método próprio já aplicado em pesquisa acadêmica que possibilite comparar os resultados em face da efetividade na aquisição de habilidades específicas do TCR quanto a aquisições nos aspectos de acurácia, direção e controle.

É interessante destacar que no TCR, assim como em outras modalidades adaptadas, o padrão de movimento não deve ser tomado como principal critério avaliativo, pois como já visto, devido às diferentes etiologias, cada praticante, dentro de suas capacidades, desenvolverá seu melhor padrão motor, que possibilite o alcance do resultado, avaliada pela acurácia, direção e controle. Assim, a avaliação deve ter como base as respostas ao golpe e não o padrão de movimento.

O padrão de movimento deve ser registrado como uma variável que irá permitir que se execute o fundamento com maior eficiência e menor gasto energético, conquistados com a evolução da prática, e não como fim em si mesmo.

O método avaliativo chamado ADTCR (Avaliação de Desempenho do Tênis em Cadeira de Rodas)[25] apresentou-se como meio eficaz para a avaliação pré e pós-sessões de intervenção de um programa de TCR para iniciantes, podendo portanto ser uma referência para avaliações voltadas à eficácia e à eficiência.

CONSIDERAÇÕES FINAIS

Um programa de ensino estruturado com base nos possíveis métodos de ensino aplicáveis à atividades esportivas traz respostas positivas quanto à aquisição de habilidades motoras específicas da modalidade, afinal os benefícios do ensino são claramente evidenciados quando orientados de modo específico e planejado.

O TCR, que tem como objetivo principal na iniciação a evolução das respostas do golpe em face da eficiência e acurácia, apresenta benefícios mensuráveis quando avaliados após programa pautado no ensino pelo jogo. Oportunizar a prática do TCR de modo estruturado e pautado em método de ensino eficaz motiva o aprendiz, apresenta resultados positivos e ainda favorece a manutenção de uma prática corriqueira ou de uma evolução do objetivo do aprendiz pela evidente evolução na sensação de conhecimento da modalidade.

REFERÊNCIAS

1. Confederação Brasileira de Tênis - CBT. Disponível em: http://cbt-tenis.com.br/cadeirante.php?cod=6. Acesso em 27/09/2022.
2. Pomme M, Cavalcanti WA. Tênis em cadeira de rodas. In: Comitê Paraolímpico Brasileiro. Manual de orientação para professores de educação física: paraolímpicos do futuro. Brasília, 2006.
3. ITF Wheelchair Tennis. Wheelchair tennis handbook. 2008. United Kingdom, 2007. Disponível em: https://www.paralimpicos.es/archived/web/2008PEKPV/deportes/tenis/reglamentos.pdf. Acesso em 27 set. 2022.
4. Bullock M, Sanz D. Wheelchair tennis in 2010. ITF Coaching and Sport Science Review. 2010;50:30-1.
5. Winnick JP. An introduction to adapted physical education and sport. In: Winnick JP. Adapted physical education and sport. United States: Human Kinetics; 1990. p.3-16.
6. Rivas DS, García JPF. Tênis em cadeira de rodas. In: Balbinotti C (org.). O ensino do tênis: novas perspectivas de aprendizagem. Porto Alegre: Artmed; 2009. p.250-66.
7. Gorgatti MG, Teixeira L. Deficiência motora. In: Teixeira L. Atividade Física Adaptada e Saúde: da teoria à prática. São Paulo: Editora Phorte, 2008. p.377-97.
8. Graça A. A instrução como processo. Revista Brasileira de Educação Física e Esporte (São Paulo). 2006 Sep;20(Supp 5):p.169-70.
9. Valentini NC, Piffero CM, Berleze A, Spessato BC. Considerações sobre o desenvolvimento e a aprendizagem motora em crianças. In: Balbinotti C (org.). O ensino do tênis: novas perspectivas de aprendizagem. Porto Alegre: Artmed; 2009. p.29-45.
10. Píffero CM. Habilidades motoras fundamentais e especializadas, aplicação de habilidades no jogo e percepção de competência de crianças em situação de risco: a influência de um programa de iniciação ao tênis. [Dissertação – Mestrado em Ciência do Movimento Humano]. Rio Grande do Sul: Universidade Federal do Rio Grande do Sul, Escola de Educação Física; 2007.
11. Freitas PS. O ensino do basquetebol sobre rodas: desafios e possibilidades. [Dissertação – Mestrado em Atividade Física e Adaptação]. Campinas: Universidade Estadual de Campinas, Faculdade de Educação Física; 1997.
12. Leitão MTK. Procedimentos de ensino do tênis de campo para portadores de síndrome de Down. [Dissertação – Mestrado em Atividade Física e Adaptação]. Campinas: Universidade Estadual de Campinas, Faculdade de Educação Física; 1998.
13. Young JA. Coaching players with a disability. ITF Coaching and Sport Science Review. 2007 Apr;41:14-5.
14. United States Tennis Association (USTA). Manual for teaching adaptive tennis. USA, 2006. Disponível em: https://assets.usta.com/assets/576/15/Manual_for_Teaching_Adaptive_Tennis.pdf. Acesso em: 27 set. 2022.
15. García JPF. Métodos de ensino e destrezas da comunicação no ensino do tênis. In: Balbinotti C (org.). O ensino do tênis: novas perspectivas de aprendizagem. Porto Alegre: Artmed; 2009. p.46-60.
16. Motta MM. O treinamento técnico-desportivo: um estudo descritivo-exploratório com tenistas adultos federados. [Dissertação – Mestrado em Ciências do Movimento Humano]. Rio Grande do Sul: Universidade Federal do Rio Grande do Sul, Escola de Educação Física; 2009.
17. International Tennis Federation (ITFTennis). Disponível em: http://www.itftennis.com/wheelchair. Acesso em: 28 out. 2010.
18. De Paula PR, Balbinotti C. Iniciação ao tênis na infância: os primeiros contatos com a bola e a raquete. In: Balbinotti C (org.). O ensino do tênis: novas perspectivas de aprendizagem. Porto Alegre: Artmed; 2009. p.15-28.

19. Giménez MN. Explicación del golpe de derecha en tenis y ejercicios para su enseñanza. Revista Educación Física y Deportes (Buenos Aires). 2010 Mar;(142), ano 14. Disponível em: http://www.efdeportes.com/efd142/golpe-de-derecha-en-el-tenis.htm. Acesso em: 27 set. 2022.
20. Giménez MN. Explicación del golpe del remate en tenis y ejercicios para su enseñanza. Revista Educación Física y Deportes (Buenos Aires). 2010 Apr;(143), ano 15. Disponível em: http://www.efdeportes.com/efd143/golpe-del-remate-en-tenis.htm. Acesso em: 27 set. 2022.
21. Graça A, Mesquita I. A investigação sobre os modelos de ensino dos jogos desportivos. Revista Portuguesa de Ciências do Desporto. 2007;7(3):401-21.
22. Special Olympics. Guias de treinamento. Guia de treinamento de tênis. São Paulo. Disponível em: https://media.specialolympics.org/resources/sports-essentials/translation/Tennis-Coaching-Guide-Portuguese.pdf. Acesso em: 27 set. 2022.
23. Píffero CM, Valentini NC. Habilidades especializadas do tênis: um estudo de intervenção na iniciação esportiva com crianças escolares. Revista Brasileira de Educação Física e Esporte (São Paulo). 2010 Apr/Jun;24(2):149-63.
24. Antúnez RM, Barcia AS, Garcia JPF. Propuesta metodológica para el aprendizaje de los golpes del tenis em condiciones de interferencia contextual. Revista Educación Física y Deportes (Buenos Aires). 2007 Jul;(110), ano 12. Disponível em: https://efdeportes.com/efd110/aprendizaje-de-los-golpes-del-tenis-en-condiciones-de-interferencia-contextual.htm Acesso em: 27 set. 2022.
25. Quidim FG. Tênis em cadeira de rodas: sistematização, aplicação e avaliação de um programa de ensino. [Dissertação – Mestrado em Educação Especial]. São Carlos: Universidade Federal de São Carlos; 2013.
26. Tennis Play and Stay. Disponível em: http://www.tennisplayandstay.com. Acesso em: 28 out. 2012.
27. Tubino MJG. O que é esporte. 2.ed. São Paulo: Brasiliense; 1994 (Coleção Primeiros Passos).
28. United States Tennis Association (USTA). Disponível em: http://www.usta.com/Play-Tennis/Wheelchair-Tennis/Wheelchair/?intloc=footernavsub. Acesso em: 8 set. 2012.
29. United States Tennis Association (USTA). Wheelchair tennis: grassroots guide. 2009 May 27. Disponível em: http://assets.usta.com/assets/1/USTA_Import/dps/usta_master/sitecore_usta/USTA/Document%20Assets/Play_Now/Wheelchair/Grass%20Roots%20wheelchair%20booklet_final%20web%20version_5%2027%2009.pdf. Acesso em 27 set. 2022.

CAPÍTULO **13**

Handebol em cadeira de rodas: alternativas para programação de ensino na modalidade

Flávio Anderson Pedrosa de Melo
Ana Carolina Santana de Oliveira
Mey de Abreu van Munster

Você verá neste capítulo...

O texto descreve o processo de planejamento e elaboração de um programa de ensino voltado ao handebol em cadeira de rodas.

Sob uma perspectiva empírica, define as etapas estruturantes do programa – caracterização, objetivos, estrutura das sessões, recursos utilizados e conteúdos –, exibindo exemplos de atividades desenvolvidas.

O capítulo apresenta também uma alternativa de avaliação de habilidades dessa prática.

A elaboração de programas de ensino em modalidades esportivas adaptadas é desafiadora, impondo a necessidade de planejamento prévio e contínuo, bem como o controle de variáveis. Nesse sentido, o compartilhamento das experiências obtidas é uma forma de apresentar caminhos para o desenvolvimento, ensino e aprendizagem do handebol em cadeira de rodas.

INTRODUÇÃO AO HANDEBOL EM CADEIRA DE RODAS

O handebol em cadeira de rodas (HCR) é uma modalidade de esporte adaptado que possibilita às pessoas com deficiências físicas a prática esportiva em um contexto de reabilitação física e social. Além de proporcionar a participação desde a iniciação, com finalidade pedagógica e recreativa, pode levar seus praticantes às competições desse esporte coletivo, dinâmico e desafiador.

No Brasil, a origem do HCR é compreendida em dois momentos. Na década de 1990, especificamente no ano de 1993, essa modalidade foi trabalhada em projeto de extensão na Faculdade de Educação Física da Universidade Estadual de Campinas (FEF – Unicamp).[1,2] Nesse momento ainda não havia regras definidas, e a finalidade era lúdico-pedagógica.[3] Em 2005,* na Universidade Paranaense (Unipar), em Toledo, o HCR adquiriu nova configuração e passou por um processo de sistematização de suas regras, estabelecendo-se como modalidade esportiva de rendimento.[4]

Ao longo dos anos o HCR tem sido praticado em diferentes países da América do Sul e Central, por exemplo, Brasil (2005), Chile (2008), Argentina (2009), Bolívia (2009), Colômbia (2012), Uruguai (2012), Venezuela (2012) e Panamá (2014). Paraguai e Equador tiveram suas primeiras movimentações no ano de 2020.

Quanto ao desenvolvimento do HCR em âmbito nacional, existem equipes principalmente nas regiões Sul e Sudeste do país, com destaque para São Paulo, Rio de Janeiro, Santa Catarina e Paraná. Na região Nordeste há iniciativas nos Estados de Alagoas, Ceará e Sergipe.[5]

Ainda que o HCR seja uma modalidade praticada há mais de 20 anos, são escassas as pesquisas sobre o tema. Foram identificados os seguintes estudos:

- Primeiras possibilidades de prática do handebol por pessoas com deficiências físicas.[2]
- Elaboração da proposta de sistematização esportiva do HCR.[6]
- Avaliação e adaptação de baterias de testes relativas à modalidade.[7]
- Análise das habilidades motoras desenvolvidas no HCR.[8]
- Elaboração de um sistema de classificação funcional próprio para o HCR.[9]
- Mais recentemente, avaliação de habilidades motoras no handebol adaptado: proposta e validação instrumental.[10]
- Associação entre qualidade de vida e estilo de vida de praticantes de HCR.[11]
- Perfil sociodemográfico de praticantes de HCR.[12]
- Qualidade de vida e fatores associados entre atletas masculinos de HCR.[13]

---

* Paralelamente às iniciativas observadas na América do Sul, especificamente no Brasil, movimentações ocorrem em outros continentes: Austrália em 2006 (Oceania), Áustria em 2006 (Europa), Japão em 2004 (Ásia).

No entanto, são ainda incipientes os estudos relacionados ao processo de programação de ensino da modalidade, bem como à aprendizagem e à avaliação dos fundamentos específicos do HCR.

Diante desse cenário, o estudo e o interesse em desenvolver o HCR são motivados pela tentativa de fornecer respaldo acadêmico ao tratamento pedagógico que deve ser conferido a essa modalidade adaptada, considerando os diversos fundamentos e tarefas envolvidos. É preciso democratizar seu acesso por intermédio dos professores de Educação Física, permitindo que seja disponibilizado a pessoas com diferentes deficiências físicas.

Este capítulo deriva de pesquisas maiores, advindas das experiências dos autores com o processo de programação de ensino do HCR. O objetivo é descrever o planejamento e a elaboração de um programa de ensino voltado a essa prática.

PROGRAMA DE INICIAÇÃO AO HANDEBOL EM CADEIRA DE RODAS

Para elaborar um programa de iniciação ao HCR, deve ser considerado iniciar com atividades mais simples e, gradativamente, progredir para práticas mais complexas, que exijam maior destreza de movimentos. Nesse sentido, o capítulo apresentará experiências realizadas no contexto de um projeto de extensão universitária que desenvolve o HCR para jovens e adultos com variados tipos e níveis de deficiências físicas. Trata-se do Projeto de Atividades Físicas, Esportivas e de Lazer Adaptadas às Pessoas com Deficiências (PROAFA), ligado ao Departamento de Educação Física e Motricidade Humana (DEFMH) da Universidade Federal de São Carlos.

O programa de ensino em HCR aqui apresentado teve como finalidade desenvolver as habilidades específicas da modalidade, representadas pelos fundamentos (deslocamento em cadeira de rodas; drible, passe e recepção, arremesso, bloqueios e fintas), por meio de aspectos pedagógicos e educacionais, utilizando-se de jogos pré-desportivos e brincadeiras, situações de jogo e vivências da modalidade. Os objetivos foram estabelecidos com base na seleção de conteúdos e estratégias que possibilitem caminhos para a aprendizagem e o desenvolvimento de pessoas com deficiência física no HCR.

Quanto às habilidades que devem ser estimuladas na pessoa que está iniciando em uma modalidade esportiva como essa, Auxter, Pyfer e Huettig[14] ressaltam que um programa de treinamento deve incluir habilidades de mobilidade e deslocamento na cadeira de rodas. Os participantes devem ser estimulados a praticar atividades de movimentação que possibilitem modificar as variáveis de movimento de tempo, espaço, força e fluxo.

Além disso, cada sessão deve ser planejada levando em consideração os conteúdos do HCR juntamente com os fundamentos específicos da modalidade,[8] recorrendo a variadas estratégias, conteúdos e interlocuções com outras modalidades esportivas em cadeira de rodas, além dos conteúdos advindos do handebol convencional, atentando sobretudo às características do público participante. O Quadro 1 facilita a compreensão dos conteúdos abordados durante as programações de ensino, bem como de seus objetivos, estratégias e dinâmicas.

QUADRO 1 Conteúdos para iniciação no handebol em cadeira de rodas

Fundamento	Objetivo	Estratégias	Dinâmicas
Deslocamento em cadeira de rodas	Desenvolver as habilidades específicas de locomoção na cadeira de rodas esportiva direcionadas ao HCR.	■ Reconhecimento da cadeira de rodas ■ Propulsão ■ A importância do tronco na propulsão ■ Mudanças de direção ■ Deslize ■ Mudanças de direção no deslize ■ Frenagem ■ Bloqueios ■ Variadas intensidades ■ Individualmente e em grupo	■ Deslocamento em diferentes superfícies. ■ Deslocamento em variadas direções. ■ Deslocamento em variadas inclinações. ■ Utilização de obstáculos (cones, cordas, bolas, adversários). ■ Atividades com mudanças de direção, giros e frenagens imediatas (apito, sinais etc.). ■ Utilização de jogos pré-desportivos (pique-bandeira, pegas, pega-rabinho etc.). ■ Jogos com zonas proibidas. ■ Jogos de conquista de território. ■ Mobilidade e deslocamento de goleiro. ■ Jogos das modalidades esportivas coletivas sobre cadeira de rodas. ■ Fintas. ■ Drible. ■ Progressão gradativa das atividades.

(continua)

QUADRO 1 Conteúdos para iniciação no handebol em cadeira de rodas *(continuação)*

Fundamento	Objetivo	Estratégias	Dinâmicas
Drible	Desenvolver as habilidades específicas de deslocamento na cadeira enquanto realiza o fundamento drible.	■ Reconhecimento da bola ■ Manejo de bola na cadeira ■ Drible estático na cadeira de rodas ■ Drible em deslocamento na cadeira de rodas ■ Drible e mudanças de direção ■ Drible e giros ■ Drible e frenagem ■ Variadas intensidades	■ Atividades de controle sobre a cadeira e realização do drible. ■ Drible unilateral (parado e em deslocamento). ■ Drible bilateral (parado e em deslocamento). ■ Mudanças de direção repentina. ■ Recuperação de bola e execução do drible em deslocamento. ■ Recuperação de bola por meio da roda. ■ Frenagem. ■ Jogos pré-desportivos que exigem deslocamento em meio ao drible. ■ Vivência da modalidade propriamente dita.
Passe e recepção	Desenvolver a habilidade específica de realização do fundamento passe em variadas situações.	■ Reconhecimento dos tipos de passe ■ Empunhadura ■ Passe estático ■ Reconhecimento da recepção ■ Passe em deslocamento ■ Passe com adversários ■ Variadas distâncias ■ Engajamento	■ Passe estático (passe de ombro, passe lateral, passe picado, passe por trás das costas, passe e recepção no pivô). ■ Passe e recepção em deslocamento unilateral (em duplas) e bilateral (em trios). ■ Jogos que exigem controle sobre a cadeira e coordenação para o passe (jogo dos 10 passes, vivência de modalidades em cadeira de rodas etc.). Obs.: o dinamismo da modalidade exige que, durante todas as atividades aplicadas, sejam trabalhados passe e recepção, para propiciar ao participante o melhor entendimento do jogo.

(continua)

QUADRO 1 Conteúdos para iniciação no handebol em cadeira de rodas *(continuação)*

Fundamento	Objetivo	Estratégias	Dinâmicas
Arremesso	Desenvolver a habilidade específica de realização do fundamento arremesso em variadas situações.	■ Arremesso de ombro ■ Arremesso e deslocamento na cadeira ■ Finta e arremesso ■ Tirada de braço e arremesso ■ Tiro de 7 metros ■ Arremesso com efeito "rosca" ■ Arremesso com adversários ■ Arremessos em variadas posições (pontas, armações/meias, pivô)	■ Controle sobre a cadeira e execução do arremesso, sem riscos de lesão. ■ Utilização de obstáculos (cones, bolas, adversários). ■ Arremessos em variadas direções (quicado, nos ângulos, meia altura, em parábola, rosca etc.). ■ Jogos pré-desportivos. ■ Atividades que exigem a execução do deslocamento, drible seguido de arremesso. ■ Atividades com mudanças de direção, realizações de fintas e finalização. ■ Atividades com situações de jogo. ■ Vivência do tiro de 7 metros. ■ Vivência da modalidade propriamente dita.

HCR: handebol em cadeira de rodas.
Fonte: elaborado pelos autores.

O processo de construção de um programa de ensino voltado para a iniciação esportiva em cadeira de rodas exige a consideração de alguns aspectos fundamentais:[15]

- Compreensão da condição físico-motora do participante.
- Adaptação do participante à cadeira de rodas esportiva.
- Estabelecimento dos objetivos do programa.
- Reconhecimento dos espaços a serem utilizados.
- Seleção dos conteúdos programáticos.
- Planejamento das estratégias de ensino utilizadas.
- Estruturação das aulas.

Os conteúdos e estratégias utilizados no programa de iniciação ao HCR observaram uma proposta de sequência pedagógica, pela compreensão de que o indivíduo que inicia na modalidade precisa antes de tudo reconhecer e aprender a utilizar a cadeira de rodas esportiva e desenvolver suas habilidades de mobilidade e deslocamento. Após o fundamento de deslocamento, buscou-se trabalhar o fundamento drible, que também exige o deslocamento, porém inserindo o manejo de bola. Em seguida foram trabalhados os fundamentos passe, recepção e arremesso.

Os conteúdos e estratégias permanecem separados com a finalidade de trazer uma sequência de ensino progressiva. No entanto, na prática, em meio à dinâmica da modalidade, muitos fundamentos são combinados naturalmente.

O desenvolvimento e a aquisição de habilidades motoras específicas devem ser um dos objetivos do programa do ensino/treinamento, uma vez que o atleta poderá adquirir novas habilidades, que serão atreladas a suas experiências anteriores na modalidade. Isso possibilitará melhor *performance* na realização das atividades competitivas do HCR.[16,17]

ESTRUTURA DAS SESSÕES

Ao apresentar a estrutura das sessões (alongamento e aquecimento; exercícios específicos – atividades e fundamentos; jogo coletivo), este tópico oferecerá exemplos de atividades desenvolvidas, bem como seus objetivos, recursos utilizados e conteúdos.

As sessões de treino foram divididas em três partes:

- Parte inicial: alongamento e aquecimento, quando os atletas preparavam a musculatura e o corpo para a realização dos exercícios.
- Parte principal: os atletas realizavam os exercícios específicos para cada fundamento do HCR.
- Parte final: jogo coletivo, uma estratégia de ensino para que os atletas pudessem colocar em prática o que haviam aprendido durante a sessão de treino.

Os quadros a seguir apresentam exemplos de atividades, conteúdos e estratégias utilizados na programação de ensino do HCR.

Parte inicial: alongamento e aquecimento

Alongamento e aquecimento
Objetivo: preparar os principais músculos envolvidos na condução da cadeira de rodas (membros superiores) – bíceps, tríceps, músculos do manguito rotador, romboides, trapézio, grande dorsal, oblíquos externos e peitoral maior – por meio de corridas ao redor da quadra e de brincadeiras.
Recursos: cadeiras de rodas, lenços e apito.
Conteúdo: exercícios de aquecimento.
Desenvolvimento de atividades: ■ **Atividade 1:** atividades de deslocamento pela quadra (ao redor ou em toda a sua extensão) por determinado tempo, com diferentes intensidades, realizando diferentes movimentos e/ou com mudanças de sentido por meio do sinal (apito, palmas, música etc.) utilizado pelo professor. ■ **Atividade 2:** pega-pega corrente – um atleta é escolhido para ser o pegador e deve sair atrás dos companheiros. Quando alcança alguém, a pessoa que foi pega deve dar a mão para o primeiro pegador e sair atrás dos outros, que vão se juntando à "corrente" quando são pegos. Dependendo do número de participantes, pode-se aumentar ou diminuir a área para a atividade. ■ **Atividade 3:** pega invasão – são estabelecidas duas equipes, que devem tentar invadir a área do goleiro adversário com pelo menos um integrante, sem que este seja tocado. À medida que os integrantes vão sendo tocados, devem voltar à linha central da quadra para poderem atacar outra vez. Cada equipe tem sua vez de ataque com tempo determinado pelo professor. – Variação: as equipes atacam e defendem ao mesmo tempo; ou fazer no modelo rouba-bandeira, utilizando a bola como bandeira. ■ **Atividade 4:** pega rabo – um lenço é colocado nas costas de todos os participantes, exceto um, que deverá pegar o lenço de todos os colegas. A brincadeira só acaba quando são pegos todos os lenços. – Variação: acrescentar mais pegadores; colocar lenços de diferentes cores e estabelecer equipes que lutem uns pelos lenços dos outros. ■ **Atividade 5:** nunca três – separar todos os atletas/participantes em duplas e espalhar as duplas formadas pela quadra. Escolher dois atletas, que deverão ser o fugitivo e o pegador. O fugitivo, para evitar ser pego, deve encostar ao lado de qualquer dupla que está na quadra, uma vez que não podem ficar três pessoas juntas. Quando encosta ao lado de alguém da dupla, a outra pessoa que formava a dupla inicial deve sair e pegar a pessoa que antes era o pegador. ■ **Atividade 6:** pega-pega área – um atleta deve ser escolhido para ser o pegador. Primeiro se delimita toda a extensão da quadra poliesportiva para pegar. Ao sinal do professor, o espaço da brincadeira deve ser diminuído para a quadra de futsal, depois a um novo sinal para a quadra de basquete, depois para a quadra de vôlei. ■ **Atividade 7:** pega-pega na linha – um atleta deve ser escolhido para ser o pegador. Os demais devem correr apenas em cima das linhas da quadra, evitando serem pegos. O pegador também deverá correr apenas em cima da linha e apenas ao apito do professor poderá sair e pegar em toda a quadra. Os fugitivos não devem parar de correr em cima das linhas em nenhuma hipótese.

(continua)

(continuação)

- **Atividade 8:** barra-manteiga – os atletas são divididos em dois grupos e organizados em duas filas paralelas distantes uma da outra, com os atletas um ao lado do outro. Uma pessoa de qualquer equipe é escolhida e deve se dirigir à outra equipe, na qual os demais atletas estarão com as mãos estendidas. O atleta escolhido deve bater na mão de qualquer um da equipe adversária e, quando bater, deve correr em direção à sua própria equipe para fugir de seu pegador. Quando o fugitivo ultrapassar a linha onde estão posicionados os membros de sua equipe, não poderá ser pego, devendo o pegador bater na mão de outra pessoa e passar a ser o fugitivo.

Parte principal: exercícios específicos

Fundamento 1: Manejo e deslocamento com a cadeira de rodas
Objetivo: manejar a cadeira de rodas esportiva, deslocar-se nela e realizar diferentes possibilidades de movimentos.
Recursos: bolas, cadeiras de rodas e apito.
Conteúdo: exercícios de deslocamento.

Desenvolvimento de atividades:

- Exercício de deslocamento para a frente e para trás: os atletas devem realizar deslocamento com a cadeira para a frente e para trás em diferentes velocidades, quando o professor apitar ou solicitar.
- Exercício de giro com a cadeira: os atletas devem realizar meio giro e giro completo com a cadeira, deslocando-se no espaço da quadra. Os giros devem acontecer quando eles chegarem ao meio da quadra.
- Exercício de meio giro e velocidade: os atletas devem posicionar as cadeiras de rodas em uma das linhas de fundo da quadra, uma ao lado da outra. Ao comando do professor, realizam um meio giro rápido e saem em velocidade em direção ao outro lado da quadra.
  - Variação: posicionar uma bola no centro da quadra para estimular os atletas a imprimirem velocidades cada vez mais crescentes.
- Impulso elétrico: dispor os alunos um ao lado do outro de mãos dadas. Ao sinal do professor, os atletas apertam a mão um do outro (como se transmitissem um "impulso") até o último da fila; este sai da corrente formada e vai buscar uma bola que estará no centro da quadra.
- Situações de jogo: indica-se que o fundamento manejo e deslocamento da cadeira de rodas seja aplicado em situações de jogo. Por exemplo: giros e deslocamentos para fugir da marcação; contra-ataques; situações de bloqueios ofensivos e defensivos; utilização de jogos pré-desportivos para atingir tais objetivos.

Fundamento 2 – Drible: controle e condução de bola
Objetivo: controlar e conduzir a bola com deslocamento na cadeira de rodas.
Recursos: bolas e cadeiras de rodas.
Conteúdo: exercícios de controle e condução de bola com deslocamento.
Desenvolvimento de atividades: ■ Condução de bola: os atletas devem lançar a bola para o alto e para a frente a fim de progredir com a cadeira de rodas. Repetir o movimento cada vez que a bola der um quique no chão. ■ Controle de bola: os atletas devem quicar a bola à frente da cadeira de rodas com uma mão e/ou com alternância das mãos, deslocando a cadeira e realizando o drible. – Variação: montar circuitos com cones, cordas e diferentes bolas para treinamento do controle e condução da bola. ■ Impulso elétrico com drible: dispor os atletas um ao lado do outro de mãos dadas. Um deles deverá ficar próximo à área do outro gol para ser driblado. Ao sinal do professor, os atletas apertam a mão um do outro (como se transmitissem um "impulso") até o último da fila; este sai da corrente formada e vai buscar uma bola que estará no centro da quadra. Ao pegar a bola do chão, esse atleta vai em direção ao marcador para tentar driblá-lo.

Fundamento 3 – Passe e recepção
Objetivo: aprender a realizar passe e recepção da bola de forma correta.
Recursos: bolas, cadeiras de rodas, cones, cordas.
Conteúdo: exercícios de passe e recepção.
Desenvolvimento de atividades: ■ Exercícios de aprendizado da forma correta de realizar o passe: deve-se demonstrar aos atletas o posicionamento dos ombros, cotovelos, mãos e forma de realizar o arremesso. O atleta pode ficar em frente à parede para realizar o movimento correto, lançando a bola em direção à parede a fim de retornar para sua mão. ■ Passe tradicional: os atletas devem realizar passes na mão do companheiro em duplas (com e sem deslocamento pela quadra), sem finalizar para o gol. ■ Passe 10: os atletas devem ser separados em duas equipes. Cada equipe deve fazer 10 passes entre seus membros, sem perder a posse de bola. Caso a posse seja perdida, a contagem inicia para a outra equipe. Ganha quem conseguir realizar os 10 passes consecutivos. – Variação: passe 20, passe 30 – mesmo exercício com maior número de passes. ■ Passe quicado: os atletas devem realizar um passe com quique de bola no chão e próximo à cadeira de rodas de quem recepcionará o passe. – Variação 1: este exercício pode ser realizado com os atletas em deslocamento. – Variação 2: pode ser realizado o exercício de passe 10 com esse tipo de passe. ■ Passes em distâncias crescentes: organizar os atletas em duas filas. Ao sinal do professor, os atletas, em duplas, devem realizar deslocamento pela quadra, aumentando as distâncias entre as cadeiras de rodas cada vez que a dupla realizar o exercício. Esse exercício deve ser realizado com o passe tradicional, o passe quicado e o passe de longa distância.

(continua)

(continuação)

- Passe com deslocamento cruzado: esse exercício pode ser chamado de "trança". Os atletas são organizados em duas filas. Ao sinal do professor, um dos atletas realiza o passe para seu companheiro da dupla, cruza sua frente e se dirige ao outro lado da quadra em que estava. O atleta que recepcionou a bola também se desloca para o outro lado, passando atrás de seu companheiro. Esse exercício deve ser realizado com os atletas passando um à frente do outro, como se estivessem desenhando uma "trança" na quadra.
  – Variação: ao final do trajeto do exercício, o atleta que tem a posse de bola antes de chegar à área do gol pode arremessar a bola.
- Passes no "quadrado": os atletas devem se posicionar um em cada canto da quadra, formando um quadrado, e realizar passes cruzados e para o companheiro da lateral.
  – Variação: pode-se colocar um ou mais defensores, que ficam no meio do quadrado tentando "roubar" a bola.
- Passes simulando contra-ataque: formam-se duas filas, uma ao lado da outra, em lados opostos da quadra. Apenas em uma das filas os atletas ficam com a posse de bola. Dado o primeiro sinal pelo professor, o atleta que estava na fila que estava sem a posse de bola deve correr para recepcionar a bola que foi lançada pelo companheiro e arremessar no gol. Ao finalizar o exercício, os atletas devem trocar de fila.
  – Variação: realizar o mesmo exercício, trocando passes com o companheiro antes de arremessar no gol.
- Treino de recepção de bola: um atleta fica posicionado próximo a uma das áreas do gol e os demais companheiros formam uma fila no lado oposto da quadra. O atleta que está sozinho deve realizar a recepção de bolas consecutivas dos companheiros que se deslocam ao encontro desse atleta. Ao terminar a recepção, o atleta pode soltar a bola para realizar nova recepção. Os atletas devem se revezar para recepcionar a bola ao término do exercício.

Fundamento 4 – Arremesso
Objetivo: aprender a realizar corretamente o arremesso em seus diferentes tipos.
Recursos: bolas, cadeiras de rodas, cones, arcos, cordas.
Conteúdo: exercícios de passe e recepção.
Desenvolvimento de atividades: ■ **Exercícios de arremessos:** os atletas realizam arremessos parados em diferentes posições da quadra (central, média e lateral). – Variação: os atletas podem efetuar meio giro com a cadeira para realizar o arremesso. ■ **Arremessos em deslocamento:** os atletas devem conduzir a bola em direção a um dos gols, desde o fundo até o meio da quadra, imprimindo velocidade à cadeira. Ao chegar ao meio da quadra, o atleta deve aproveitar a cadeira em movimento para arremessar a bola para gol na linha de 6 metros. ■ **Arremessos com a cadeira em movimento:** um atleta fica parado próximo à área do gol com posse da bola e a passa para o companheiro que está se aproximando em movimento para arremessar em direção ao gol. O atleta que está se deslocando não deve realizar impulsão na cadeira.

(continua)

(continuação)

- **Arremessos com circuito:** realizar um circuito com 5 estações e finalizar com arremessos no gol. O circuito inicia-se em uma das laterais da quadra, com o atleta se deslocando em direção a uma fila de 6 cones. O atleta deve realizar um movimento de zigue-zague entre os cones, deslocando-se de ré em direção a outro cone que estará na lateral e na mesma direção dos cones do zigue-zague. O atleta deve tocar a ponta desse cone, realizar um meio giro e deslocar-se em direção aos cones situados nas linhas dos 9, 7 e 6 metros, respectivamente. Junto a cada cone haverá uma bola, que deverá ser pega do chão e arremessada no gol.
- **Arremessos com deslocamento em diferentes alvos no gol:** o atleta deve se deslocar para um dos gols e, quando alcançar a linha da área do gol, deve arremessar em sequência: (1º) canto superior direito, (2º) canto superior esquerdo, (3º) canto inferior direito e (4º) canto inferior esquerdo.
  – Variação 1: posicionar os atletas em fila única, e cada um arremessa em um canto do gol, alternadamente.
  – Variação 2: fixam-se dois arcos, um em cada canto superior do gol, e um cone em cada canto inferior do gol para serem alvos. Cada alvo tem uma pontuação diferente. Ganha o atleta que conseguir mais pontos arremessando em alvos diferentes.
- **Arremessos de 7 metros:** os atletas devem arremessar a bola na linha de 7 metros (o "pênalti" do handebol).
  – Variação: pode-se colocar alvos no gol com diferentes pontuações para que os atletas acertem seus cantos superior e inferior.

Fundamento 5 – Bloqueios (ofensivos e defensivos)
Objetivo: aprender a realizar os bloqueios considerando as variadas situações de jogo (ofensivas e defensivas).
Recursos: bolas, cadeiras de rodas, cones.
Conteúdo: exercícios de bloqueios realizados individualmente com cones; em duplas; em grupo; e situações reais de jogo.
Desenvolvimento de atividades: exercícios de simulação de ataque e defesa, com ênfase no ensino do bloqueio.

Fundamento 6 – Finta
Objetivo: aprender a realizar corretamente a finta em seus diferentes tipos.
Recursos: bolas, cadeiras de rodas, cones, cordas.
Conteúdo: exercícios de finta.
Desenvolvimento de atividades: ■ **Finta com a movimentação em 8:** os atletas devem estar posicionados em trio, um ao lado do outro, no fundo de quadra. O atleta que está no meio fica com a posse de bola e deve escolher um companheiro em uma das pontas para passá-la. Os passes devem ser realizados trocando de posição e em deslocamento. Quem passou a bola deve ir para o lugar do colega que a recepcionou, passando por trás da cadeira do colega posicionado no meio. Este, por sua vez, deve assumir o lugar do companheiro que passou a bola e assim sucessivamente, realizando um deslocamento que lembra o desenho do número 8.

(continua)

(continuação)

- A movimentação em 8 é um exercício utilizado para situações de contra-ataque, para fintar todos os atletas da equipe adversária.

- **Finta de braço:** deve-se formar uma fila e posicionar um atleta no centro da quadra, que será o marcador. Os atletas posicionados na fila devem sair de um em um, deslocando-se em direção ao companheiro posicionado no centro da quadra, e realizar a finta de braço ao se aproximar do marcador. A finta de braço consiste em realizar um giro completo com o braço na frente de quem está marcando e continuar a progressão.
- **Finta utilizando o tronco:** deve-se formar uma fila e posicionar um atleta no centro da quadra, que será o marcador. Os atletas posicionados na fila devem sair de um em um, deslocando-se em direção ao companheiro posicionado no centro da quadra, e realizar a finta com a cadeira de rodas utilizando o movimento de tronco. A finta pode ser realizada quicando a bola uma vez no chão. As cadeiras não precisam se chocar (exceto acidentalmente).
  - Variação: em vez de ter um atleta para marcação, pode-se colocar um ou mais cones para os atletas poderem realizar a finta.

Parte final: jogo coletivo e alongamento

Objetivo: proporcionar por meio do jogo coletivo a prática dos fundamentos aprendidos durante a aula e encerrar as atividades do dia. No alongamento final os músculos são novamente alongados para prevenir lesões e encurtamentos musculares.

AVALIAÇÃO NO HANDEBOL EM CADEIRA DE RODAS

Ao trabalhar com programação de ensino, é essencial acompanhar a evolução dos alunos/atletas participantes. Vale destacar a importância de avaliar as realizações e/ou melhoras, ocasião em que os participantes podem ser testados e reavaliados periodicamente, a fim de identificar possíveis deficiências nas habilidades.[18]

Como alternativa para a avaliação das habilidades específicas do HCR, tem-se o instrumento chamado Avaliação das Habilidades no Handebol em Cadeira de Rodas (AH-HCR).[10] Esse protocolo da avaliação, cujo conteúdo foi submetido a processo de validação, é composto por 15 questões, distribuídas em 5 fundamentos:

1. Deslocamento na cadeira de rodas (2 questões).
2. Condução e controle de bola (1 questão).
3. Passe e recepção (7 questões).
4. Arremesso (3 questões).
5. Finta (2 questões).

O AH-HCR pode ser acessado na íntegra na plataforma virtual.

CONSIDERAÇÕES FINAIS

O processo de construção de um programa de ensino de modalidades esportivas adaptadas é sempre desafiador. No HCR não é diferente, tendo em vista a escassez na literatura acerca dos processos pedagógicos, bem como as especificidades da modalidade e as diferentes variáveis que precisam ser controladas em meio ao planejamento do programa, a saber, o público participante, os objetivos, os conteúdos e atividades desenvolvidas, bem como a estrutura disponível.

Diante desse cenário, este capítulo apresentou alternativas, com variadas estratégias, atividades, conteúdos gerais e específicos, bem como opções para avaliação que possam direcionar caminhos para a elaboração de programas de ensino em HCR. Os esforços se concentram no desenvolvimento individual e coletivo dos participantes, bem como na busca por maior espaço para essa modalidade esportiva.

REFERÊNCIAS

1. Itani DE. Construindo a partir das possibilidades: handebol adaptado. [Monografia –conclusão do curso de Licenciatura em Educação Física). Campinas: Universidade Estadual de Campinas, Faculdade de Educação Física; 2002.
2. Itani DE, Araújo PF, Almeida JJG. Esporte adaptado construído a partir das possibilidades: handebol adaptado. Revista Digital, Buenos Aires. 2004;(72):1-1 Disponível em: http://www.efdeportes.com/efd72/handebol.htm. Acesso em: 27 set. 2022.
3. Oliveira CS, Munster MAV. Handebol em cadeira de rodas: uma abordagem pedagógica. In: V Congresso Multidisciplinar de Educação Especial: Anais do V Congresso Multidisciplinar de Educação Especial; 3-6 Nov 2009; Londrina: UEL; 2009. p.1608-16.
4. Calegari DR, Gorla JI, Araujo PF. Handebol em cadeira de rodas: regras e treinamento. São Paulo: Phorte; 2010.
5. CBHb – Confederação Brasileira de Handebol em Cadeira de Rodas. Você conhece o handebol em cadeira de rodas? 13/03/2022. Disponível em: https://cbhb.org.br/noticias/leitura/13280/voce-conhece-o-handebol-em-cadeira-de-rodas Acesso em: 27 set. 2022.
6. Calegari DR. Adaptação do handebol para a prática em cadeira de rodas. [Tese]. Campinas: Universidade Estadual de Campinas, Faculdade de Educação Física; 2010.
7. Costa e Silva AA, Gorla JI, Calegari DR, Costa LT. Adaptação de uma bateria de testes para handebol em cadeira de rodas. R Bras Ci e Mov (Brasília). 2010;18(3):73-80.
8. OLIVEIRA ACS, MUNSTER MAV. Análise da evolução de habilidades motoras relacionadas aos fundamentos do Handebol em Cadeiras de Rodas. Revista Brasileira Ciência e Movimento 2013;21(1):139-150.
9. Gatti AMM. Handebol em cadeira de rodas: diretrizes para a classificação. [Dissertação]. Campinas: Universidade Estadual de Campinas, Faculdade de Educação Física; 2013.

10. Oliveira ACS; Munster, MAV; Costa, MPR. Avaliação de habilidades motoras no Handebol Adaptado:proposta e validação instrumental. In: Anais... Congresso Brasileiro de Educação Especial, 8. São Carlos: UFSCar; 2018.
11. Calheiros DS, Cavalcante Neto JL, Melo FAP, Munster MA. The association between quality of life and lifestyle of wheelchair handball athletes. Journal of Developmental and Physical Disabilities. 2019;32:653-64.
12. Calheiros DS, Cavalcante Neto JL, Melo FAP, Munster MA. Perfil sociodemográfico de praticantes de handebol em cadeira de rodas. Rev Bras Ciênc Esporte. 2020;42:e2004.
13. Calheiros DS, Cavalcante Neto JL, Melo FAP, Munster MA. Quality of life and associated factors among male wheelchair handball athletes. Perceptual and Motor Skills. 2021; 003151252110148.
14. Auxter D, Pyfer J, Huettig CI. Principles and methods of adapted physical education and recreation. 9.ed. Saint Louis: Mosby-Year Book; 2001.
15. Melo FAP, Munster MAV. Iniciação esportiva em cadeira de rodas: estruturação de um programa para crianças com deficiência física. Pensar a Prática. 2016;19(1):68-80.
16. Brasile FM, Hendrick BN. The relationship of skills of elite wheelchair basketball. competitors to the International Functional Classification System. Therapeutic Recreation Journal. 1996;30(2):114-27.
17. Godoy PS. Avaliação das habilidades motoras de jogadores de handebol em cadeira de rodas. [Dissertação]. Campinas: Universidade Estadual de Campinas, Faculdade de Educação Física; 2014.
18. Tritschler KA. Medida e avaliação em educação física e esporte de Barrow & McGee. 5.ed. Barueri: Manole; 2003.
19. Costa E Silva AA. Validação de uma bateria de testes de habilidades motoras para atletas de handebol em cadeira de rodas. [Dissertação]. Campinas: Universidade Estadual de Campinas, Faculdade de Educação Física; 2011.

CAPÍTULO **14**

A influência da equoterapia no desenvolvimento psicomotor de crianças com necessidades especiais

Gardenia de Oliveira Barbosa
Mey de Abreu van Munster

Você verá neste capítulo...

A equoterapia é um método terapêutico e educacional que utiliza o cavalo em uma abordagem interdisciplinar buscando o desenvolvimento biopsicossocial de pessoas com necessidades especiais.

Essa prática desenvolve a autoconfiança, a segurança, a disciplina, a concentração e o bem-estar do praticante.

O texto oferece subsídios para a intervenção em equoterapia voltada a crianças com necessidades especiais, por meio de atividades envolvendo a psicomotricidade.

A psicomotricidade envolve toda ação realizada pela criança caracterizada pela integração entre o psiquismo e a motricidade, buscando um desenvolvimento global, focando os aspectos afetivos, motores e cognitivos, levando a criança à tomada de consciência do seu corpo por meio do movimento.

ORIGEM E DESENVOLVIMENTO DA EQUOTERAPIA

A literatura traça relatos históricos da utilização do cavalo para fins terapêuticos desde o ano 124 a.C. No Brasil, essa atividade, que envolve um cavalo, profissionais da área da saúde, educação e equitação, foi nomeada equoterapia em 1989.[1]

Nesse mesmo ano, em Brasília, foi fundada a Associação Nacional de Equoterapia (Ande), instituição beneficente que tem sido referência nacional.[2]

O termo "equoterapia" tem sido empregado pela Ande-Brasil para caracterizar todas as práticas que utilizam o cavalo em associação com técnicas de equitação e atividades equestres, visando à reabilitação e/ou educação de pessoas com necessidades especiais. O termo é originário do latim *equus* (cavalo); terapia vem do grego *therapeia* (tratamento).

A equoterapia é definida no Brasil como um método terapêutico e educacional que utiliza o cavalo sob uma abordagem interdisciplinar, nas áreas da saúde, educação e equitação, buscando o desenvolvimento biopsicossocial de pessoas com necessidades especiais (PNE).[3]

O Conselho Federal de Medicina (CFM) reconheceu em 1997, por meio do Parecer n. 6, prática equoterapêutica, que vem se tornando referência no tratamento desse público. Em março de 2008 foi reconhecida pelo Conselho Federal de Fisioterapia e Terapia Ocupacional (Coffito). Desde 1996 a prática equoterapêutica tem apresentado resultados científicos significativos em congressos que ocorrem a cada dois anos, relacionados à adequação física, psíquica e social.[1]

Muitos dos benefícios proporcionados pela equoterapia decorrem do movimento tridimensional desencadeado pela andadura do cavalo. Esse movimento ocorre em três eixos – anteroposterior, laterolateral e longitudinal –, incluindo também um componente rotacional que faz a pelve do praticante sofrer rotação (em torno de 8 graus), movimento semelhante ao da marcha humana (Tauffkirchen, citado por Silva e Grubits, 2004;[4] e Freire[5]).

O deslocamento nesse movimento tridimensional estimula diversos sistemas sensoriais, proporcionando benefícios psíquicos, o que ocasiona melhora do aprendizado gnósico-visual e auditivo e favorece o equilíbrio e a conscientização corporal do indivíduo com necessidades especiais, levando ao estímulo e à aprendizagem de atividades funcionais.[6]

Na equoterapia, o atendimento deve ser planejado conforme as necessidades e potencialidades do praticante, incluindo os objetivos a serem atingidos, com ênfase na área a ser desenvolvida. As atividades equoterapêuticas contemplam os seguintes programas:

- Hipoterapia: o praticante tem muito comprometimento físico e/ou intelectual e, consequentemente, torna-se muito dependente dos terapeutas para manter-se a cavalo com segurança.

- Educação/reeducação: o praticante monta sozinho, com o profissional na lateral.
- Pré-esportivo: o praticante monta sozinho e conduz o cavalo, porém profissionais o acompanham de perto.
- Esportivo: os praticantes reúnem condições físicas e mentais que lhes permitem participar de competições paraequestres em nível nacional e internacional.

Tais programas não são uma regra nem seguem uma ordem fixa, sendo abordados conforme a necessidade do praticante.[7]

A equoterapia desenvolve a autoconfiança, a segurança, a disciplina, a concentração e o bem-estar. As atividades lúdicas são estratégias muito prazerosas de trabalho, tanto para o terapeuta como para o praticante.[1] A prática equestre favorece ainda a sociabilidade sadia, pois integra o praticante, o cavalo e os demais profissionais envolvidos,[7] permitindo a associação a atividades lúdicas e, dessa forma proporcionando uma intervenção dinâmica e prazerosa.

Quanto aos efeitos terapêuticos da equoterapia, Garrige,[*] citado por Silva e Grubts,[4] apresenta-os em quatro dimensões:

1. Aprimoramento da relação: referente à comunicação, autocontrole, autoconfiança, vigilância da relação, atenção e tempo de atenção.
2. Aprimoramento da psicomotricidade: referente ao tônus, mobilidade articular, equilíbrio, postura ereta do tronco, lateralidade, esquema corporal, coordenação e dissociação de movimentos, precisão e integração de gestos para compreensão de ordem verbal ou imitativa.
3. Aprimoramento de natureza técnica: referente aos cuidados e manejo com os cavalos, e também ao aprendizado das técnicas de equitação.
4. Aprimoramento da socialização: referente à integração entre indivíduos com comprometimentos cognitivos ou físicos e outros praticantes e a equipe multidisciplinar.

---

* Garrige R. A prática da equoterapia. In: Congresso Brasileiro de Equoterapia, 1., 1999, Brasília. Coletânea de Trabalhos. Brasília: Ande/Brasil, 1999. p.19-23.

PROGRAMA DE EQUOTERAPIA

Um programa de equoterapia, em qualquer contexto, deve considerar informações básicas do praticante, como idade, nível de desenvolvimento motor, cognitivo e habilidades a serem aprimoradas e/ou desenvolvidas, para que seja adequado às necessidades da pessoa assistida.

Ao desenvolver um programa de intervenção equoterapêutica voltado à PNE, surge o desafio de planejar e executar estratégias que considerem as diferenças inerentes de cada indivíduo associadas à condição física, cognitiva e emocional dos praticantes. Desse modo, além de levar em consideração o planejamento das atividades com base em dados prévios das características dos praticantes, os profissionais devem observar constantemente as metas e objetivos a serem alcançados pelo processo de intervenção, que devem ser traçados de acordo com os objetivos dos participantes.

Quando necessário, deve ser realizada uma reorganização do programa de forma natural, prezando a segurança e a integridade física, psíquica e emocional dos praticantes.

Algumas dicas para as sessões de equoterapia:

- Apontar e elogiar os sucessos da criança.
- Apresentar instruções e regras curtas e claras.
- Relembrar a atividade anterior.
- Transformar a atividade a ser realizada em algo muito interessante, para que a criança deseje fazer em vez de se sentir obrigada a fazer.
- Realizar atividades que diminuem a impulsividade, evitando uso de cronômetros e regras demasiado rígidas.
- Antecipar e prevenir a criança quanto a possíveis acontecimentos e mudanças, na medida do possível.
- Priorizar a realização de algumas tarefas pequenas em vez de apenas uma grande tarefa.
- Utilizar diferentes recursos materiais.
- Proporcionar organização, sequenciamento e constância nas atividades.
- Propor tarefas passíveis de serem cumpridas, resultando em maior valorização da criança.
- Proporcionar um ambiente acolhedor e amigável.
- Valorizar os esforços e progressos da criança.
- Expor os limites de forma clara e objetiva.

- Permitir que a criança se expresse por meio da fala, de movimentos, de expressões etc.

ESTRUTURA DAS SESSÕES DE EQUOTERAPIA

Cada sessão de equoterapia pode ser constituída pelos seguintes momentos, lembrando que é importante manter uma rotina:

- Aproximação: visa à interação entre o praticante e o cavalo por meio de afagos no início e no final da montaria.
- Montaria: acesso ao dorso do cavalo com a finalidade de realizar a montaria.
- Saída: o ato de colocar o animal em movimento emitindo sons com a boca (beijinhos) e pelo toque na barriga do animal com os pés do praticante.
- Percurso: inicia-se com o mediador ao lado do praticante, fornecendo as diretrizes para a atividade.
- Atividades específicas: alternância de postura sobre o cavalo, utilização de materiais lúdicos, condução do animal pelo praticante de forma independente em diferentes ambientes do centro hípico (pista de areia, pista de terra, pista de grama e dentro do galpão).
- Despedida: ao final da sessão os praticantes podem conduzir o cavalo em montaria até o local do início da atividade e apear a partir da postura de "índio morto".

A seguir serão apresentadas algumas sugestões de sessões de equoterapia programadas para 30 minutos de intervenção.

Sessão 1

Objetivos:

- Promover maior familiarização com algumas regiões do cavalo (cabeça, pescoço, pata, barriga, anca e rabo) e com equipamentos utilizados no animal para montaria (rédea, estribos e manta) e realizar as posturas de montaria (M), decúbito ventral (DV), montaria lateral (ML), montaria invertida (MI) e decúbito ventral invertido (DVI).
- Desenvolver e/ou aprimorar a motricidade fina, a motricidade global, o equilíbrio, o esquema corporal e a organização espaçotemporal.

Material lúdico: sete letras de borracha EVA com os respectivos quadradinhos, que possibilitarão encaixa e desencaixe perfeito (Figura 1).

Material hípico: manta.

Atividade:

Após realizada a montaria (M), o mediador deverá explicar ao praticante que ele receberá algumas letrinhas (atentar para o comprometimento visual ou cognitivo a fim de adaptar a atividade), que serão relacionadas aos objetos que estão no cavalo (rédea, manta e estribos) e a algumas regiões do corpo do animal (cabeça, pescoço, pata, barriga, anca e rabo).

A letra deverá ser apresentada ao praticante alternando lados direito e esquerdo. Ele deverá pegá-la, dizer a que corresponde e encostar ou chegar o mais próximo possível do objeto ou região do cavalo correspondente

QUADRO 1 Letras utilizadas na atividade e as respectivas palavras correspondentes

Letras	Palavras correspondentes
R	Rédea
M	Manta
E	Estribo
C	Cabeça
P	Pescoço
P	Pata
B	Barriga
A	Anca
R	Rabo

Fonte: elaborado pelas autoras.

FIGURA 1 Letras de EVA e respectivos quadradinhos.
Fonte: arquivo pessoal da autora Gardenia de Oliveira Barbosa.

Após associar a letra com a palavra correspondente, será solicitado ao praticante que mencione um animal que comece com a letra que tiver em mãos. Caso não lembre, será sugerido que solicite dicas ao mediador. Após mencionado o nome de um animal, será entregue ao praticante a parte do quadradinho de EVA (Figura 2) que permitirá o encaixe perfeito da letra que o praticante terá em mãos (Figura 3).

Após todas as letras terem sido utilizadas, o praticante deverá nomear e numerar os objetos (rédea, manta e estribo) e as regiões do cavalo (cabeça, pescoço, pata, barriga, anca e rabo) e depois, livremente (sem sequência predeterminada), deverá escolher as letras que foram trabalhadas na atividade para relacioná-las com nome de frutas. Caso o praticante não se lembre de nenhuma fruta, poderá pedir dicas ao mediador.

Finalizada essa etapa, o praticante realizará dois percursos (aclive e declive) e depois passará para a alternância de posturas (DV, ML, MI, DVI). Deverá permanecer em cada postura por alguns minutos, sendo a todo momento estimu-

FIGURA 2 Quadradinho de borracha EVA para o praticante encaixar na letra C.
Fonte: arquivo pessoal da autora Gardenia de Oliveira Barbosa.

FIGURA 3 Praticante com a letra C se posicionando para se movimentar em direção à cabeça do cavalo.
Fonte: arquivo pessoal da autora Gardenia de Oliveira Barbosa.

lado e auxiliado, quando necessário, a identificar qual lado dos membros inferiores e superiores (direito ou esquerdo) será utilizado para dar início ao movimento.

Para finalizar a sessão (3 a 5 minutos), com o cavalo ao passo, o mediador pedirá ao praticante que coloque os pés nos estribos e segure as rédeas para conduzir o animal sozinho. Para apear deverá passar da postura de montaria (M) para a de índio morto (IM) e ir escorregando até os pés tocarem o chão.

Sessão 2

Objetivos:

- Realizar as posturas de montaria (M), montaria invertida (MI), montaria lateral (ML) e ficar em pé sobre os estribos (PE).
- Desenvolver e/ou aprimorar a motricidade fina, a motricidade global, o equilíbrio, o esquema corporal e a organização espaçotemporal.

Material lúdico: três personagens bidimensionais de borracha EVA divididos em seis partes cada (cabeça, dois braços, tronco e duas pernas) (Figura 4) feitos de velcro e um tecido de feltro (48 × 33 cm).

Material hípico: manta.

FIGURA 4 Materiais utilizados na sessão 2.
Fonte: arquivo pessoal da autora Gardenia de Oliveira Barbosa.

Atividade:

Após realizada a montaria (M), o mediador deverá explicar ao praticante que há três figuras e que ele deverá escolher uma para a brincadeira. Realizada a escolha, o mediador explicará que, para conquistar todas as partes da figura, o praticante passará por um "desafio" constituído de três etapas:

1. Na postura de montaria (M), com os pés nos estribos, fazer um aviãozinho (abdução dos membros superiores na altura dos ombros) (Figura 5), um foguete (abdução com supinação dos membros superiores de modo a encostar as palmas das mãos sobre a cabeça) (Figura 6) e ficar em pé sobre os estribos.

FIGURA 5 Aviãozinho.
Fonte: arquivo pessoal da autora Gardenia de Oliveira Barbosa.

FIGURA 6 Foguete.
Fonte: arquivo pessoal da autora Gardenia de Oliveira Barbosa.

2. Enquanto o praticante estiver realizando os "desafios", o mediador deverá estimular sua imaginação e permitir que ele se expresse utilizando o lúdico, por exemplo: "Agora que estamos no avião, para onde vamos, e o que vamos encontrar lá? Agora vamos sair do lugar X e pegar um foguete para onde? O que vamos encontrar lá?".
3. Quando o praticante se posicionar em pé sobre os estribos, mencionar até que ponto (usar como referência uma árvore, cerca, placa etc.) ele deverá permanecer na postura.

Ao término dos três componentes do "desafio", o praticante deverá receber do mediador uma parte da figura, que deverá guardar no bolso da roupa ou em uma bolsinha. Cada componente do "desafio" deve ser realizado seis vezes.

Quando o praticante estiver com as seis partes da figura, deverá, com o cavalo ao passo, passar para montaria invertida (MI) e montar a figura sobre o tecido de feltro. Depois de montada, o mediador pedirá ao praticante para contar as partes da figura.

Na sequência, o mediador pedirá ao praticante para identificar, em si próprio, os membros superiores e inferiores direito e esquerdo e pedirá para mostrar o correspondente na figura, um membro de cada vez. Por exemplo: "Steve, qual é o seu braço direito? E na figura?".

Para dar continuidade, o mediador pedirá ao praticante que escolha qualquer membro (aleatoriamente) do seu próprio corpo e diga se é direito ou esquerdo e também pedirá para localizá-los na figura. O mediador deverá estimular o praticante a mencionar os quatro membros.

No momento de guardar a figura, o mediador pedirá duas partes específicas, uma de cada vez, solicitando que o praticante escolha e discrimine as demais. Por exemplo: "Steve, por favor, me dê a perna esquerda da figura"; "Steve, qual parte da figura você vai pegar agora?".

Após guardar a figura, com o cavalo ao passo, o mediador pedirá ao praticante que passe para montaria lateral (ML). Ele permanecerá por alguns minutos nessa postura e o mediador, descontraidamente, iniciará uma conversa sobre a escola, a família, atividades realizadas no final de semana, o que considerar mais conveniente.

Para finalizar a sessão (5 a 8 minutos), com o cavalo ao passo, o mediador pedirá que o praticante retorne à postura de montaria (M), coloque os pés nos estribos e segure as rédeas para conduzir o animal sozinho. Na metade do caminho, solicitará que o praticante tire os pés dos estribos para continuar realizando a condução. Cerca de 1 a 2 minutos antes de parar o cavalo para apear solicitará que o praticante coloque os pés nos estribos novamente.

Para apear, o praticante deverá passar da postura de montaria (M) para a de índio morto (IM) e ir escorregando até os pés tocarem o chão.

Sessão 3

Objetivo:

- Realizar as posturas de montaria (M) com os olhos abertos e fechados, ficar em pé sobre os estribos (PE), quatro apoios (QA), ajoelhado (A), montaria invertida (MI), quatro apoios invertido (QAI) e ajoelhado invertido (AI).
- Desenvolver e/ou aprimorar a motricidade fina, a motricidade global, o equilíbrio, o esquema corporal e a organização espaçotemporal.

Material lúdico: seis animaizinhos de brinquedo (vaca, cavalo, elefante, leão, porco e canguru) (Figura 7), uma caixa de ovos feita de papelão, uma bolsinha e uma bola de plástico macia (42 cm de circunferência).

Material hípico: manta.

Atividade:

Após realizada a montaria (M), o mediador deverá explicar ao praticante que será realizado um jogo de "adivinhação da fazenda". Deverá mostrar os seis

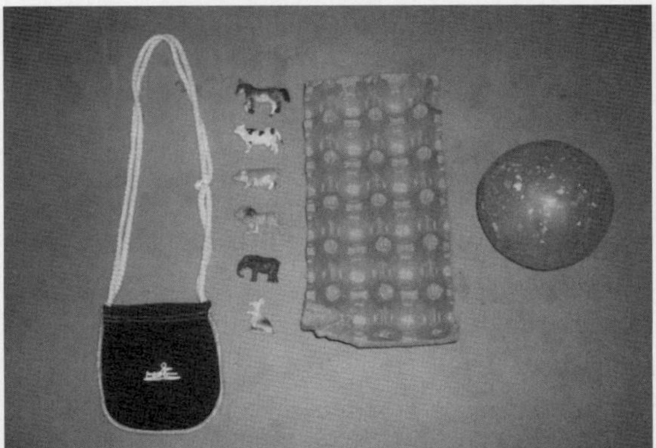

FIGURA 7 Materiais utilizados na sessão 3.
Fonte: arquivo pessoal da autora Gardenia de Oliveira Barbosa.

animaizinhos (vaca, cavalo, elefante, leão, porco e canguru) e permitir que o praticante toque os brinquedos para perceber seu formato. Então, o mediador explicará que o praticante terá que adivinhar qual é o animalzinho usando apenas com o tato, pois estará com os olhos fechados.

O mediador explicará que, para conquistar os animais, o praticante passará por dois "desafios":

1. O primeiro será constituído de cinco etapas com duração de 10 segundos cada, realizadas seis vezes cada, que serão: ficar em pé sobre os estribos, ajoelhado (A), quatro apoios (QA), quatro apoios invertido (QAI) e ajoelhado invertido (AI) sobre o dorso do cavalo. Para ganhar estímulo, o praticante contará até 10 em língua inglesa junto com o mediador em cada uma das etapas do primeiro "desafio".
2. O segundo desafio será o lançamento de uma bola com o praticante em montaria invertida (MI) e montaria (M). Inicialmente o mediador perguntará ao praticante de que lado está posicionado (quando necessário o mediador poderá oferecer dicas), tendo ele mesmo (o praticante) como referencial. Após identificado o lado (direito ou esquerdo), o mediador lançará a bola em cada uma das quatro diagonais (duas posteriores e duas anteriores), e o praticante deverá recebê-la e lançá-la novamente. A cada duas tentativas bem-sucedidas (segurar e lançar a bola), o mediador inverterá a diagonal.

Ao retornar à montaria (M), o mediador deverá solicitar ao praticante que feche os olhos e abra as mãos à frente do corpo para receber o animalzinho. O praticante deverá adivinhar pelo tato de qual animalzinho se trata. Havendo dificuldade, o mediador poderá fornecer dicas.

Quando o praticante estiver com todos os animaizinhos, deverá, com o cavalo ao passo e em montaria (M), receber a caixa de ovos de papelão, simbolizando o espaço de uma fazendinha, para colocar os animais. Quando estiverem todos na caixinha, solicitar ao praticante que conte os animais.

Para finalizar a sessão (3 a 5 minutos), com o cavalo ao passo, o mediador pedirá que o praticante coloque os pés nos estribos e segure as rédeas para conduzir o animal sozinho.

Para apear, deverá passar da postura de montaria (M) para a de índio morto (IM) e ir escorregando até os pés tocarem o chão.

Sessão 4

Objetivo:

- Realizar as posturas de montaria (M), montaria invertida (MI), quatro apoios invertido (QAI) e ajoelhado invertido (AI).
- Desenvolver e/ou aprimorar a motricidade fina, a motricidade global, o equilíbrio, o esquema corporal e a coordenação espaçotemporal.

Material lúdico: uma peneira sem a tela, seis prendedores, um chapéu maleável, uma bola de plástico macia (42 cm de circunferência) e uma bolsinha (Figura 8).

Material hípico: manta.

Atividade:

Após realizada a montaria (M), o mediador deverá explicar ao praticante que a crina do cavalo será enfeitada com prendedores; no entanto, para conquistá-los o praticante passará por três "desafios":

1. Lançar a bola no chapéu (em montaria e em montaria invertida).
2. Realizar o ajoelhado invertido (AI) por 10 segundos.
3. Realizar o quatro apoios invertido (QAI).

FIGURA 8 Materiais utilizados na sessão 4.
Fonte: arquivo pessoal da autora Gardenia de Oliveira Barbosa.

Com o cavalo ao passo e o praticante em montaria, o mediador se posicionará nas diagonais anterior e posterior do animal, dos lados direito e esquerdo; por exemplo, ao se posicionar na diagonal direita, perguntará ao praticante (ele é o referencial) em que lado está (direita ou esquerda). Dada a resposta, o mediador lançará a bola ao praticante e pedirá que a lance dentro do chapéu (Figura 9).

Após três tentativas, o mediador mudará de lado (iniciará pelas diagonais anteriores e depois passará para as posteriores).

Ao final das quatro diagonais, pedirá ao praticante que faça um avião invertido (ajoelhado invertido). Para ganhar estímulo, o praticante contará até 10 em língua inglesa junto com o mediador, e, na sequência, este pedirá que o praticante faça um leãozinho (quatro apoios invertido) para alcançar o prendedor, que estará preso na peneira (Figura 10), ora com a mão direita, ora com a esquerda.

FIGURA 9 Praticante lançando a bola no chapéu.
Fonte: arquivo pessoal da autora Gardenia de Oliveira Barbosa.

FIGURA 10 Praticante alcançando o prendedor.
Fonte: arquivo pessoal da autora Gardenia de Oliveira Barbosa.

Após pegar o prendedor, o praticante deverá sentar-se na manta e prendê-lo em qualquer parte da bolsinha, que estará pendurada no seu pescoço, e retornar para a montaria (M), reiniciando o desafio (será proposto por seis vezes).

Quando o praticante estiver com os prendedores, deverá, com o cavalo ao passo e em montaria (M), prendê-los na crina do animal com a mão dominante e o mais próximo das orelhas, e na sequência retirá-los com a mão não dominante e colocá-los dentro da bolsinha.

Para finalizar a sessão (3 a 5 minutos), com o cavalo ao passo, o mediador pedirá que o praticante coloque os pés nos estribos e segure as rédeas para conduzir o animal sozinho.

Para apear, deverá passar da postura de montaria (M) para a de índio morto (IM) e ir escorregando até os pés tocarem o chão.

Sessão 5

Objetivos:

- Conduzir o cavalo na pista de areia.
- Realizar as posturas de montaria (M), em pé sobre os estribos (PE), montaria invertida (MI), ajoelhado (A) e ajoelhado invertido (AI).
- Desenvolver e/ou aprimorar a motricidade fina, a motricidade global, o equilíbrio, o esquema corporal e a organização espaçotemporal.

Material lúdico: dois prendedores, seis letras dissociadas que formarão a palavra "cavalo" (C, A, V, A, L, O), a figura de um cavalo, uma bolsinha e um tecido de feltro (48 × 33 cm) (Figura 11).

Material hípico: manta.

Atividade:

Após realizada a montaria (M), o mediador deverá explicar ao praticante que o "desafio" será conquistar seis letras que ao final formarão uma palavra conhecida; no entanto, para conquistá-las terá que realizar um percurso na pista de areia e uma sequência de quatro tarefas sobre o cavalo.

Quanto ao percurso:

- Deverá iniciar contornando quatro balizas dispostas de forma retangular, em um espaço de 16,5 × 20,5 m, começando pela esquerda.

FIGURA 11 Materiais utilizados na sessão 5.
Fonte: arquivo pessoal da autora Gardenia de Oliveira Barbosa.

- Na metade da quarta baliza o praticante deverá realizar meia-volta e continuar o percurso para a direita.
- Na metade da terceira baliza deverá realizar uma curva para a direita e seguir reto a fim de saltar uma varinha ao passo.
- Após saltá-la, seguir em linha reta até a anca do cavalo ultrapassar as balizas à frente, então realizar uma curva para a esquerda e seguir reto a fim de saltar ao passo a outra varinha.
- Depois de saltá-la, continuar em linha reta até a anca do animal ultrapassar as outras balizas à frente, então virar à esquerda e sair da pista de areia.

Terminado o percurso, terá início a outra parte do desafio:

- O praticante deverá receber duas letras aleatórias e guardar na bolsinha, que estará pendurada no seu pescoço, e na sequência ficar em pé sobre os estribos com os membros superiores em abdução (aviãozinho), e dizer o nome de um animal com qualquer uma das duas letras recebidas.
- Dito o nome de um animal, deverá tirar os pés dos estribos e ficar ajoelhado (A) com os membros superiores em abdução (aviãozinho) e dizer o nome de outro animal (não poderá repetir) com as mesmas letras.
- Dito outro nome de animal, passará para montaria invertida (MI), ajoelhado invertido (AI) com os membros superiores em abdução (aviãozinho) e dirá o nome de outro animal (não pode repetir) com as mesmas letras.

- Dito o nome de outro animal, passará para montaria (M), fará uma trança na crina do cavalo. e colocará um prendedor ao final da trança.
- O praticante receberá mais duas letras e repetirá toda a sequência mais uma vez; no entanto, ao final dessa repetição, deverá permanecer em montaria invertida (MI), então receberá o tecido de feltro para montar a palavra.
- Após montá-la, o mediador deverá colocar a figura de um cavalo sobre o tecido de feltro para ilustrar, então pedirá ao praticante que entregue uma letra por vez, depois o cavalo e o feltro.
- Na sequência o praticante passará para montaria (M), colocará os pés nos estribos e deverá retirar os prendedores com a mão não dominante, entregar ao mediador e organizar a crina do animal.

Para finalizar a sessão (3 a 5 minutos), o mediador pedirá que o praticante coloque os pés nos estribos e segure as rédeas para conduzir o cavalo sozinho. No meio do percurso terá que realizar um zigue-zague passando por entre quatro árvores. O praticante deverá ser estimulado a dizer para qual lado está fazendo o zigue-zague (direita ou esquerda).

Para apear, deverá passar da postura de montaria (M) para a de índio morto (IM) e ir escorregando até os pés tocarem o chão.

Sessão 6

Objetivos:

- Conduzir o cavalo na pista de areia.
- Realizar as posturas de montaria (M) e montaria invertida (MI).
- Desenvolver e/ou aprimorar a motricidade fina, a motricidade global, o equilíbrio, o esquema corporal e a organização espaçotemporal.

Material lúdico: quatro letras de borracha EVA (S, E, L, A), que formarão a palavra "sela", seis figuras de selas com velcro, um tecido de feltro (48 × 33 cm) e oito argolas (quatro de 28 cm de diâmetro e quatro de 17 cm de diâmetro) (Figura 12).

Material hípico: manta.

Atividade:

Após realizada a montaria (M), o mediador deverá explicar ao praticante que o "desafio" será montar uma nova selaria, o que consistirá em conquistar a

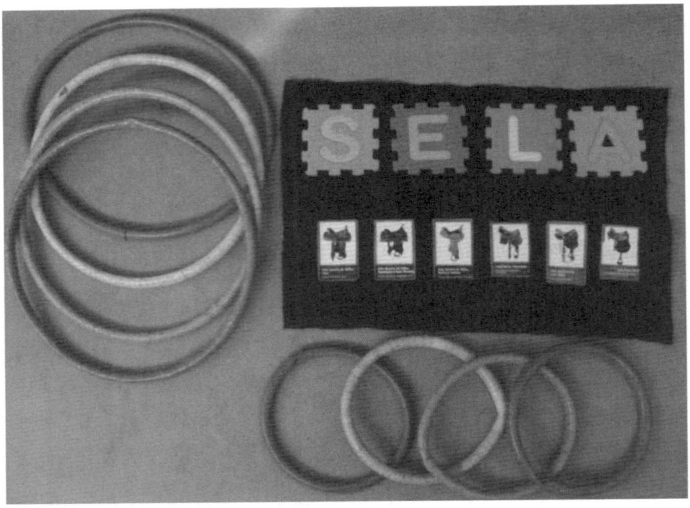

FIGURA 12 Materiais utilizados na sessão 6.
Fonte: arquivo pessoal da autora Gardenia de Oliveira Barbosa.

palavra “sela” e seis figuras de selas, após percorrido um percurso sugerido pelo mediador.

Quanto ao percurso:

- O praticante deverá iniciar conduzindo o cavalo pelo cabresto (uma vez) e depois, em montaria (duas vezes), contornará uma pista demarcada por quatro balizas dispostas de forma retangular, em um espaço de 16,5 × 20,5 metros, iniciando pela esquerda.
- O praticante receberá as quatro argolas grandes e deverá colocá-las em seu pescoço.
- Ao passar pelas balizas, deverá colocar a argola com a mão de dentro da curva (esquerda) com o cavalo ao passo.
- Quando chegar à metade da quarta baliza, o praticante deverá realizar meia-volta (terá como referencial uma cesta de basquete à sua frente à distância de 10,25 m), continuar o percurso para a direita e ir colocando as argolas nas balizas conforme for passando por elas, usando a mão direita para colocar as argolas.
- Após a quarta baliza, receberá as argolas menores, que ficarão no antebraço direito.

- Na metade da terceira baliza (terá como referencial uma cesta de basquete à sua frente à distância de 10,25 m), deverá realizar outra meia-volta, trocar as argolas de lado e seguir até a metade da quarta baliza novamente, onde deverá realizar outra meia-volta e dar continuidade ao percurso.
- Na segunda volta do percurso o praticante deverá continuar em direção à primeira baliza, portanto não fará meia-volta.
- Finalizará o percurso colocando a argola na baliza 1 e sairá da pista de areia com o auxiliar guia conduzindo o cavalo.

A segunda parte da atividade terá as seguintes etapas:

- O praticante deverá passar para montaria invertida (MI) para receber as letras que formarão a palavra sela, observando a sequência S, E, L, A, e a cada letra será solicitado que diga o nome de um objeto relacionado ao cavalo ou às regiões do corpo do animal (p. ex., “sela”, “estribo”, “língua” e “anca”) que inicie com a respectiva letra de borracha EVA recebida.
- Após cada resposta, entregar a próxima letra e assim sucessivamente.
- Quando o praticante estiver com todas as letras, o mediador deverá pedir que monte a palavra conectando as peças. Caso apresente alguma dificuldade, será auxiliado com dicas.
- Após a montagem da palavra, o mediador pedirá as letras para guardar, e então entregará o tecido de feltro e as figuras das selas. O praticante deverá ser estimulado a ler a identificação escrita embaixo de cada figura, que informará o tipo de sela e sua utilidade. Caso apresente dificuldade, deverá ser auxiliado.
- Depois de adquirir todas as figuras, o mediador pedirá ao praticante que entregue as figuras das selas (o mediador deverá brincar que está comprando as selas e ir pedindo pelos nomes para que o praticante possa identificá-las), e depois pedirá o feltro; em seguida o praticante passará para montaria (M).

Para finalizar a sessão (3 a 5 minutos), o mediador pedirá que o praticante coloque os pés nos estribos e segure as rédeas para conduzir o cavalo sozinho.

Para apear, deverá passar da postura de montaria (M) para a de índio morto (IM) e ir escorregando até os pés tocarem o chão.

Sessão 7

Objetivos:

- Realizar as posturas de montaria (M), em pé sobre os estribos (PE), ajoelhado (A), montaria invertida (MI) e ajoelhado invertido (AI).
- Desenvolver e/ou aprimorar a motricidade fina, a motricidade global, o equilíbrio, o esquema corporal e a organização espaçotemporal.

Material lúdico: doze fotografias (sendo seis pares não idênticos, representando as crianças no contexto hípico), quatro bolinhas de diferentes texturas e cores (rosa, verde, amarelo, laranja), um coração de borracha (azul), um saquinho vermelho, uma bolsinha e um tecido de feltro (48 × 33 cm) (Figura 13).

Material hípico: manta.

Atividade:

Após realizada a montaria (M), o mediador deverá explicar ao praticante que a brincadeira será conquistar as doze fotografias. Para obtê-las o praticante passará por um "desafio" que consistirá em ficar em pé sobre os estribos (PE), de olhos fechados, pegar um objeto de dentro do saquinho (Figura 14) e, pelo tato, adivinhar do que se trata e qual a cor.

Antes de iniciar essa etapa, o praticante deverá observar e pegar os objetos para perceber suas diferenças e cores.

Após adivinhar o objeto, o praticante deverá receber uma fotografia, identificar os integrantes da foto e em seguida dizer alguma palavra que inicie com uma das letras dos nomes dos integrantes da foto em duas diferentes posturas, sendo uma palavra diferente para cada postura: ajoelhado e ajoelhado invertido (MI); após dizer uma palavra na segunda postura, o praticante receberá mais uma fotografia. A atividade deverá ser realizada por seis vezes.

Quando o praticante tiver conquistado todas as fotografias, em montaria invertida (MI), receberá o tecido de feltro e deverá organizar as fotografias em pares. Na sequência deverá retornar para montaria (M).

Para finalizar a sessão (1 a 3 minutos), o mediador pedirá que o praticante coloque os pés nos estribos e segure as rédeas para conduzir o cavalo sozinho.

Para apear, deverá passar da postura de montaria (M) para a de índio morto (IM) e ir escorregando até os pés tocarem o chão.

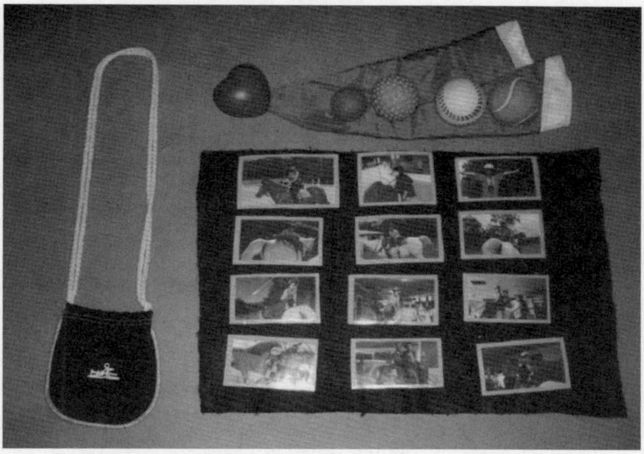

FIGURA 13 Materiais utilizados na sessão 7.
Fonte: arquivo pessoal da autora Gardenia de Oliveira Barbosa.

FIGURA 14 Praticante em pé sobre os estribos pegando um objeto dentro do saquinho.
Fonte: arquivo pessoal da autora Gardenia de Oliveira Barbosa.

Observação: toda vez que houver alternância de postura, o mediador pedirá, de forma alternada, que o praticante inicie o movimento ora com o membro inferior direito, ora com esquerdo.

CONSIDERAÇÕES FINAIS

A sistematização das atividades apresentadas foi proposta a fim de aprimorar aspectos psicomotores de crianças com necessidades especiais de maneira lúdica, divertida e lógica.

Atividades motoras foram associadas a desafios de caráter cognitivo de modo a favorecer uma associação prazerosa entre atividade motora e estímulo cognitivo.

Diferentes estratégias foram utilizadas a fim de propiciar um contexto favorável para o sucesso do praticante, como verbalização antecipada, sequenciamento e constância nas atividades e reforço positivo.

REFERÊNCIAS

1. Alves EMR, Cunha AB Garbellini D. Prática em equoterapia: uma abordagem fisioterápica. São Paulo: Atheneu; 2009.
2. Bortolini VA. Eficácia da equoterapia em crianças com distúrbio de aprendizagem do projeto cavalgando com cidadania. Revista Equoterapia. 2005;(12).
3. Ande-Brasil. 1º Curso Básico de Equoterapia. Araras: Ceren/Centro de Estimulação e Reabilitação Neurológica "José Canzi Júnior", 2010. Apostila.
4. Silva CH, Grubits S. Discussão sobre o efeito da equoterapia em crianças cegas. Revista de Psicologia da Vetor Editora (online). 2004;5(2):6-13.
5. Freire HBG. Equoterapia: teoria e técnica. Uma experiência com crianças autistas. São Paulo: Vetor; 2000.
6. Medeiros M, Dias E. Equoterapia: bases e fundamentos. Rio de Janeiro: Revinter; 2002.
7. Schubert R. A equoterapia como alternativa terapêutica para crianças "agitadas". Revista Equoterapia. 2005;(12).
8. Meregillano G. Hippotherapy. Physical Medicine and Rehabilitation Clinics of North America. 2004;4(15):843-54.
9. Pierobon JCM, Galetti FC. Estímulos sensório-motores proporcionados ao praticante de equoterapia pelo cavalo ao passo durante a montaria. Ensaios e Ciência: Ciências Biológicas, Agrárias e da Saúde. 2008;12(2):63-9.
10. Robacher MC, et. al. Análise fisioterapêutica da marcha de pacientes hemiplégicos espásticos utilizando a equoterapia. Equoterapia – Revista da Associação de Equoterapia. 2003;5(7):8.
11. Tauffkirchen E. A good seat on the horse: a requirement for an effective hippotherapy. Therapeutic Riding in Germany. 1999.

Índice remissivo

M

N

O

P

Q

R

S